授業UDを目指す 国語 全時間授業パッケージ 5年

編著
桂 聖
小貫 悟
一般社団法人 日本授業UD学会

東洋館出版社

明日の国語授業にワクワクを。全員参加の「Better」授業。
—国語授業が得意な先生は、使わないでください—

日本の教室では、一人一人の教師が、最善の工夫をして国語授業を行っている。決してマニュアルに基づいて進めているわけではない。日本には、それぞれの教師が目の前の子どもの実態に応じて国語授業を創造するという優れた文化がある。

だが一方で、そうは言ってられない状況もある。

- 明日の国語授業をどうやって進めればいいのか、よく分からない。
- この文学教材で何を教えればいいのだろう。
- とりあえずは、教師用指導書のとおりに国語授業を流そう。

悩んでいる現場教師は多いのである。

少なくとも、若い頃の私はそうだった。国語授業の進め方がよく分からなかった。今思えば、当時担当した子どもたちには申し訳ない気持ちでいっぱいになる。

それで苦手な国語授業を何とかしたいと、一念発起をして学んできた。様々な教育書を読み、先達に学んだ。研修会にも数え切れないくらい参加した。授業のユニバーサルデザイン研究会（日本授業 UD 学会の前身）では、特別支援教育の専門家の方々にも学んだ。

こうやって学んでいくうち、やっと「**明日の国語授業にワクワクする**」ようになってきた。こんな気持ちになったのは、意外かもしれないが、最近のことである。

さて、本書は、**授業 UD を目指す「国語の全時間授業パッケージ」**である。

授業 UD（授業のユニバーサルデザイン）とは、発達障害の可能性のある子を含めた「全員参加」の授業づくりである。私たちが学んできた知見をこの「全時間の国語授業パッケージ」にして、ぎゅっと詰め込んだ。**教材研究のポイント、単元のアイデア、1 時間ごとの授業展開、板書、課題・発問、子どもの反応への返し方、センテンスカード**など、授業に必要なほとんどを含めている。特別支援教育専門の先生方には、全時間の「**学びの過程の困難さに対する指導の工夫**」に関してご指導をいただいた。

ぜひ、明日の国語授業に悩んでいる先生には、本書を活用して、楽しく学び合い「わかる・できる」授業を実現してほしい。「わかった！」「なるほど！」という子どもの声が聞こえてくるはずだ。**教師自身が「ワクワクした気持ち」で国語授業に取り組むからこそ、子どもたちも「ワクワクした気持ち」で主体的に取り組めるのである。**

もちろん、**本書は「Must」ではない。最低限やっておきたい「Better」の国語授業である。**

国語が得意な先生は、この本に頼らないで、もっともっと質の高い授業をつくってほしい。

最後になったが、本書に関わっていただいた日本トップクラスの優れた先生方、東洋館出版社の皆様には大変お世話になった。記して感謝したい。

本書によって日本の子どもたちの笑顔が国語授業で少しでも増えるように願っている。

編著者代表　一般社団法人 日本授業UD学会 理事長　　桂　　聖
（筑波大学附属小学校 教諭）

『授業UDを目指す「全時間授業パッケージ」国語』
掲載教材一覧

1年

文学　「おおきな　かぶ」
「やくそく」
「ずうっと、ずっと、大すきだよ」

説明文「うみの　かくれんぼ」
「じどう車くらべ」
「どうぶつの　赤ちゃん」

2年

文学　「ふきのとう」
「お手紙」
「スーホの白い馬」

説明文「たんぽぽのちえ」
「馬のおもちゃの作り方」
「おにごっこ」

3年

文学　「まいごのかぎ」
「三年とうげ」
「モチモチの木」

説明文「言葉で遊ぼう」「こまを楽しむ」
「すがたをかえる大豆」
「ありの行列」

4年

文学　「白いぼうし」
「ごんぎつね」
「プラタナスの木」

説明文「思いやりのデザイン」「アップとルーズで伝える」
「世界にほこる和紙」
「ウナギのなぞを追って」

5年

文学　「なまえつけてよ」
「たずねびと」
「大造じいさんとガン」

説明文「見立てる」「言葉の意味が分かること」
「固有種が教えてくれること」
「想像力のスイッチを入れよう」

6年

文学　「帰り道」
「やまなし」
「海の命」

説明文「笑うから楽しい」「時計の時間と心の時間」
「『鳥獣戯画』を読む」
「メディアと人間社会」「大切な人と深くつながるために」

もくじ

授業UDを目指す「全時間授業パッケージ」国語 5年

本書は、令和2年発行の光村図書出版『国語 五 銀河』を参考にしています。

本書活用のポイント

本書は、取り上げる単元ごとに、単元構想、教材分析、全時間の本時案を板書イメージと合わせて紹介しています。

単元構想ページでは、単元目標・評価規準や単元計画など、単元全体の構想にかかわる内容を網羅しています。単元構想ページの活用ポイントは以下の通りです。

（単元構想ページ）

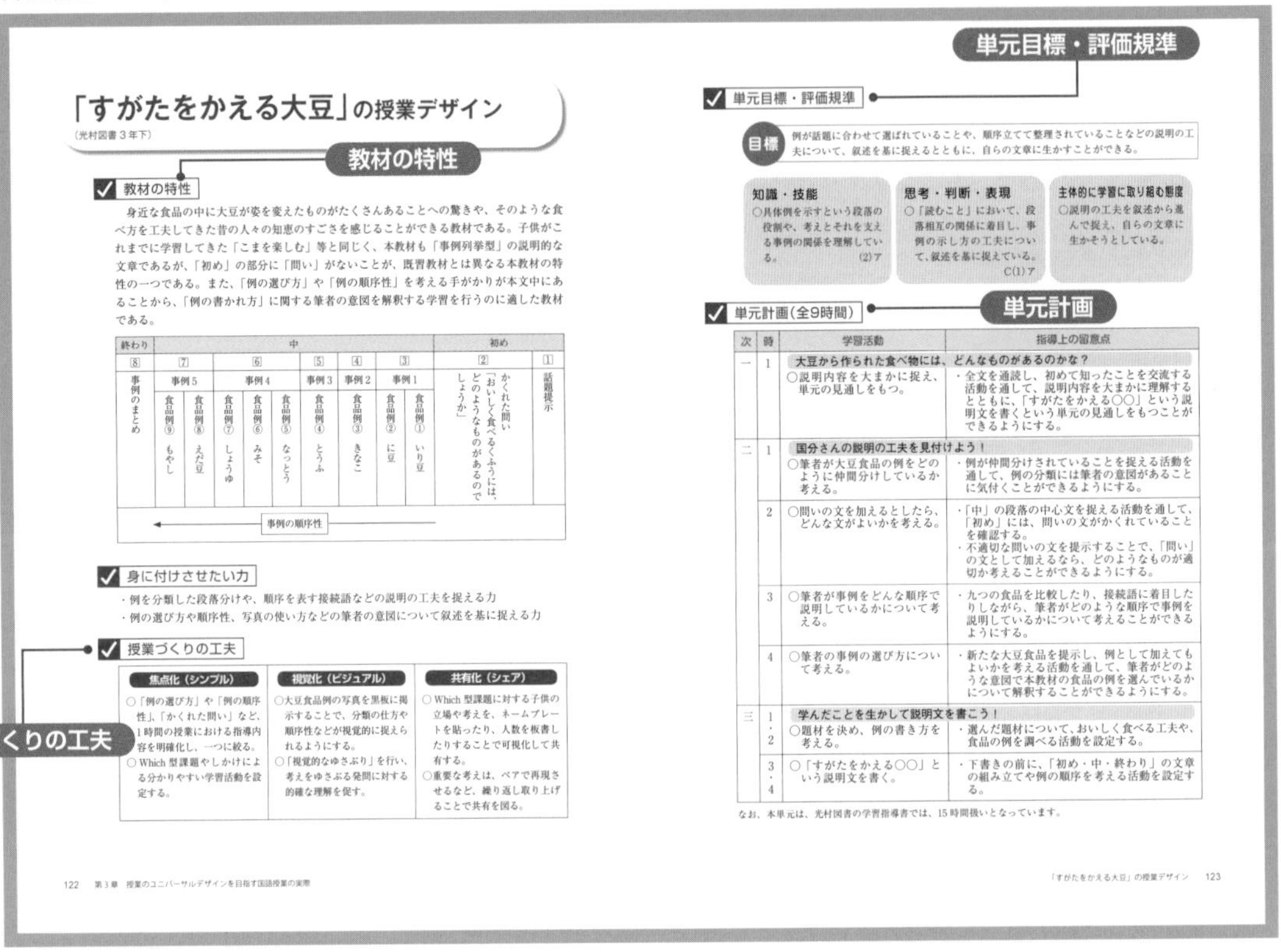

「すがたをかえる大豆」の授業デザイン

（光村図書３年下）

教材の特性

✓ 教材の特性

身近な食品の中に大豆が姿を変えたものがたくさんあることへの驚きや、そのような食べ方を工夫してきた昔の人々の知恵のすごさを感じることができる教材である。子供がこれまでに学習してきた「こまを楽しむ」等と同じく、本教材も「事例列挙型」の説明的な文章であるが、「初め」の部分に「問い」がないことが、既習教材とは異なる本教材の特性の一つである。また、「例の選び方」や「例の順序性」を考える手がかりが本文中にあることから、「例の書かれ方」に関する筆者の意図を解釈する学習を行うのに適した教材である。

終わり	中									初め	
8	7		6			5	4	3		2	1
事例のまとめ	事例5		事例4			事例3	事例2	事例1		かくれた問い「おいしく食べるくふうには、どのようなものがあるのでしょうか」	話題提示
	食品例⑨ もやし	食品例⑧ えだ豆	食品例⑦ しょうゆ	食品例⑥ みそ	食品例⑤ なっとう	食品例④ とうふ	食品例③ きなこ	食品例② に豆	食品例① いり豆		

← 事例の順序性

✓ 身に付けさせたい力

・例を分類した段落分けや、順序を表す接続語などの説明の工夫を捉える力
・例の選び方や順序性、写真の使い方などの筆者の意図について叙述を基に捉える力

授業づくりの工夫

✓ 授業づくりの工夫

焦点化（シンプル）	視覚化（ビジュアル）	共有化（シェア）
○「例の選び方」や「例の順序性」、「かくれた問い」など、1時間の授業における指導内容を明確化し、一つに絞る。 ○ Which 型課題やしかけによる分かりやすい学習活動を設定する。	○大豆食品例の写真を黒板に掲示することで、分類の仕方や順序性などが視覚的に捉えられるようにする。 ○「視覚的なゆさぶり」を行い、考えをゆさぶる発問に対する的確な理解を促す。	○ Which 型課題に対する子供の立場や考えを、ネームプレートを貼ったり、人数を板書したりすることで可視化して共有する。 ○重要な考えは、ペアで再現させるなど、繰り返し取り上げることで共有を図る。

122　第３章　授業のユニバーサルデザインを目指す国語授業の実際

単元目標・評価規準

✓ 単元目標・評価規準

目標 例が話題に合わせて選ばれていることや、順序立てて整理されていることなどの説明の工夫について、叙述を基に捉えるとともに、自らの文章に生かすことができる。

知識・技能	思考・判断・表現	主体的に学習に取り組む態度
○具体例を示すという段落の役割や、考えとそれを支える事例の関係を理解している。 (2)ア	○「読むこと」において、段落相互の関係に着目し、事例の示し方の工夫について、叙述を基に捉えている。 C(1)ア	○説明の工夫を叙述から進んで捉え、自らの文章に生かそうとしている。

単元計画

✓ 単元計画（全9時間）

次	時	学習活動	指導上の留意点
一	1	**大豆から作られた食べ物には、どんなものがあるのかな？** ○説明内容を大まかに捉え、単元の見通しをもつ。	・全文を通読し、初めて知ったことを交流する活動を通して、説明内容を大まかに理解するとともに、「すがたをかえる○○」という説明文を書くという単元の見通しをもつことができるようにする。
二	1	**国分さんの説明の工夫を見付けよう！** ○筆者が大豆食品の例をどのように仲間分けしているか考える。	・例が仲間分けされていることを捉える活動を通して、例の分類には筆者の意図があることに気付くことができるようにする。
	2	○問いの文を加えるとしたら、どんな文がよいかを考える。	・「中」の段落の中心文を捉える活動を通して、「初め」には、問いの文がかくれていることを確認する。 ・不適切な問いの文を提示することで、「問い」の文として加えるなら、どのようなものが適切か考えることができるようにする。
	3	○筆者が事例をどんな順序で説明しているかについて考える。	・九つの食品を比較したり、接続語に着目したりしながら、筆者がどのような順序で事例を説明しているかについて考えることができるようにする。
	4	○筆者の事例の選び方について考える。	・新たな大豆食品を提示し、例として加えてもよいかを考える活動を通して、筆者がどのような意図で本教材の食品の例を選んでいるかについて解釈することができるようにする。
三	1・2	**学んだことを生かして説明文を書こう！** ○題材を決め、例の書き方を考える。	・選んだ題材について、おいしく食べる工夫や、食品の例を調べる活動を設定する。
	3・4	○「すがたをかえる○○」という説明文を書く。	・下書きの前に、「初め・中・終わり」の文章の組み立てや例の順序を考える活動を設定する。

なお、本単元は、光村図書の学習指導書では、15時間扱いとなっています。

「すがたをかえる大豆」の授業デザイン　123

教材の特性

学習材としての教材の特性について説明しています。どのような内容を学ぶのに適した教材かが分かり、単元計画の際の手がかりになります。また、文章構造図により、ひと目で教材のポイントが分かります。

授業づくりの工夫

全員参加の授業のユニバーサルデザインを目指すため、授業づくりのポイントを「焦点化」「視覚化」「共有化」の３つに絞って記載しています。それぞれの視点が実際の本時において具体化されます。

単元目標・評価規準

本単元における目標と評価規準です。「知識・技能」「思考・判断・表現」には、該当する学習指導要領の指導事項が記載されています。

単元計画

単元全体の大まかな計画を記載しています。光村図書の学習指導書とは、時数設定が異なる場合があります。「指導上の留意点」には、それぞれの時間において、特に留意して指導したい事柄や指導方法について記述しています。

教材分析ページでは、教材分析の際に手がかりとするポイントや本文の記述について具体的に示しています。教材ページの活用ポイントは以下の通りです。

（教材分析ページ）

教材分析のポイント

教材分析の際に、どのような事柄に着目すればよいのかについて説明しています。「事例の順序性」や「例の選び方」など、教材の特性や指導事項を踏まえたポイントを示しています。

指導内容

本教材で指導したい内容を記載しています。教材分析の際の手がかりとなります。

注目したい記述

本文内の特に注目したい記述を色付き文字で示しています。右肩に**ア**や**イ**の記号が付されている場合は、「指導内容」と対応しています。

指導のポイント

教材文における具体的な指導内容や記述を確認した上で、それらを指導する際の指導法の概要について示しています。末尾に記されている記号**ア**や**イ**は「指導内容」と対応しています。

また、「Which 型課題」や「教材のしかけ」なども位置付けています。

本時の展開は、各時の学習活動の進め方や板書のイメージなどがひと目で分かるように構成しています。本時の展開の活用ポイントは以下の通りです。

目標

「全員の子供に達成させる目標」です。本時の学習活動や、「個への配慮」により、全員の子供が「分かる・できる」ようにする目標を記載しています。

本時展開のポイント

本時における一番の勘所です。しっかり頭に入れて、授業に臨んでください。

個への配慮

全体指導を工夫しても、授業への参加が難しい子がいるかもしれません。こうした困難さを感じている子供を支援する手立てを記載しています。

下段の学習活動にある「**配慮**」とそれぞれ対応しています。

（本時の展開）

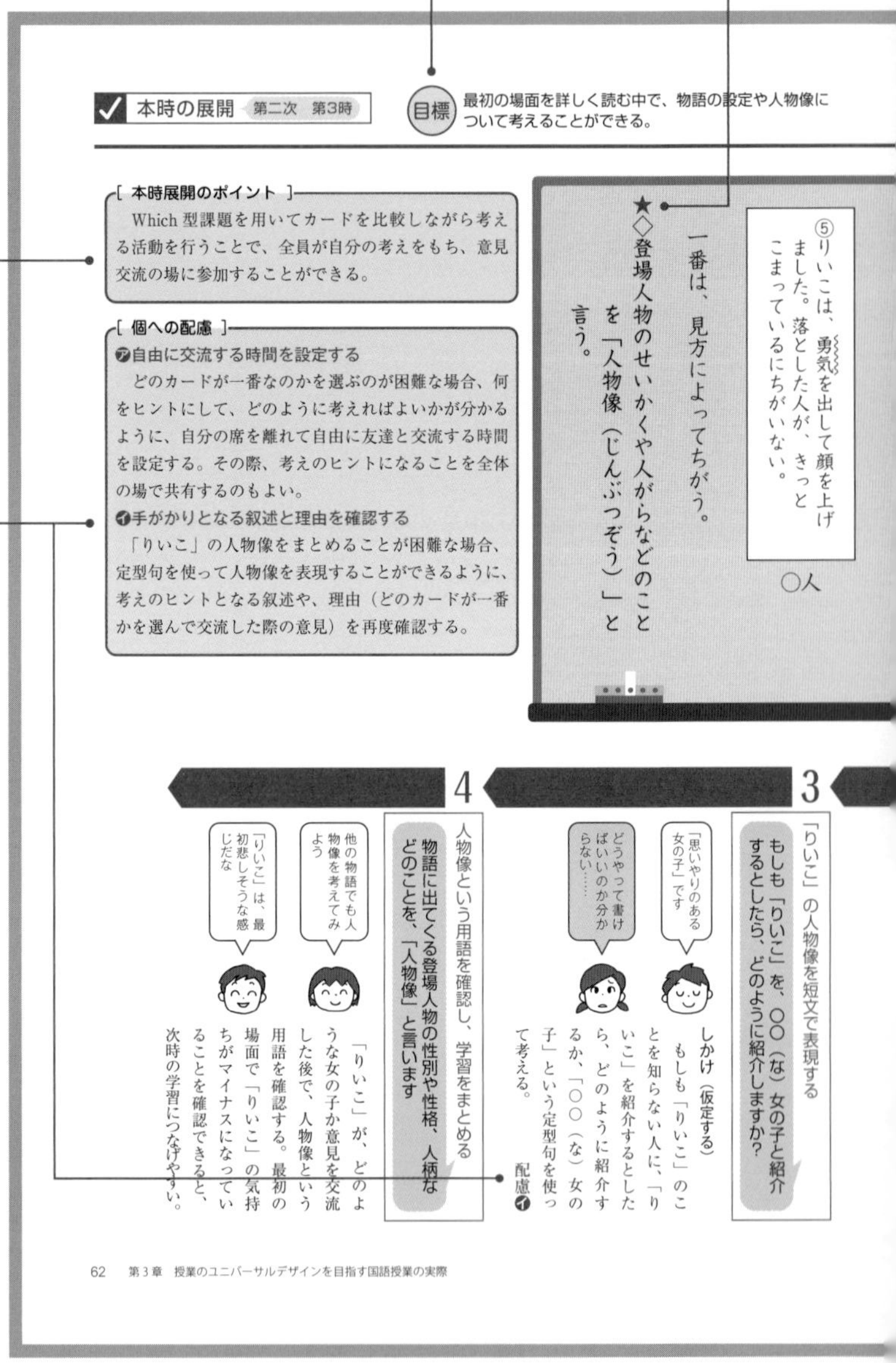
本時の展開　第二次　第3時

目標　最初の場面を詳しく読む中で、物語の設定や人物像について考えることができる。

［本時展開のポイント］

Which 型課題を用いてカードを比較しながら考える活動を行うことで、全員が自分の考えをもち、意見交流の場に参加することができる。

［個への配慮］

ア自由に交流する時間を設定する

どのカードが一番なのかを選ぶのが困難な場合、何をヒントにして、どのように考えればよいかが分かるように、自分の席を離れて自由に友達と交流する時間を設定する。その際、考えのヒントになることを全体の場で共有するのもよい。

イ手がかりとなる叙述と理由を確認する

「りいこ」の人物像をまとめることが困難な場合、定型句を使って人物像を表現することができるように、考えのヒントとなる叙述や、理由（どのカードが一番かを選んで交流した際の意見）を再度確認する。

⑤りいこは、勇気を出して顔を上げました。落とした人が、きっとこまっているにちがいない。

○人

一番は、見方によってちがう。

★◇登場人物のせいかくや人がらなどのことを「人物像（じんぶつぞう）」と言う。

3 「りいこ」の人物像を短文で表現する

もしも「りいこ」を、○○（な）女の子と紹介するとしたら、どのように紹介しますか？

「思いやりのある女の子」です

どうやって書けばいいのか分からない……

しかけ（仮定する）

もしも「りいこ」のことを知らない人に、「りいこ」を紹介するとしたら、どのように紹介するか、「○○（な）女の子」という定型句を使って考える。　配慮イ

4 人物像という用語を確認し、学習をまとめる

物語に出てくる登場人物の性別や性格、人柄などのことを、「人物像」と言います

他の物語でも人物像を考えてみよう

「りいこ」は、最初悲しそうな感じだな

「りいこ」が、どのような女の子か意見を交流した後で、人物像という用語を確認する。最初の場面で「りいこ」の気持ちがマイナスになっていることを確認できると、次時の学習につなげやすい。

62　第3章　授業のユニバーサルデザインを目指す国語授業の実際

本時の「まとめ」

本時の「まとめ」を板書している箇所には★を付け、ハイライトしています。

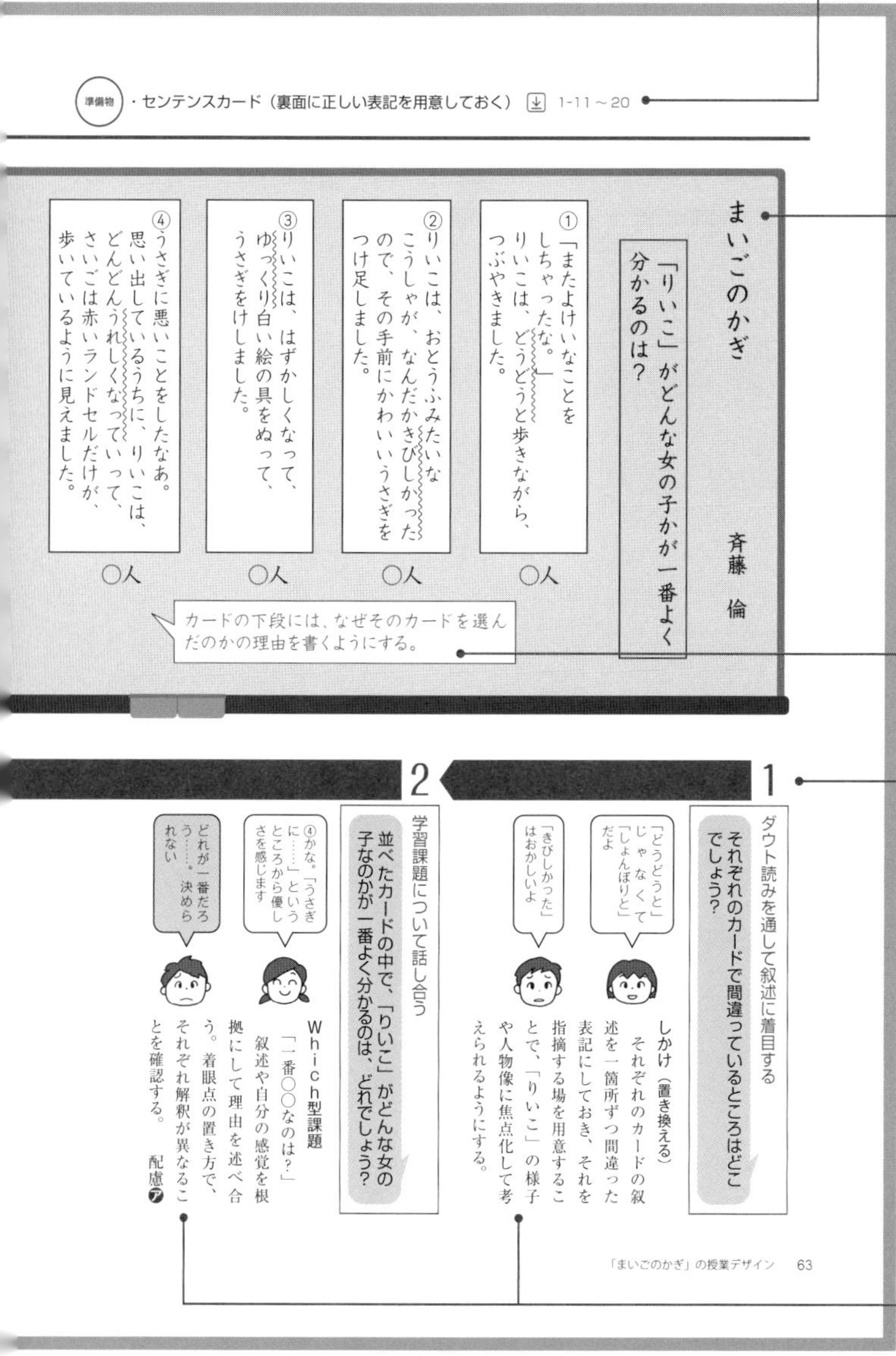

準備物 ・センテンスカード（裏面に正しい表記を用意しておく） 1-11～20
まいごのかぎ
斉藤 倫
「りいこ」がどんな女の子かが一番よく分かるのは？
①「またよけいなことをしちゃったな。」りいこは、どうどうと歩きながら、つぶやきました。
②りいこは、おとうふみたいなこうしゃが、なんだかさびしかったので、その手前にかわいいうさぎをつけ足しました。
③りいこは、はずかしくなって、ゆっくり白い絵の具をぬって、うさぎをけしました。
④うさぎに悪いことをしたなあ。思い出しているうちに、りいこは、どんどんうれしくなっていって、さいごは赤いランドセルだけが、歩いているように見えました。
○人
○人
○人
○人
カードの下段には、なぜそのカードを選んだのかの理由を書くようにする。
1 ダウト読みを通して叙述に着目する
それぞれのカードで間違っているところはどこでしょう？
「どうどうと」じゃなくて「しょんぼりと」だよ
「さびしかった」はおかしいよ
しかけ（置き換える）
それぞれのカードの叙述を一箇所ずつ間違った表記にしておき、それを指摘する場を用意することで、「りいこ」の様子や人物像に焦点化して考えられるようにする。
2 学習課題について話し合う
並べたカードの中で、「りいこ」がどんな女の子なのかが一番よく分かるのは、どれでしょう？
④かな。「うさぎに……」というところから優しさを感じます
どれが一番だろう……。決められない
Which型課題
「一番○○なのは？」
叙述や自分の感覚を根拠にして理由を述べ合う。着眼点の置き方で、それぞれ解釈が異なることを確認する。
配慮ア
「まいごのかぎ」の授業デザイン 63

準備物

黒板に掲示するものやセンテンスカードなど、本時の授業のために事前に準備が必要なものを記載しています。本書掲載のQRコードからダウンロードが可能な資料については、のマークが付いています。

板書例

活動の流れ、学習範囲、指導内容がひと目で分かるように板書設計をしています。

色付き文字で記載しているものは、実際には板書しないもの（掲示物）です。

センテンスカードは、白い枠内に黒い文字で書かれたものです。

板書時の留意点

白い枠内に色付き文字で書かれた吹き出しには、実際の授業で板書をするときに気を付けたいポイントや声がけの工夫などを記載しています。

本時の流れ

1時間の授業の流れを学習活動ごとに示しています。それぞれ、教師の発問、学習活動の具体的な進め方、子どもの反応という構成になっています。

子供の反応

指示や発問に対する子供の反応を記述しています。色付きの吹き出しは、困難さを感じている子供の反応です。困難さを感じている子供への支援については、「個への配慮」を行います。

第1章
国語授業のユニバーサルデザインに関する理論と方法

国語授業のユニバーサルデザインに関する理論と方法

筑波大学附属小学校　桂　聖

1. 授業のユニバーサルデザインの考え方

ユニバーサルデザイン（以下 UD）とは、文化・言語・国籍や年齢・性別などの違い、能力などにかかわらず、出来るだけ多くの人が利用できることを目指した建築・製品・情報などの設計のことである。

例えば、シャンプー・ボトルのギザギザ、階段横のスロープなどが有名である。UD という概念は、米ノースカロライナ州立大学のロナルド・メイスにより、1985 年ごろに提唱されたものである。「年齢や能力、状況などにかかわらず、デザインの最初から、できるだけ多くの人が利用可能にすること」が基本コンセプトである。

こうした建築や製品などに関する UD の考え方を授業づくりに応用して考えたのが「授業のユニバーサルデザイン」（以下授業 UD）である。その定義は次のとおりになる。

発達障害の可能性のある子を含めて、全ての子が楽しく学び合い「わかる・できる」ことを目指す通常学級の授業デザイン

平たく言えば、**通常学級における「全員参加の授業づくり」**である。

この定義は、言わば**「教育の哲学（指導の理念）」**である。日本全国のどの通常学級でも目指すべき目的だからである。通常学級という制度がある限り、昔も今も、そして未来も必要になる。もしかしたら、諸外国で行われている通常学級の授業にも通じる定義かもしれない。つまり、通常学級に関わる全ての教師は、この授業 UD という「教育の哲学（指導の理念）」の実現に向けて努力していく必要がある。

授業 UD には、決まった指導方法はない。例えば、後述する「焦点化・視覚化・共有化」*[1] の視点で授業をつくることで、全体指導の効果が上がることもある。しかし、全ての子に対応できるわけではない。絶対的なものでもない。当然だが、子ども一人一人の学び方に応じた個別指導も重要になる。

また、**子ども一人一人が、自分に合った学び方を選べる学習環境を教師が整える**ことも大切である。米国では、先進的に**「学びのユニバーサルデザイン」（Universal Design for Leaning = UDL）***[2] が実践されている。UDL のように、一人一人の多様な学び方を生かす授業改善も重要な視点である。

授業UDに関する理論や方法は、子どもの数だけある。通常学級における子どもの学びに有効に働く理論や方法は、言わば、全て授業UDである。**「目の前の子どもやクラスの実態に応じて、教師が適切な指導方法を工夫し続けること」こそが、授業UDの本質なのである。**

2．授業のUDモデル

「授業のUDモデル」[*3]とは、図1のように、「教科教育」「特別支援教育」「学級経営」の知見を生かして、授業での学びを4つの階層でとらえたモデルである（詳しくは第2章で述べる。重要な考え方なので、本章でも取り上げて概要を説明しておく）。

授業UDにおける子どもの学びには、図1の下の部分から「参加」「理解」「習得」「活用」という4つの階層が想定できる。

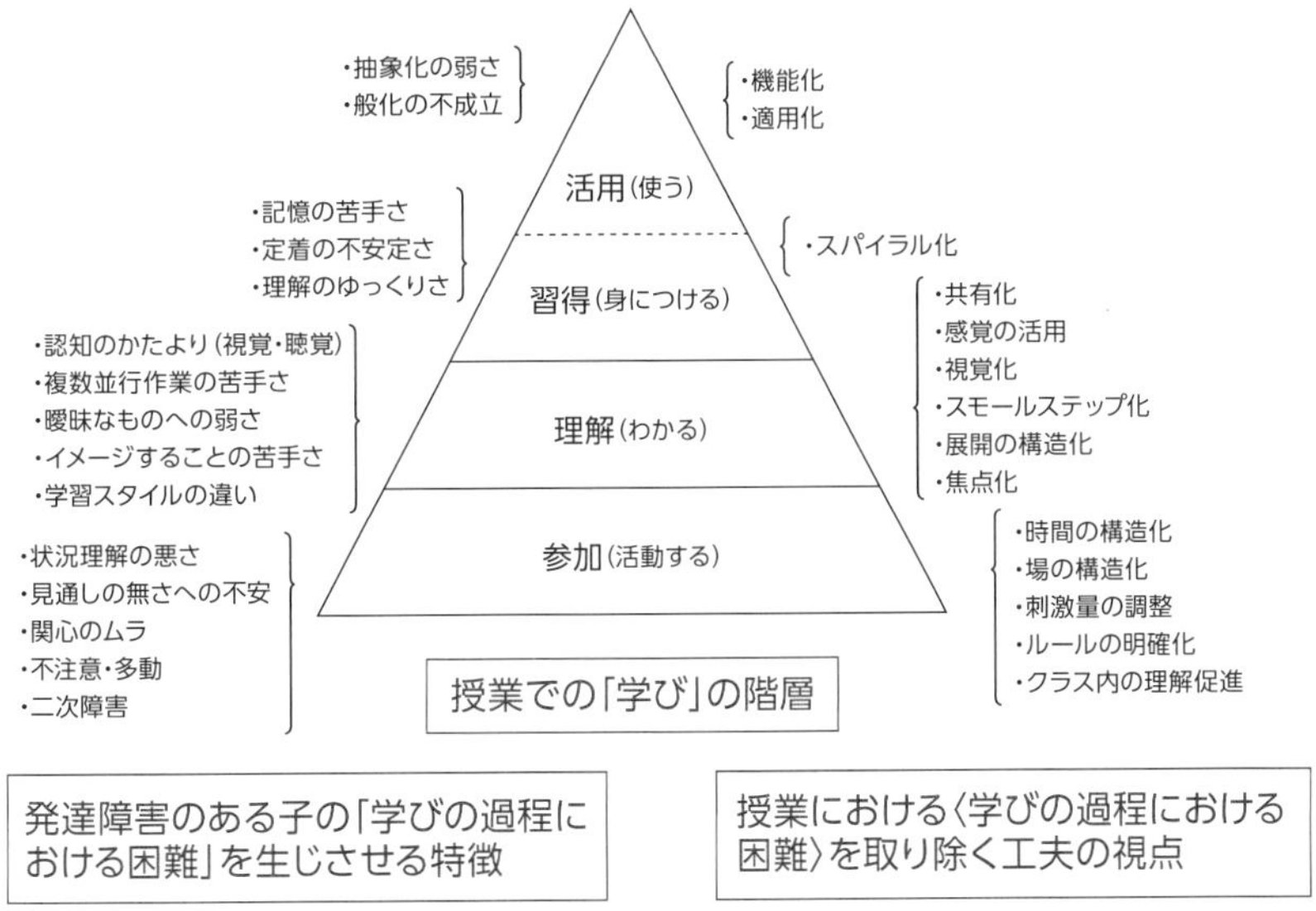

図1　授業UDモデル

1つ目の「参加」階層における学びとは、通常学級において「活動する」というレベルである。発達障害の可能性のある子は、そもそも、教科教育の授業以前の問題として、人間関係や学習環境でつまずくことがある。この階層の学びでは、特に「クラス内の理解の促進」「ルールの明確化」のような学級経営の工夫、「刺激量の調整」「場の構造化」「時間の構造化」のような学習環境の整備が必要になる。「参加」階層における学びとは、言わば「学級経営のUD」である。これは「理解」「習得」「活用」階層の「学びの土台」になる

2つ目の「理解」階層における学びとは、通常学級の授業において「わかる・できる」というレベルである。発達障害の可能性のある子は、興味・関心が沸かなかったり、人の話を一方的に聞いたりすることが苦手である。教科の授業そのものを、楽しく学び合い「わかる・できる」にように工夫しなければならない。この「理解」階層における学びこ

そが、教科の授業において一番重要な学びである、子どもにとって、1時間の授業そのものが楽しく学び合い「わかる・できる」授業にならなければ意味がない。

3つ目の「習得」階層における学びとは、通常学級の授業において「わかったこと・できたこと」が身につくというレベルである。発達障害の可能性のある子は、ある日の授業で「わかった・できた」としても、次の日の授業では習ったことを忘れることがある。各授業や各単元、そして教科間のつながりを意識しながら、系統的・発展的に「スパイラル化」して指導する。子どもの学びが「習得」レベルになるように、単元構成やカリキュラムを工夫する必要がある。

4つ目の「活用」階層における学びとは、通常学級の授業で学んだことを実生活に「使う」というレベルである。発達障害の可能性がある子は、学んだことを抽象化したり生活に般化したりすることが弱いことがある。例えば、国語で文学作品の読み方を学んだとしても、それを日常の読書活動に生かせないことがある。授業で学んだことを実生活に生かせるように指導を工夫していくことも大切である。

「参加」「理解」階層の学びに対しては、授業や学級経営で「指導方法」を工夫する必要がある。また、「習得」「活用」階層の学びに対しては、中・長期的なスパンで「教育方略」を工夫していくことが大切である。

以下では、主として**「理解」レベルにおける国語の授業UD**について述べる。

3. 国語の授業UDとは

国語科の授業UDとは、次のとおりある。

発達障害の可能性のある子を含めて、全ての子が楽しく学び合い「わかる・できる」ことを目指す通常学級の国語授業づくり

国語における重要な目標は、「論理」である。ここで言う「論理」とは、「論理的な話し方・聞き方」「論理的な書き方」「論理的な読み方」のことである。

例えば4年生物語文「ごんぎつね」の授業では、中心人物〈ごん〉の心情を読み取る活動を、日本全国のどの教室でも行っている。こうした人物の心情を読み取る活動も、文学的文章の授業では重要な活動である。

しかし、問題はこの活動だけで終わっていることである。より重要なことは、「〈ごん〉の心情を読み取る」と同時に、「心情の読み取り方」を指導することである。この「心情の読み取り方」こそ、「論理的な読み方」の一つである。

発達障害の可能性がある子は、「曖昧」が苦手な子が多い。様々な解釈を出し合うだけではなくて、それを生み出す「論理的な読み方」を明示的に指導していくことも大切になる。

さらに、こうして4年生「ごんぎつね」で学んだ「論理的な読み方」を、5年生「大造じいさんとガン」や6年生「海の命」でも活用できるようにする。

「論理的な読み方」同様、「論理的な書き方」「論理的な話し方」も重要な目標になる。こうした**「論理」こそ、資質・能力としての「思考力・判断力・表現力」育成の中核になる**。国語では、他の文章や言語活動に活用できる「論理」を指導していくことが不可欠である。

4．系統的な指導

他教科の学習でも、様々な言語活動を行っている。例えば、社会科では新聞を作ったり、理科では実験について議論をしたり、家庭科ではレポートを書いたりする。こうした**各教科と国語との明確な違いは、国語では「論理的読み方」「論理的な書き方」「論理的な話し方」を系統的に指導すること**である。

2017年告示の学習指導要領の解説おいても、次のように「学習の系統性の重視」を示している*[4]。とはいえ、指導内容はまだ曖昧である。

例えば、「読むこと」における文学的文章の指導内容は、以下のとおりである*[5]。

◆構造と内容の把握

●場面の様子や登場人物の行動など、内容の大体を捉えること。
（第1学年及び第2学年）

●登場人物の行動や気持ちなどについて、叙述を基に捉えること。
（第3学年及び第4学年）

●登場人物の相互関係や心情などについて、描写を基に捉えること。
（第5学年及び第6学年）

◆精査・解釈

●場面の様子に着目して、登場人物の行動を具体的に想像すること。
（第1学年及び第2学年）

●登場人物の気持ちの変化や性格、情景について、場面の移り変わりと結び付けて具体的に想像すること。
（第3学年及び第4学年）

●人物像や物語などの全体像を具体的に想像したり、表現の効果を考えたりすること。
（第5学年及び第6学年）

つまり、文学の授業においては、6年間でこの6つの内容を指導すればよいことになる。

だが、これだけでは、国語授業が曖昧な指導にならざるを得ない。「論理的な話し方」「論理的な書き方」「論理的な読み方」に関して、系統的・段階的に指導していくより詳細な目安が必要である。

例えば、筑波大学附属小学校国語科教育研究部では、こうした**「論理的な読み方」の目安として、7系列の読む力から整理した「文学の系統指導表」「説明文の系統指導表」**（本章末尾に付録として所収）を提案している*[6]。各学級や各学校で活用したり更新したりすることが望まれる。

ただし、**系統指導表は、あくまでも指導の目安である。**系統的に順序よく指導することは本質ではない。**子どもの学びの状態に応じて、指導の系統を念頭に置いた上で、教師が柔軟に対応していくことこそ**、本質的に重要である。

5．国語の授業UDに関する実践理論

(1) 授業の「焦点化」「視覚化」「共有化」を図る

国語の授業UDでは、「論理」を授業の目標にした上で、授業の「焦点化・視覚化・共有化」[*7]**を図る**ことが大切になる。

授業の「焦点化」とは、ねらいを絞ったり活動をシンプルにしたりすることである。複数の作業を同時に行うことが難しい子がいる。情報が多くなると理解できない子もいる。授業の「焦点化」をすることで、その子はもちろん、他の子にとっても学びやすい授業になる。

授業の「視覚化」とは、視覚的な手立てを効果的に活用することである。人の話を聞いたり文章を読んだりするだけでは、理解が難しい子がいる。聴覚的な言語情報や文字情報だけでは、内容をイメージすることが苦手なのである。そこで例えば「写真」「挿絵」「動画」「センテンスカード」「寸劇」など視覚的な手立てを活用する。

しかし、ただ単に、こうした視覚的な手立てを活用すればよいというわけではない。冒頭で述べたように「効果的に活用する」ことが大切になる。「効果的」とは、「授業のねらいに通じる」ことである。「一部分だけ見せる」「一瞬だけ見せる」「一定時間見せて、あとは見せない」「ずっと見せ続ける」など、「何を」「どのように」提示するかを綿密に考えておかねばならない。

授業の「共有化」とは、話し合い活動を組織化することである。多くの授業は「挙手－指名」方式で話し合い活動を進める。教師が手を挙げている子を指名していく方式である。しかし、手を挙げて発表することが難しい子がいる。簡単な問いには応えられても、ちょっと難しい問いになると、発表できなくなる子も少なくない。「挙手－指名」方式だけの授業では、クラスの一部の子だけで授業を進めることになりがちになる。

そこでまずは、課題設定の場面においては、全員が参加できるように、例えば「Aか？Bか？」「1、2、3のうち、どれが一番○○か？」などの「Which型課題」[*8]を設定する。次に、全体の話し合い活動に入る前に、一人学びの時間を設定したり、ペア、グループ、フリーの活動を設定したりして、全員の考えを出しやすくする。さらに、全体の話し合い活動では、全員の子が集中して話を聞けるように、ある**モデル発言**（例えばAさん）**に対して次のように関連づけて話すように促す**。

- Aさんは、何と言ったかな？　もう一度、言ってくれる？　（再現）
- Aさんが言ったことって、どういうこと？どういう意味か教えてくれる？　（解釈）
- Aさんは～を選んだけど、なぜこれを選んだのかな？　理由が想像できる？　（想像）

● Aさんの言ったことについて、「例えば」を使って、例を出せるかな？　(具体)
● Aさんが言ったことは、「つまり」どういうこと？　(抽象)
● Aさんの考えのいいところは何かな？　(批評)

友達の発言に関連づけて**「小刻みな表現活動」**を促すことで、全員の**「理解の共有化」「課題の共有化」**を図ることが大切になる。

なお、「焦点化」とは、厳密に言えば、指導内容に関係する視点である。「視覚化」「共有化」は指導方法である。**「視覚化」や「共有化」は、「焦点化」に有効に働いてこそ意味がある**のである。

(2) 「教材のしかけ」をつくる

◆「教材のしかけ」とは

「教材のしかけ」*9とは、教材を意図的に「不安定」にすることで、子どもの意欲と思考を活性化する指導方法である。

例えば、1年生の説明文の授業。段落の順序をかえて提示する。すると、子どもは「先生、変だよ！」と口々に言い始める。「だって、問いの後に答えがあるはずなのに、答えの後に問いがあるからダメだよ」と言う。これは「段落の順序をかえる」という「教材のしかけ」である。子ども自らが「問いと答えの関係」という「論理」に気付く。

教師が「問いの段落はどれですか？」「答えの段落はどれですか？」と尋ねることもできる。だが、こうしたやり取りに終始すると、子どもは受け身になる。教材を意図的に「不安定」にすることで、子ども自らが「話したくなる」「考えたくなる」動きを引き出す。

「教材のしかけ」は、「焦点化・視覚化・共有化」の手立てになる。「教材のしかけ」をつくることは、単に楽しいクイズをやることではない。授業のねらいが「焦点化」されなければならない。また、「教材のしかけ」をつくることは、「視覚的」に教材を提示したり、課題や理解の「共有化」を図ったりすることに通じる。

発達障害の可能性のある子は、「先生、違うよ！」と言って、違いに目を向けることが得意な子が多い。特別支援教育の観点からも、理にかなった指導方法だと言える。

◆「教材のしかけ」10の方法

国語科授業における「教材のしかけ」には、次の「10の方法」がある。

①順序をかえる	②選択肢をつくる	③置き換える	④隠す	⑤加える
⑥限定する	⑦分類する	⑧図解する	⑨配置する	⑩仮定する

こうした10の方法には、それぞれに表現の対象がある。例えば「文の選択肢をつくる」だけではなくて、「語句の選択肢をつくる」こともできるし、「主題の選択肢をつくる」こともできる。授業のねらいに応じて、方法や対象を変えることが大切になる。

ただし、単に「教材のしかけ」をつくって提示すればよいのではない。**子どもが自然に**

「考えたくなる」「話したくなる」ように、提示の仕方を「工夫」することが大切である。

例えば、物語文の授業においては、「挿絵の順序を変える」というしかけで、それを並び替えることで、話の内容の大体をとらえることができる。だが、単に挿絵の順序を変えておいて、「どんな順番なのかな？」と問いかけるだけでは、子どもの意欲はそう高まらない。一方、黒板の右から左に矢印（→）を引いておいて、「挿絵はこんな順番だったね」と話しながら、バラバラになった挿絵を置いていく。すると、子どもは挿絵の順序性に違和感をもち、「先生、順番が違うよ！」と話し始める。

また、物語文の授業においては、「主題の選択肢をつくる」ことがある。単に、間違った主題や正しい主題を提示するだけではなくて、「主題くじを引く」という活動にアレンジしてみる。正しい主題が「当たり」である。子どもは喜々として活動に取り組み始める。

このように、「教材のしかけ」はただ単に提示するのではなくて、

- ●場づくりをした上で、しかける
- ●教師が言葉がけをしながら、しかける
- ●活動をアレンジして、しかける

などをして、提示の仕方を工夫することが大切である。

(3)「考える音読」による思考の活性化

◆「考える音読」とは

国語の学習活動として必ず行われるものに「音読」がある。教師は、物語文の授業では「登場人物の心情を考えながら音読をしましょう」と、よく指示する。また、説明文の授業では「文章の内容を思い浮かべながら音読をしましょう」と助言する。つまり、大抵は、考えながら「音読」をすることを子どもに促している。

しかし、本当に、子どもが「人物の心情」「文章の内容」を考えながら音読しているだろうか。それは怪しい。子どもの頭の中は、教師にはわからない。

「考える音読」[＊10＊11]**とは、言わば「考えざるを得ない状況をつくる音読」**である。「考えざるを得ない状況」をつくることによって、一部の子どもだけではなくて、**「全員の思考」を活性化**することができる。

◆3つの型

「考える音読」には、次の3つの型がある。

①すらすら型　　②イメージ型　　③論理型

1つ目の**「すらすら型」とは、語、文、文章を正しく読む音読**である。文章の内容理解の基礎になる。「はりのある声」「はっきり」「正しく」「、や。に気をつけて」など、正確に音読で表現することがねらいになる。例えば、次のような活動がある。

●マル読み……………「。」のところで、読む人を交代して読む。
●マル・テン読み……「。」「、」のところで、読む人を交代して読む。
●リレー読み…………好きな「。」「、」で、読む人を交代して読む。

こうした音読では、文章の内容をイメージするよりも、とにかく、正しく読むことに集中しがちになる。

2つ目の**「イメージ型」とは、人物の心情や文章の内容を思い浮かべながら読む音読**である。例えば、「ここ・ここ読み」。「先生が、今から文章を音読していきます。中心人物の心情がわかる言葉になったら、『ここ、ここ』と言いましょう」と指示すれば、子どもが中心人物の気持ちを想像せざるを得なくなる。

また、「つぶやき読み」。「ペアで音読をします。一人は筆者の役、もう一人は読者の役です。筆者の役は、読者に伝えるつもりで一文ずつ読みます。読者の役は、『おお、～なんだよね』のように、一文ずつ、文章の内容に合わせてつぶやきましょう」と指示すれば、文章の内容を思い浮かべざるを得なくなる。

他にも、次のような音読がある。

●動作読み………人物の言動や説明内容を動作化しながら読む。
●ダウト読み……教師の読み間違いで、「ダウト！」と言い、正しい内容を確認する。
●指差し読み……友達や教師の音読を聞いて、挿絵や写真の該当箇所を指差す。

3つ目の**「論理型」とは、文章の「論理」を考えながら読む音読**である。「論理」とは、平たく言えば、「関係」である。文章の「論理」に着眼して読むことで、より深く、人物の心情を読み味わったり、文章の内容や筆者の意図をとらえたりすることができる。

「論理型」の音読には、例えば、次のような活動がある。

●ぼく・わたし読み………三人称の登場人物の名前に、一人称の「ぼく」「わたし」を代入して読むことで、視点人物を明らかにする。
●クライマックス読み……中心人物の心情の高まりに合わせて音読することで、クライマックスをとらえる。
●問い・答え読み…………問いの部分と答えの部分を役割分担して読む。
●事例・まとめ読み………事例の部分は一人で読んで、まとめの部分は全員で読む。

このように、「考える音読」では、「すらすら型」の音読によって「文章を正確に読める」ようにすることはもちろん、「イメージ型」の音読によって「文章の内容を理解」した上で、「論理型」の音読によって文章中の「論理的な関係をとらえて読める」ようにする。

「考える音読」のバリエーションは、すでに100種類以上ある*[1]*[2]。ただし、これらは絶対的なものではない。**それぞれの教師が、目の前の子どもたちの「全員参加」「全員思考」を想定して、新しい「考える音読」をつくることに意義がある。**

◆「考える音読」を活用した授業づくり

授業では、「すらすら型」「イメージ型」「論理型」のねらいにそって取り入れることが大切である。例えば、単元構成。大まかに言えば、次のような構成が想定される。

●第一次……中心教材を読み、音読練習をしたり単元の見通しをもったりする。
●第二次……中心教材の内容や論理を確認する。
●第三次……学んだ論理を使って、選択教材を読んだり表現活動をしたりする。

こうした単元構成では、**第一次で「すらすら型」、第二次で「イメージ型」「論理型」**の音読を取り入れることが目安になる。

また、授業構成についても、概して言えば、次のような構成になる。

●導入………………問題意識を醸成したり、学習課題を設定したりする。
●展開（前半）……文章の内容を理解する。
●展開（後半）……文章の論理に気付く。
●まとめ……………学習課題や文章の内容・論理などについて振り返る。

こうして考えると、**授業の展開（前半）では「イメージ型」の音読、展開（後半）では「論理型」の音読**を設定することが望ましいことになる。

ただし、**導入において、あえて「イメージ型」「論理型」の音読を取り入れる**ことで、子どもの読みのズレを引き出し、それを展開（前半・後半）で解決していくという構成も考えられる。

(4)「Which 型課題」の国語授業

◆「Which 型課題」とは

「Which 型課題」*[12] とは、「選択・判断の場面がある学習課題」である。例えば、「Aか？　Bか？」「1、2、3のうち、どれか？」「1、2、3のうち、どれが一番～か？」のようにして、子どもが選択・判断する場面をつくる。

「Which 型課題」のメリットは、何よりも、全ての子どもが参加できることである。明確に理由をイメージできなくても、どれかを選択・判断することは誰でもできる。**「What型（何？）」、「How 型（どのように？）」、「Why 型（なぜ？）」**という課題では答えられない子がいる。しかし、**「Which 型（どれ？）」で選択・判断するだけなら、誰もが学びの第一歩を踏み出せる。**

◆「Which 型課題」の国語授業モデル

この「Which 型課題」の国語授業では、次の4つの授業場面を想定している（[　] は子どもの学びのプロセス）。

①問題意識の醸成	[面白いね。ん？]
②「Which 型課題」の設定	[えっ、どれ？]
③考えのゆさぶり	[違うよ！　だって…]
④まとめ・振り返り	[～が大事だね。他にもあるかな]

「①問題意識の醸成」では、課題設定に向けて、全員の理解をそろえ、問題意識の醸成を図る。**「②『Which 型課題』の設定」**では、問題意識を引き出した上で課題を設定して、子どもの考えのズレを際立たせる。学びの第一歩としての「主体性」を引き出したり、考えのズレを際立たせて「対話的な学び」を引き起こしたりする。**「③考えのゆさぶり」**では、子どもの考えを整理した上で、「ゆさぶり発問」を投げかけて「深い学び」を促す。**「④まとめ・振り返り」**では、課題に対する答えを確認したり、その思考のプロセスで有効だった読み方を整理したり、その読み方の活用場面を提示したりする。また、自分の学び方の振り返りを促す。「Which 型課題」の国語科授業モデルは、学習指導要領が目指す**「主体的・対話的で深い学び」**の実現を図るための有効な方法の一つである。

ただし、こうして授業場面を想定することは、かえって子どもの「主体性」を奪う可能性がある。**子どもの「学びの文脈」に寄り添いつつ、学び合いが促進・深化するように、教師が適切にファシリテーションをしていく**ことが大切になる。

◆「Which 型課題」のバリエーション

「Which 型課題」は図２で示す「三つの読みの力」[*13] **に基づいて構想できる。**

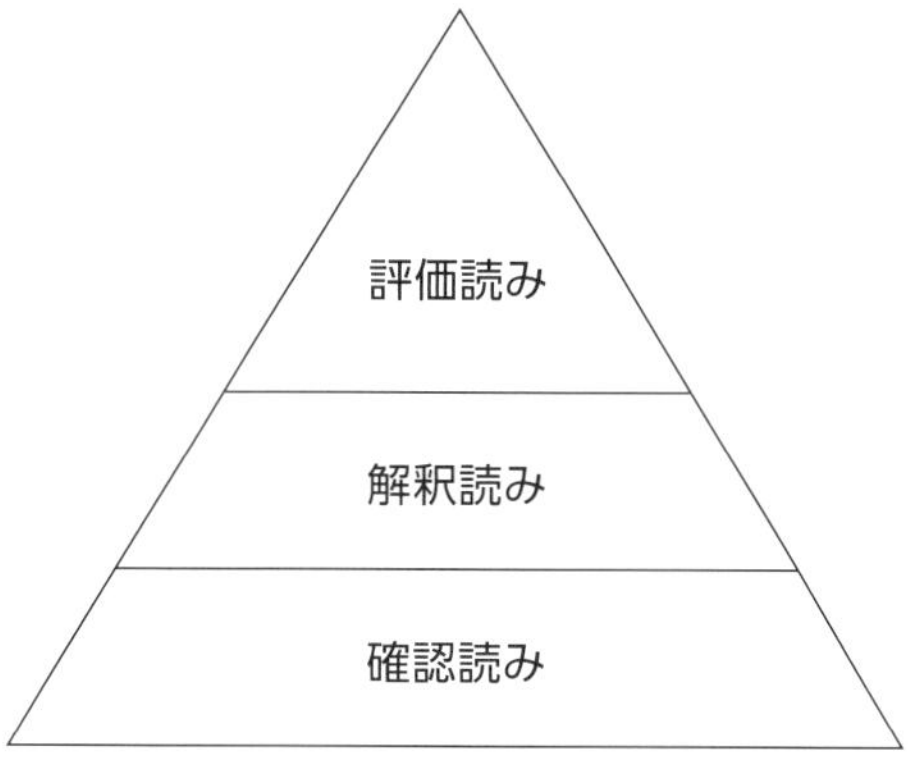

図２「三つの読みの力」の構造

１つ目は**「確認読み」**。クラス全員が共通して確認できる読みである。二つ目は**「解釈読み」**。解釈読みには、様々な読みがある。私たち読者は、確認読みをベースにしながら、独自の解釈読みをしている。三つ目は**「評価読み」**。評価読みは、「面白い／面白くない」「わかりやすい／わかりにくい」など、誰もができる読みである。質の高い「評価読み」は、「確認読み」や「解釈読み」がベースになっている。

以下は、「三つの読みの力」をベースにして、これまでの授業実践や長崎伸仁氏らの先行研究*[14]をふまえて**「Which 型課題」を 10 のバリエーションに整理**したものである。

◆「Which 型課題」確認読みレベル（答えが一つに決まる）
①○○は、A か？　B か？
②○○は、A ～ C（三つ以上）のうち、どれか？
◆「Which 型課題」解釈読みレベル（答えは、一つに決まらない）
③○○として適切なのは、A か？　B か？
④○○は、A か？　それとも、not　A か？
⑤一番○○（○○として一番適切）なのは、A ～ C（三つ以上）のうち、どれか？
⑥もしも○○だったら、A ～ C（三つの以上）のうち、どれか？
⑦もしも○○の順位をつけるなら、その順番は？
⑧もしも○○を目盛りで表すなら、いくつになるか？
◆「Which 型課題」評価読みレベル（誰もが評価できる）
⑨○○は、いる？　いらない？
⑩いい文章？　よくない文章？

◆拡散と収束

「Which 型課題」の設定では、では、子どもの多様の読みが出る。言わば**「拡散」**である。だが、「拡散」したままでは、子どもには、何が大事な読み方なのかががわからない。「拡散」した後は、その**「収束」**を図る必要がある。そこで、授業の後半では「考えのゆさぶり」として、**子どもの学びの文脈に寄り添いつつ、「ゆさぶり発問」を投げかける。読みの「収束」として「新たな着眼としての読み方」に気付く**ことができるようにする。

「ゆさぶり発問」には、例えば、次のようなものがある。

（T）がまくんにお手紙を速く届けたいなら、かたつむりくんじゃなくて、チーターの方がいいよね？　（2 年物語文「お手紙」）
（T）ごんは、村人に嫌われたいから、いたずらばかりするんだよね？　（4 年物語文「ごんぎつね」）
（T）大造じいさんは、2 年半、ガン一羽だけしか捕らなかったんだよね？　（5 年物語文「大造じいさんとガン」）
（T）しごとの文は、つくりの文の方があとでもいいよね？　（1 年説明文「じどう車くらべ」）
（T）「初め」はなくても、「中」と「終わり」の説明だけでもいいよね？　（4 年「ウナギのなぞを追って」）
（T）要旨を 2 回繰り返さなくても、別に 1 回だけでいいよね？　（5 年説明文「見立てる」）

このようにして、**意図的に「不適切な解釈」を投げかけることで、「適切な解釈」を引き出し、「新たな着眼としての読み方」に気付くことができるようにする**。子どもの学びの文脈に寄り添って投げかけることが大切である。

◆「Which 型課題」の国語授業モデルと「教材のしかけ」との関係

「Which 型課題」の国語授業モデルは、「教材のしかけ」*[15]を授業展開に位置づけたものだとも言える

①問題意識の醸成	【順序を変える？　語句を置き換える？　隠す？……】
②「Which 型課題」の設定	【選択肢をつくる】
③考えのゆさぶり	【仮定する】
④まとめ・振り返り	

上記の②**は「選択肢をつくる」**、③**は「仮定する」**という「教材のしかけ」である。そうすると、①**では、それ以外のしかけ**を使えばよい。「Which 型課題」の国語授業モデルと「教材のしかけ」の関係づけることで、授業展開をシンプルに構想することができる。

⑸　国語科授業のファシリテーション力

◆ファシリテーション力とは

発達障害の可能性のある子の存在を前提にした学び合いでは「単線的で、右肩上がりの学び」になるはずがない。「考えのずれ」が生まれたり、「間違い」が出たり、「わからない」という声が上がったりする。つまり、国語の授業 UD とは、複線的で行きつ戻りつする**「多様性のある学び合い」**である。

こうした「多様性のある学び合い」を支える教師の力量を**「国語授業のファシリテーション力」***[16]と呼ぶことにする。**ファシリテーション（facilitation）とは「集団による知的相互作用を促進する働き」**である。Facilitate には、「物事をやりやすくする、容易にする、促進する、助長する」という意味がある。問題解決、アイデア創造、合意形成など、集団における知識創造活動を促進していく働きがある。

このファシリテーション力として、次の五つのスキルを想定している。

①授業のストーリーづくりのスキル
②教室の空気づくりのスキル
③多様な意見を拡散的に引き出すスキル
④異なる意見を収束的に整理するスキル
⑤即時的にアセスメントし対応するスキル

以下、簡単に解説する。

◆授業のストーリーづくりのスキル

「『Which 型課題』の国語授業モデルに基づいて、「子どもの学びのプロセス」イメージ

するスキル」である。次のように授業展開を考えることで、授業のストーリーをクリアに考えることができる。([　]は子どもの学びのプロセスを示す)

①問題意識の醸成	[面白いね。ん?]
②「Which 型課題」の設定	[えっ、どれ?]
③考えのゆさぶり	[違うよ!　だって…]
④まとめ・振り返り	[〜が大事だね。他にもあるかな]

◆教室の空気づくりのスキル

「子ども同士の共感的な呼応関係や前向きな雰囲気をつくるスキル」である。共感的な呼応関係とは、話し手が語りかけると、聞き手がオリジナルの反応をするような関係である。また、アイスブレイクで自己開示ができるようにしたり、授業の導入(問題意識の醸成)おいて、子どもの「楽しい」や「気になる」を引き出したりすることも大切である。もちろん「遊び心のある」「温かく」「誠実な」教師の話し方や雰囲気も欠かせない。

◆多様な意見を拡散的に引き出すスキル

「多様な意見や反応を引き出して、受容的に対応するスキル」である。一番重要なのは「教師や子どもの授業観の転換」である。私たちは、無意識のうちに「授業とは、正しい答えを発表し合うことである」と考えていることが多い。だが、こうした「正答ベースの授業観」では、多様な意見は出ない。「授業とは、困ったことや悩んでいることに寄り添って、全員で解決していくことである」という「困りベースの授業観」に変えていく必要がある。「〜に困っている人?」と教師が問いかけ、学習者が困っていることを語り出し、それを全員で解決していく。「〜がわかる人?」という問いかけでは参加できる子が限られる。「困りベースの授業観」では、全ての学習者が参加できる。

「「Which 型課題」のように、課題や発問に「選択肢」をつくることも効果的である。「Which 型」(どれ?)の課題や発問から始めると、全員が参加しやすい。自分の立場を明示して授業に参加できるようにする。

子どもが様々な意見を出し合うには、まずは、教師が子どもの意見に対して「受容的・共感的」に反応することが必要である。うなずきながら全身で聞いたり、適切なポジショニングをとったり、プラスの相槌を打ったり、適切なリボイシングをしたりする。

◆異なる意見を収束的に整理するスキル

「考えの違いを整理した上で、問題を明確化したり論理を共有したりするスキル」である。例えば、話し合い活動において、子どもの意見の違いを対比・類別等で「整理」して問い返す。モデル発言の「再現・解釈・想像・評価・再構成」を促す。一人の子の発見を「着眼点(ヒント)」を共有していくことで、「全員の発見」を促す。

「考えのゆさぶり」の場面では、「ゆさぶり発問」として、「だったら〜だよね?」と、意図的に不適切な解釈を投げかけて、適切な解釈を引き出す。

また「学習のまとめ」として「①課題に対する答え　②読み方の整理　③読み方の活用」を確認したり、「学習の振り返り」として「学び方の成果と課題」を見つめ直すように投げかけたりする。

◆即時的にアセスメントし対応するスキル

「『学びのズレ』をアセスメントしながら、『立ち止まり』『立ち戻り』によって、即時的に対応するスキル」である。例えば、一人の子の「わからない」「困っている」「間違い」を積極的に取り上げて「立ち止まる」。一人の子の問題は、実は他の子も同様の問題を抱えていることが多い。その上で、「間違いの思考過程」を共感的に理解しながら「立ち戻る」。間違いの結果ではなくて、その思考過程のよさに共感しつつ、一緒に改善策を考えることができるようにする。

◆即時的に対応できる力

授業の成否は、およそ「事前の準備が6割、事中の対応が3割、事後の評価と指導が1割」である。「国語科教育」「特別支援教育」「学級経営」に関する専門的な研鑽を続けた上で**「子どものつまずきを想定して、授業の準備を綿密に行い、授業のイメージや学びの姿を描けるようになること」**が、実際の授業においても**「自然な振る舞いとして即時的に対応できる力を高めること」**につながるのである。

(6) 単元構成の基本的な考え方

◆単元とは

単元とは「一つのまとまり」のことである。例えば、次のような目安で、単元を構成する。

> ●第一次……中心教材を読み、音読練習をしたり単元の見通しをもったりする。
> ●第二次……中心教材の内容や論理を確認する。
> ●第三次……学んだ論理を使って、選択教材を読んだり表現活動をしたりする。

子どもの問題解決の文脈に寄り添いつつ構成することが大切になる。

下学年の単元の第二次では、「場面ごとの読み」ではなくて、中心人物の心情変化に着眼して**「場面をつなげる読み」**で指導していくことが効果的である。

例えば、第2次1時では1場面だけの中心人物の心情を読み深める。次の第2時では、1場面と2場面をつなげて、中心人物の心情変化を読み深める。そして第3時では、1場面から3場面をつなげて、中心人物の心情変化を読み深める。こうやって指導していけば、最後には、1場面から最終場面までの中心人物の心情変化が明らかになるというわけである。

一方、**上学年の単元の第二次では、下学年での学びをふまえて、文章丸ごとを扱って「論理的な読み方」に着眼して指導する**ことが大切になる。その着眼する「論理的な読み方」は、これまでの述べてきた中で、次の5つが目安になる。

> ①作品の設定（「時（いつ）」「場所（どこで）」「登場人物（誰が）」「出来事（何をしたか）」）は？

②視点（語り手は「誰」の目と心かから地の文を語っているか）
③文学特有の表現技法（この表現技法によって、視点人物のどんな心情が解釈できるか？）
④中心人物の変化（中心人物の心情は、どのように変化しているか）
⑤主題（人間の生き方として一番強く感じることは何か？）

第一次では、単元に関する問題意識を引き出した上で、第二次では、問題解決のプロセスとして、こうした「論理的な読み方」を確認していく。そして第三次では、学んだ「論理的な読み方」を活用して別の物語文を読んだり表現したりできるようにする

(7) 三段構えの指導

◆三段構えの指導とは

通常学級の授業においては、全体指導だけでも個別指導だけでも進めることはできない。全体と個別のバランスや順序性を考えて指導することが大切になる。

「三段構えの指導」（図3）*[17]とは、通常学級において「①全体指導の工夫」「②個別の配慮」「③個に特化した指導」という順序で、「全員参加」の指導をすることである。例えば、図2における三角形は、通常学級のクラス全員の子どもを表している。

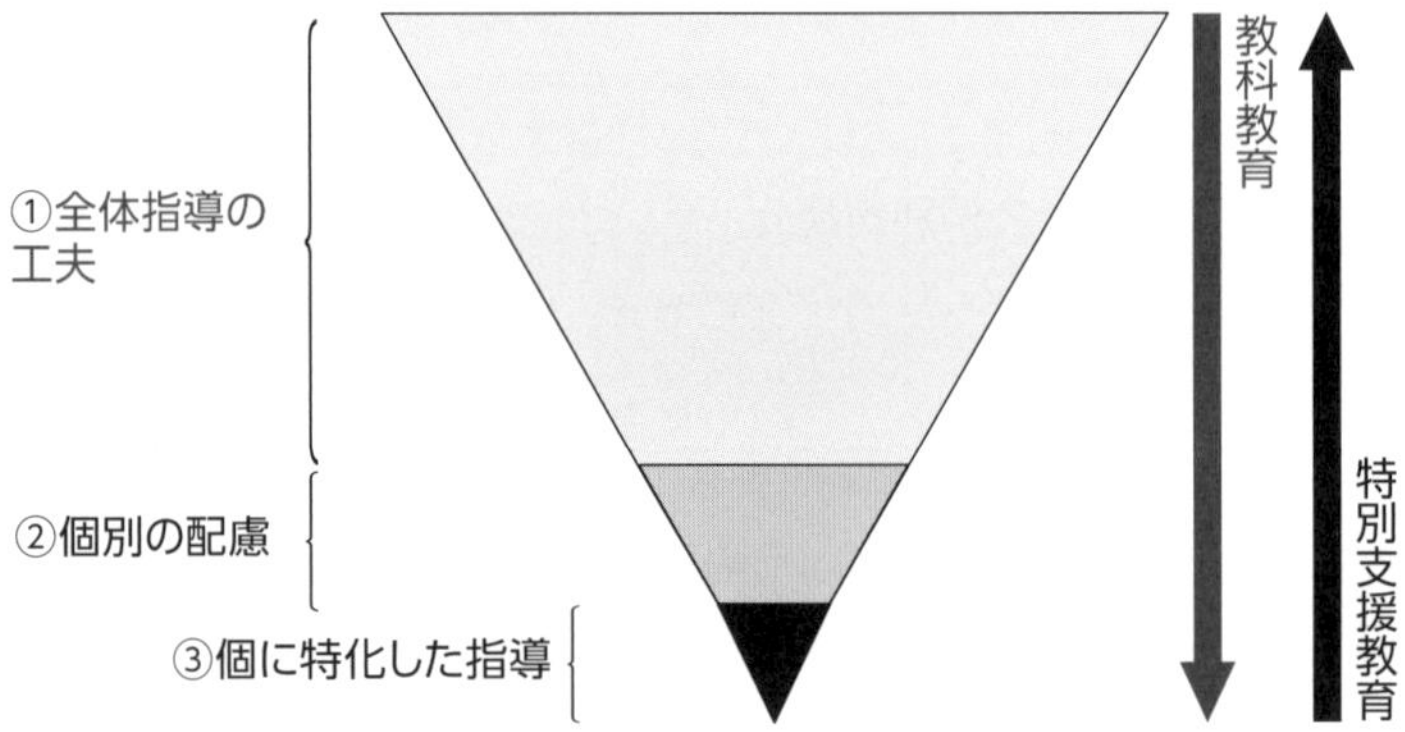

図3　三段構えの指導

◆全体指導の工夫

まずは**「①全体指導の工夫」によって、発達障害の可能性のある子を含めて、全ての子が楽しく学び合い「わかる・できる」授業を目指す**。ここで言う「①全体指導の工夫」とは、国語で言えば、これまでに述べてきたように、「論理」を授業の目標にしたり、授業の「焦点化・視覚化・共有化」を図ったり、その手立てとして「教材のしかけ」つくったりする、「考える音読」を設定したりする、「Which 型課題」の国語授業モデルで授業を展開するなどの指導内容の精選や指導方法の工夫である。

◆個別の配慮

しかし、**「①全体指導の工夫」を行っても、学習活動に乗れない子がいることがある。その際には、授業の中で、例えば次のような「②個別の配慮」を行う**ことがある。

●漢字を読むことが苦手な子がいる場合には、ふりがな付きのプリントを与える。
●教材を提示しても注目していない場合には、その子に注目して話したり近寄ったりする。
●ペアの話し合い活動が難しい場合には、教師が二人の間に入って話し合い活動の調整役をする。
●全体の話し合い活動での発表が難しい場合には、つぶやきやノートの記述を取り上げて、その子に発言するように勧めたり、その子の考えを教師が紹介したりする。
●書くことが苦手な子がいる場合には、書き出しを指示したり、お手本や他の子の意見を写しすることを許可したりする。

こうした「②個別の配慮」とは、授業時間の中で行う個別の指導である。

ただし、こうした**「授業内での個別指導」では、個別指導をされる側の子どもの気持ちを十分配慮することが必要である**。例えば、自分の考えをノートに書く時間で、長時間、書くことが苦手な子を指導することは、「またあの子は書けていない」ということを他の子に知らせることになる。そこで、机間指導の1周目に指示をしておいて、その2周目に確認をするなどして、できるだけ早めに何度も子どもたちを見て回るようにする。すると、書くことが苦手な子が目立たなくなる。つまり、「②個別の配慮」としての授業内での個別指導では、苦手な子が目立たないように指導していくことが大切である。

◆個に特化した指導

だが、**こうした「授業内での個別指導」でも、理解できない子や表現できない子がいることがある。その場合には「授業外での個別指導」として、「③個に特化した指導」を行っていく必要がある**。例えば、授業が終わった後の休み時間に漢字の指導をしたり、「通級による指導」で該当の子だけは文章を事前に読ませたりする。「授業外での個別指導」においても、まずは個別指導される側の気持ちを優先して、本人や保護者の納得や同意の下で適切に行うことが大切である。教師が親切に行った個別指導が、子どもや保護者にとって嫌な出来事にならないように細心の配慮が必要である。

◆指導の順序性

授業UDでは、「①全体指導の工夫」として、まずは、発達障害の可能性がある子も含めて、他の子も楽しく参加しやすい、言わば「ユニバーサルデザイン的な対応」する。その上で「②個別の配慮」「③個に特化した指導」として、つまずきが生じる子への合理的な配慮、言わば「バリアフリー的な対応」(合理的配慮)をする。

こうした**「①全体指導の工夫」「②個別の配慮」「③個に特化した指導」という指導の順序も大切である**。やはり、まずは「①全体指導の工夫」を大事である。これが有効に働かなければ、多く子がつまずいて、多くの子に対して「②個別の配慮」「③個に特化した指導」をしなければならなくなる。まずは「①全体指導の工夫」として「授業の質を高める」ことが大切なのである。

授業UDでは、「①全体指導の工夫」「②個別の配慮」「③個に特化した指導」という

「三段構え」で、通常学級の全ての子どもを支えていくことを大切にしている。

【文献】

＊1　桂聖（2011）『国語授業のユニバーサルデザイン』東洋館出版社

＊2　トレイシー・E・ホール、アン・マイヤー、デイビッド・H・ローズ著、バーンズ亀山静子翻訳（2018）『UDL 学びのユニバーサルデザイン』東洋館出版社.

＊3　小貫悟・桂聖（2014）『授業のユニバーサルデザイン入門』東洋館出版社.

＊4　文部科学省（2018）『小学校学習指導要領　解説国語編』東洋館出版社.

＊5　前掲4

＊6　筑波大学附属小学校国語教育研究部・青木伸生・青山由紀・桂聖・白石範孝・二瓶弘行（2016）『筑波発 読みの系統指導で読む力を育てる』東洋館出版社.

＊7　前掲1

＊8　桂聖・N5 国語授業力研究会（2018）『「Which 型課題」の国語授業』東洋館出版社

＊9　桂聖・授業の UD ユニバーサルデザイン研究会沖縄支部編著（2013）『教材に「しかけ」をつくる国語授業 10 の方法　文学のアイデア 50 ／説明文のアイデア 50』東洋館出版社

＊10　桂聖・「考える音読」の会編著（2011）『論理が身につく「考える音読」の授業文学アイデア 50 ／説明文アイデア 50』東洋館出版社

＊11　桂聖・「考える音読」の会編著（2019）『全員参加で楽しい「考える音読の授業＆音読カード文学／説明文』東洋館出版社

＊12　前掲8

＊13　前掲1

＊14　長崎伸仁・桂聖（2016）『文学の教材研究コーチング』東洋館出版社

＊15　前掲9

＊16　桂聖（2017）「『多様性のある学び』を支える国語授業のファシリテーション力」桂聖・石塚謙二・廣瀬由美子・日本授業 UD 学会編著『授業のユニバーサルデザイン Vol.9』東洋館出版社

＊17　授業のユニバーサルデザイン研究会・桂聖・石塚謙二・廣瀬由美子（2014）『授業のユニバーサルデザイン Vol.7』東洋館出版社

Ⅰ　文学の系統指導表

◆筑波大学附属小学校「文学の読みの系統指導表」（2015試案を一部変更）

学年	読みの技能	読みの用語
①「作品の構造」系列の読む力		
1年	作品の設定に気をつけて読む	時、場所、登場人物、出来事（事件）
1年	場面をとらえて読む	場面
1年	連のまとまりをとらえて読む	連
2年	あらすじをとらえて読む	あらすじ
3年	中心となる場面を読む	中心場面
4年	物語のしくみをとらえて読む	起承転結（導入部・展開部・山場・終結部）
4年	時代背景と関連づけて読む	時代背景
4年	場面と場面を比べて読む	場面の対比
5年	額縁構造をとらえて読む	額縁構造
5年	伏線の役割を考えながら読む	伏線
②「視点」系列の読む力		
1年	語り手の言葉をとらえて読む	語り手、地の文
1年	語り手の位置を考えながら読む	語り手の位置
3年	立場による見え方や感じ方の違いをとらえて読む	立場による違い
4年	視点をとらえて読む	視点、視点人物、対象人物
4年	視点の転換の効果を考えながら読む	視点の転換
6年	一人称視点と三人称視点の効果を考えながら読む	一人称視点、三人称視点（限定視点、客観視点、全知視点）
③「人物」系列の読む力		★1，2年→気持ち、3，4年＝心情
1年	登場人物の気持ちや様子を想像しながら読む	登場人物、中心人物、気持ち、様子
1年	登場人物の言動をとらえて読む	会話文（言ったこと）、行動描写（したこと）
2年	登場人物の気持ちの変化を想像しながら読む	気持ちの変化、対人物、周辺人物
3年	人物像をとらえながら読む	人物像（人柄）
3年	中心人物の心情の変化をとらえて読む	心情、変化前の心情、変化後の心情、きっかけ
5年	登場人物の相互関係の変化に着目して読む	登場人物の相互関係
6年	登場人物の役割や意味を考えながら読む	登場人物の役割
④「主題」系列の読む力		
1年	題名と作者をとらえて読む	題名、作者
1年	いいところを見つけながら読む	好きなところ
2年	自分の経験と関連づけながら読む	自分の経験
2年	感想を考えながら読む	感想、読者
3年	自分の行動や考え方を重ねて読む	自分だったら
4年	読後感の理由を考えながら読む	読後感
5年	中心人物の変化から主題をとらえる	主題
5年	作品のしくみ（山場や結末）の意味から主題をとらえる	山場の意味、結末の意味
6年	題名の意味から主題をとらえる	題名の意味、象徴
6年	複数の観点から主題をとらえる	複数の観点（中心人物の変化、山場、結末、題名など）の意味
⑤「文学の表現技法」系列の読む力		
1年	会話文と地の文を区別しながら読む	会話文、地の文
1年	リズムを感じ取りながら読む	音の数、リズム
1年	繰り返しの効果を感じ取りながら読む	繰り返し（リフレイン）
2年	比喩表現の効果を考えながら読む	比喩（たとえ）
2年	短文や体言止めの効果を考えながら読む	短文、体言止め
3年	会話文と心内語を区別して読む	心内語
3年	擬態語や擬声語の効果を考えながら読む	擬態語・擬声語
3年	擬人法の効果を考えながら読む	擬人法
4年	五感を働かせて読む	五感の表現
4年	情景描写の効果を考えながら読む	情景描写

4年	倒置法の効果を考えながら読む	倒置法
4年	呼称表現の違いをとらえながら読む	呼称表現
4年	記号の効果を考えながら読む	ダッシュ（—）、リーダー（…）
5年	方言と共通語の違いを考えながら読む	方言、共通語
6年	対比的な表現の効果を考えながら読む	対比
⑥「文種」系列の読む力		
1年	昔話や神話を読む	昔話、神話
1年	物語文と詩の違いをとらえて読む	物語文、詩
2年	日本と外国の民話の違いをとらえて読む	訳者、外国民話、翻訳
3年	ファンタジーをとらえて読む	ファンタジー、現実、非現実
3年	俳句を音読する	俳句、季語、十七音、切れ字
4年	脚本を読む	脚本、台詞、ト書き
4年	短歌を音読する	短歌、三十一音、上の句、下の句、百人一首
5年	古文を読む	古文、古典
5年	伝記の特徴を考えながら読む	伝記、説明的表現、物語的表現
5年	随筆の特徴を考えながら読む	随筆、説明的表現、物語的表現
5年	推理しながら読む	推理小説
6年	漢文を音読する	漢文
6年	古典芸能を鑑賞する	狂言、歌舞伎、落語
⑦「活動用語」系列の読む力		
1年	物語文の読み聞かせを聞く	読み聞かせ
1年	語のまとまりや言葉の響きなどに気をつけて音読・暗唱する	音読、暗唱
1年	人物になりきって演じる	動作化、劇化
2年	場面や人物の様子を想像しながら、絵を描いたり音読したりする	紙芝居
2年	場面や人物の様子を想像しながら、絵や吹き出しをかく	絵本
2年	日本や外国の昔話を読む	昔話の読書
3年	人物の気持ちや場面の様子を想像して、語りで伝える	語り
4年	学習した物語文に関連して、他の作品を読む	テーマ読書
5年	学習した物語文に関連して、同じ作者の作品を読む	作者研究
5年	自分の思いや考えが伝わるように朗読をする	朗読

※筑波大学附属小国語研究部編『筑波発　読みの系統指導で読む力を育てる』（東洋館出版社）2016年２月

Ⅰ　説明文の系統指導表

◆筑波大学附属小学校「説明文の読みの系統指導表」（2015試案）

学年	読みの技能	読みの用語
①「文章の構成」系列の読む力		
1年	問いと答えをとらえて読む	問い、答え
1年	事例の内容をとらえて読む	事例、事例の順序
2年	三部構成をとらえて読む	三部構成（初め・中・終わり）、話題、まとめ、意味段落
3年	問いの種類を区別して読む	大きな問い、小さな問い、かくれた問い
3年	事例とまとめの関係をとらえて読む	事例とまとめの関係
3年	観察・実験と考察の関係をとらえて読む	実験・観察、考えたこと
4年	文章構成（序論・本論・結論）をとらえて読む	序論、本論、結論
4年	文章構成の型をとらえて読む	尾括型、頭括型、双括型、文章構成図
4年	事例の関係をとらえて読む	事例の並列関係、事例の対比関係
5年	まとめから事例を関連づけて読む	まとめと事例の関係
6年	文章構成の型を活用して読む	文章構成の変形
②「要点・要約」系列の読む力		
1年	文と段落を区別しながら読む	文、段落
2年	小見出しの効果を考えながら読む	小見出し
2年	主語をとらえながら読む	主語、述語
3年	キーワードや中心文をとらえながら読む	キーワード、中心文
3年	段落の要点をまとめながら読む	要点、修飾語、常体、敬体、体言止め
3年	大事なことを要約しながら読む	筆者の立場での要約、要約文
4年	目的や必要に応じて、要約しながら読む	読者の立場での要約
③「要旨」系列の読む力		
1年	題名と筆者ととらえて読む	題名、筆者
2年	まとめをとらえて読む	まとめ
4年	要旨の位置を考えながら読む	要旨、筆者の主張、尾括型、頭括型、双括型
5年	要旨と題名の関係を考えながら読む	要旨と題名の関係
6年	具体と抽象の関係から要旨を読む	要旨と事例の関係
④「批評」系列の読む力		
1年	初めて知ったことや面白かったことを考えながら読む	初めて知ったことや面白かったこと
1年	「問いと答え」や「事例の順序」の意図を考えながら読む	筆者の気持ち
2年	自分の経験と関連づけながら読む	自分の経験
2年	感想を考えながら読む	感想、読者
3年	説明の工夫を考えながら読む	説明の工夫
3年	「事例の選択」の意図を考えながら読む	事例の選択、筆者の意図
4年	「話題の選択」の意図を考えながら読む	話題の選択
4年	文章構成の型の意図を考えながら読む	文章構成の意図
6年	筆者の説明に対して自分の意見を考えながら読む	共感、納得、反論
⑤「説明文の表現技法」系列の読む力		
1年	問いの文と答えの文を区別しながら読む	問いの文、答えの文、疑問の文末表現
1年	説明の同じところや違うところを考えながら読む	説明の観点、同じ説明の仕方（類比）、説明の違い（対比）
2年	事実の文と理由の文を区別しながら読む	事実の文、理由の文、理由の接続語、理由の文末表現
2年	順序やまとめの接続語の役割を考えながら読む	順序やまとめの接続語
2年	図や写真と文章とを関係づけながら読む	図、写真
3年	抽象・具体の表現の違いを考えながら読む	抽象的な語や文、具体的な語や文
3年	事実の文と意見の文を区別しながら読む	意見の文、事実や感想の文末表現
3年	指示語の意味をとらえて読む	指示語（こそあど言葉）
4年	語りかけの表現をとらえて読む	語りかけの文末表現
4年	言葉の定義に気をつけながら読む	定義づけ、強調のかぎかっこ
4年	対比的な表現や並列的な表現などに気をつけて読む	順接、逆接、並列、添加、選択、説明、転換の接続語、長所・短所
4年	時の流れに着目しながら読む	西暦、年号

4年	説明の略述と詳述の効果を考えながら読む	略述、詳述
5年	具体例の役割を考えながら読む	具体例
5年	表やグラフの効果を考えながら読む	表、グラフ、数値
5年	譲歩的な説明をとらえて読む	譲歩
6年	文末表現の効果を考えながら読む	常体、敬体、現在形、過去形
⑥「文種」系列の読む力		
1年	物語文と説明文の違いをとらえて読む	物語文、説明文
3年	実験・観察の記録文の特徴を考えながら読む	実験、観察、研究、記録文
4年	報告文の特徴を考えながら読む	報告文
5年	論説文の特徴を考えながら読む	論説文
5年	編集の仕方や記事の書き方に注意して新聞を読む	新聞、編集、記事
5年	伝記の特徴を考えながら読む	伝記、ドキュメンタリー、説明的表現、物語的表現
5年	随筆の特徴を考えながら読む	随筆、説明的表現、物語的表現
6年	紀行文の特徴を考えながら読む	紀行文
6年	ドキュメンタリーの特徴を考えながら読む	ドキュメンタリー
⑦「活動用語」系列の読む力		
1年	語のまとまりに気をつけて音読する	音読
2年	生き物や乗り物など、テーマを決めて読む	テーマ読書
4年	目的に必要な情報を図鑑や辞典で調べる	調べる活動、図鑑、辞典、索引
5年	自分の思いや考えが伝わるように音読や朗読をする	朗読

※筑波大学附属小国語教育研究部編『筑波発 読みの系統指導で読む力を育てる』(東洋館出版社) 2016年2月より

※筑波大学附属小国語研究部編『筑波発　読みの系統指導で読む力を育てる』(東洋館出版社) 2016年2月

第2章

授業のユニバーサルデザインを目指す国語授業と個への配慮

―「学びの過程において考えられる困難さに対する指導の工夫」の視点から―

授業のユニバーサルデザインを目指す国語授業と個への配慮
―「学びの過程において考えられる困難さに対する指導の工夫」の視点から―

明星大学　小貫　悟

1．各教科の学習指導要領における特別支援教育の位置付け

小学校では2020年度から実施される学習指導要領を特別支援教育の立場からみたときに、これまでの学習指導要領からの注目すべき変更点と言えるのが、各教科の学習指導要領の中に、

> 障害のある児童などについては、学習活動を行う場合に生じる困難さに応じた指導内容や指導方法の工夫を計画的、組織的に行うこと。

の文言が新たに加わったことである。ここで「通常の学級においても、発達障害を含む障害のある児童が在籍している可能性があることを前提に、全ての教科等において、一人一人の教育的ニーズに応じたきめ細かな指導や支援ができるよう、障害種別の指導の工夫のみならず、学びの過程において考えられる困難さに対する指導の工夫の意図、手立てを明確にすることが重要である。(下線は筆者加筆)」と説明されている。教科教育の基本的な枠組みとして（つまり、授業内において）「学びの過程に困難がある子」への指導をしっかり行うことが明記されたわけである。

2．通常の学級における特別支援教育とは

ここで、教科教育における「学びの過程において考えられる困難さに対する指導」の前提となる「通常の学級における特別支援教育」について今一度確認しておこう。平成19年度の学校法改正に伴い「特別支援教育」は誕生した。特別支援教育の定義としては、平成15年3月の文部科学省調査研究協力者会議の「今後の特別支援教育の在り方について（最終報告）」に示された説明がその定義として、しばしば引用されている。

> 特別支援教育とは、従来の特殊教育の対象の障害だけでなく、LD、ADHD、高機能自閉症を含めて障害のある児童生徒の自立や社会参加に向けて、その一人一人の教育的ニーズを把握して、その持てる力を高め、生活や学習上の困難を改善又は克服するために、適切な教育や指導を通じて必要な支援を行うものである。(下線は筆者加筆)

ここで示されている通り、それまで障害児教育を担ってきた「特殊教育」との決定的な違いは、「LD、ADHD、高機能自閉症を含む」としたところである。現在、この三つの障害を教育領域では「発達障害」とし、特別支援の対象に位置付けている。特に、この三つの障害のベースには「知的な遅れを伴わない」との前提がある。つまり、従来の公教育システムにおいて「通常の学級に在籍する」児童とされていた子どもであり、結果、障害のある子は「特別な場」での教育を受けるという前提を覆すものとなった。ここを源流として考えると、現在、「通常学級」に求められている「インクルーシブ教育」「ユニバーサルデザイン（以下、UD）」「合理的配慮」などの教育的配慮の意味合いがよくみえてくるであろう。

3．LD、ADHD、高機能自閉症の「学びの過程における困難」とは

以下に、通常学級における特別支援教育の対象とされた「LD、ADHD、高機能自閉症」を説明する。これは、すでに多くの類書の詳しいため、ここでの説明は本稿のテーマである授業の中での「学びの過程における困難さ」がその子たちにどう生じるのかの説明を中心に述べる。

◎ LDのある子が直面する「学びの過程における困難」

LD（学習障害）のある子は「聞く、話す、読む、書く、計算する、推論する」などの基礎学力の習得に特異的なつまずきを見せ、授業においては、学習内容への「理解のゆっくりさ」が課題になる。なぜ、こうしたことが生じるかは不明なことが多いが、そうした子の心理検査などの結果には「認知能力のかたより」が見られることが多く、特に「視覚認知（形や文字などを目で捉える力）」や「聴覚認知（音や口頭言語などを耳で捉える力）」などの外部からの情報を捉えて思考すること（情報処理）に弱さをみせることがある。また、同様に「記憶能力」に弱さをみせることもあり、ここから学習内容の「定着の悪さ」が生じることがある。このような特徴のある子には「学習スタイルの違い」つまり個々の学び方の違いに配慮する必要がある。さらに、学習の遅れから「二次症状」と呼ばれる自信喪失、劣等感などの心理面のつまずきが生じることも多く、その配慮も必要になる。

◎ ADHDのある子が直面する「学びの過程における困難」

ADHD（注意欠如多動性障害）は「不注意・多動・衝動性」などの行動特徴が生じる障害である。この特徴は、外部からの刺激（音、掲示物、人の動き等）に弱く、すぐにそれに反応してしまうため、今、進行している作業が中断しがちになったり、別のことに関心が移ってしまったりするなどの行動が頻繁に起こる。こうした特徴は「集中力の無さ」「やる気の無さ」と位置付けられ、授業において教師からの注意・叱責を受けがちになる。そうした中で、授業参加の放棄、教師への反抗、他児とのいさかいなどの行動が「二次症状」として現れることもあり、授業の不参加がさらに顕著になるといった負の連鎖が

生じることも少なくない。

◎高機能自閉症のある子が直面する「学びの過程における困難」

高機能自閉症は、知的には遅れがみられない自閉症の特徴のある子を指す概念である。医学的には「自閉スペクトラム症」と診断される。高機能自閉症の子は対人関係の苦手さや「状況理解の悪さ」を指摘されがちである。また、特定の物や、スケジュール、やり方などに固執するなどの「こだわり」をもつことも知られている。こうしたこだわりは「関心のムラ」につながったり、突然の予定変更の弱さなどを生じさせ、それが「見通しの無さへの不安」へとつながったりすることもある。このような行動面での特徴とともに、独特な状況理解や考えをもつこともある。特に「イメージすることの弱さ」をもつことが知られており、これが「曖昧なものへの弱さ」「抽象的思考の弱さ」につながることもある。また、複数のことを同時に行うことは苦手であり「複数並行作業の弱さ」を補う配慮も必要になる。

4.「発達障害のある子」の困難（つまずき）と「すべての子ども」との共通点

以上のように発達障害と呼ばれる子どもたちには様々な「学びの過程における困難（つまずき）」が生じる。しかし、その困難（つまずき）は、すべての子にとっても地続きのつまずきである。発達障害のある子のつまずきは、どの子にも生じるつまずきとして言い換えが可能である。そのことを示したのが、**表1**である。

表1　発達障害の「学びの過程における困難」とどの子にも起きうる困難の関係

状況	発達障害のある子に「学びの過程における困難」を生む特徴	どの子にも起きうる「学びの過程における困難」を生む特徴
参加	状況理解の悪さ	学習準備／作業の取り掛かりの悪さ
	見通しの無さへの不安	授業がどこに向かっているのか理解不足
	関心のムラ	全体の流れからはずれる思考
	注意集中困難／多動	気の散りやすさ
	二次障害（学習意欲の低下）	引っ込み思案／自信の無さ
理解	認知のかたより（視覚・聴覚）	指示の聞き落とし／ 課題内容や細部の見落とし
	学習の仕方の違い (learning differences)	得意、不得意の存在／ 協力しての作業の苦手さ
	理解のゆっくりさ (slow learner)	協働的な学習でのペース合わせが苦手／ 学習内容の背景理解や深めることの苦手さ
	複数並行作業の苦手さ	すべき作業の取りこぼし
	曖昧なものへの弱さ	質問の意図の取り間違い／思い込みをする傾向／断片的な理解をする傾向

習得	記憶の苦手さ	既習事項の積み上がりにくさ
	定着の不安定さ	学び続ける態度の弱さ
活用	抽象化の弱さ	知識の関連付けの弱さ／応用への弱さ
	般化の不成立	日常生活に結び付ける意識の低さ

表 1 における対応関係をベースにすると、発達障害のある子の「学びの過程における困難」への配慮は、同時に、授業中に多くの子に生じるつまずきへの配慮となっていると考えることが分かる。つまり、これが「授業の UD」を成立させる根拠の土台なのである。

5．「ユニバーサルデザイン」における授業改善

ここで、授業を UD 化するためのモデルを提示したい。それを示したのが**図 1** である。

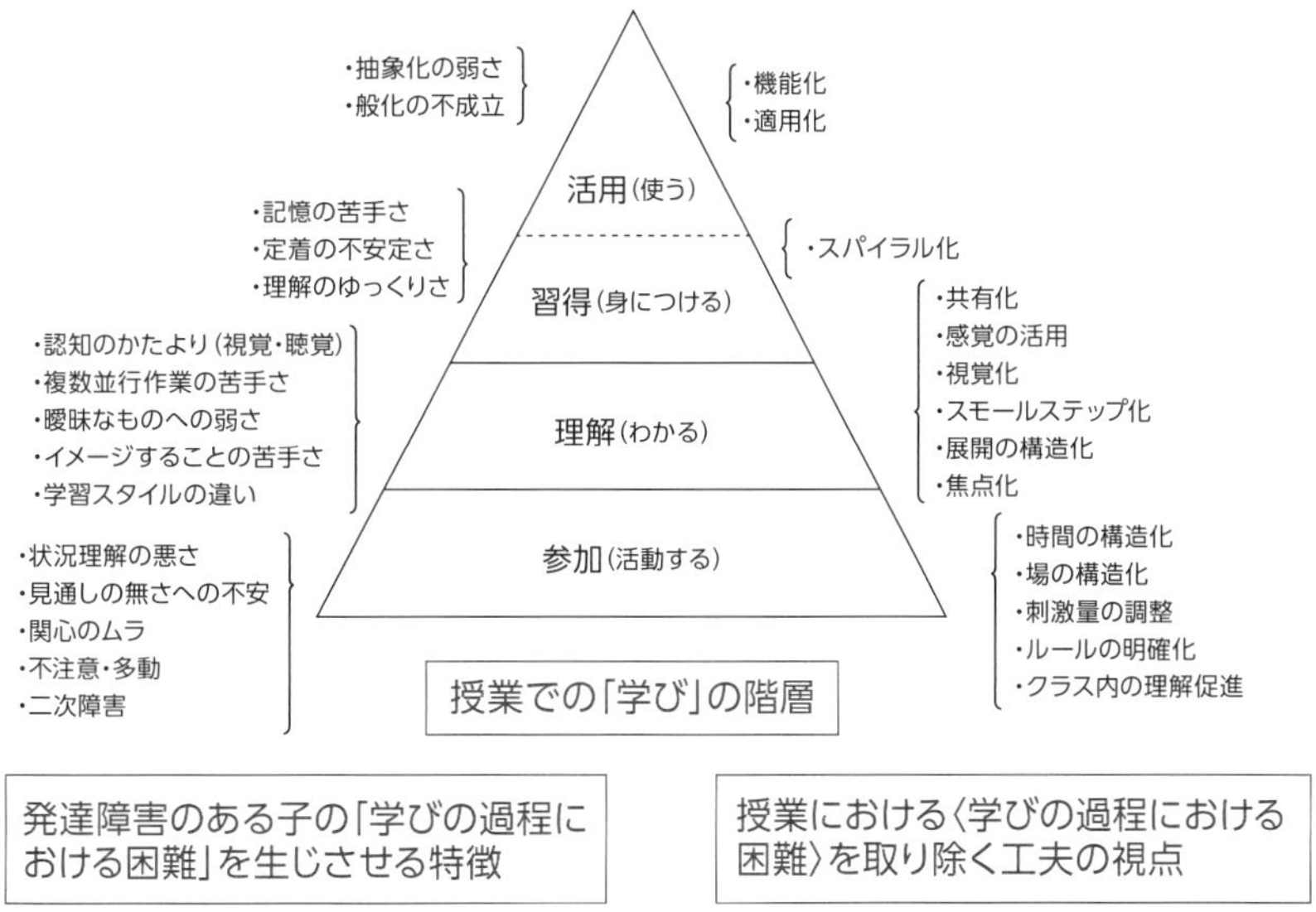

図 1　授業 UD モデル

まず、図（モデル）の左側に、ここまでに述べてきた〈発達障害のある子の「学びの過程での困難」を生じさせる特徴〉を列挙した。次に図の中心にある三角形に注目してほしい。これは、通常学級での〈授業での「学び」の階層〉を示したモデルである。授業の最も土台となっているのは、子どもの〈参加〉である。授業は参加しないと始まらない。一方、授業は参加すればよいというものではない。参加の上部には〈理解〉が乗る。参加した上で理解できることが授業では求められる。また、授業において理解したものは、自分のものになっていかなければならない。そのときは理解したけれど、その学習の成果が別の場面では使えないならば、授業から学んだことにはならない。つまり〈理解〉階層の上には〈習得〉〈活用〉階層が乗るのである。こうした「授業の階層性」を整理棚にして〈発達障害のある子の「学びの過程での困難」を生じさせる特徴〉を階層ごとに配置する

と図中の左側に示したようになる。この整理によって、どの階層を意識した授業を行うかによって、配慮すべき点を絞ることができる。また、この図の左側の「学びの過程の困難を生じさせる特徴」をカバーするための指導上の「視点」、つまり〈「学びの過程での困難」を取り除く視点〉を配置したのが図中の右側部分である。これらの「視点」について、以下に一つずつ解説する。各視点は、下部に置かれたものが上部の視点を支える要素をもっている。そのため、本稿の解説の順も下部から上部へという進め方で行う。

〈参加階層〉

・クラス内の理解促進

この視点は、クラス内の子が発達障害のある子を適切に理解できるように促すことを目的としている。クラス全体に学習がゆっくりであることをからかうような雰囲気がないか、そうした子をカバーする雰囲気が作られているかをチェックする。こうした視点で発達障害のある子をクラスで支えていくことは、結局、すべての子に対しての配慮にもなる。なぜなら、どの子にも起きてくる可能性のある「間違うこと」「分からないこと」は恥ずかしいことではないということを、そのクラス全員のスタンダードにできるからである。そして「分からない」ことがあったときに「わからない」と安心して言えるクラスでは、担任も「授業の工夫」の方向性を見出しやすくなり、その結果、授業改善、授業のUD化が実現しやすくなる。

・ルールの明確化

暗黙の了解事項やルールの理解が極端に苦手なのが高機能自閉症のある子の特徴である。暗黙に決まっている（授業者が、どの子も知っていると思い込んでいる）授業内のルールは意外に多い。これらのルールの運用が上手にできずに授業に参加できていない子がいないであろうか。質問の仕方、意見の伝え方、話し合いの仕方などには、ある程度のルールが必要である。授業参加の前提となる、そうした授業内での振る舞い方をどの子も理解し、できるようになっているかをチェックしたい。

・刺激量の調整

前述したようにADHDの子は周囲の刺激に反応しがちな子である。授業に集中してほしいときに、他に気が散る刺激があれば、授業への集中は低下する。黒板周りの壁に、様々な掲示物を貼ることに特段の問題意識は無かった時代もある。当時は「大切なことは常に目に見える場所に貼っておくべきである」という考えが主流だった。この考え方自体は悪いことではない。ただし、授業のUD化という文脈では、やはり黒板に注意を向けやすい環境づくりをしたい。子ども目線から、教室前面（黒板）がどのように見えているかを、時々、刺激性の観点からチェックしておきたい。

・場の構造化

特別支援教育での自閉症へのアプローチとして有名なのが教室空間などに一定の規則性

を持ち込んで使いやすくする工夫であり、これが「場の構造化」と呼ばれる。これを通常の学級での応用として導入すると学級における学習活動の効率がよくなる効果がある。例えば、教室内のすべての物品に置く場所が決まっていれば、全員が無駄な動きなくその物品を使うことができる。また、教室内の物品の配置も、全員の動線を考慮して考えてみるとよい。

・時間の構造化

通常学級においては一日の流れを黒板に書き出すことはある。しかし、授業の一コマの内容を示さないことも多い。試しにそうした配慮をしてみると、授業中での学習活動の「迷子」を防いだり、迷子になったときにはその時点で行っている学習活動に戻るための助けになったりすることがある。学習活動の迷子とは「あれっ、今、何をしているんだろう」と授業の流れについていけなくなる状態である。授業の迷子は誰にでも起きうる。学習内容が分からなくなるときには学習活動の迷子が先に起きていることも多い。授業の流れを視覚的に提示する「時間の構造化」の方法によって、助かる子が意外に多いはずである。

〈理解階層〉

・焦点化

これは、授業の〈ねらい〉や〈活動〉を絞り込むことを意味する。発達障害のある子は授業内の活動や説明が「ゴチャゴチャ」したものになると、途端についていけなくなりがちである。しっかりとフォーカスした〈ねらい〉とシンプルな〈活動〉によって授業を構成したい。

・展開の構造化

〈ねらい〉と〈活動〉が焦点化されたら、それに基づいた展開の工夫をしていく。論理的かつ明示的な展開であると、多くの子が授業に乗りやすく活躍しやすくなる。逆に展開が分かりにくい授業では、子どもたちが正しい方向への試行錯誤ができなくなり、思考のズレ、思考活動からの離脱、流れについていくことへの諦めが生じやすくなる。「学習内容」が分からなくなる前に「授業展開」についていけなくなっているのではないかのチェックが必要である。展開自体の工夫は、授業UD論の中で極めて大きな視点の一つである。

・スモールステップ化

ある事柄の達成までのプロセスに、できるだけ細やかな段階（踏み台）を作ることで、どの子も目標に到達しやすくする。用意された踏み台は使っても使わなくてもよいといった選択の余地があるように工夫するとよい。踏み台を必要としない子がいるにもかかわらず、スモールステップにした課題を全員一律に行うと「簡単過ぎる」と感じモチベーションの低下が生じる子もいる。理解が早い子にも、ゆっくりな子にも、同時に視点を向けるのが授業UDの基本である。

・視覚化

これは、情報を「見える」ようにして情報伝達をスムーズにする工夫である。授業は主に聴覚情報と視覚情報の提示によって行われる。この二つの情報を同時提示することで情報が入りやすくなる。また、この二つの情報の間にある違いは「消えていく」「残る」であり、視覚情報の「残る」性質を大いに利用することで授業の工夫の幅が広がる。

・感覚の活用

発達障害のある子の中には「感覚的に理解する」「直感的に理解する」ことが得意な子がいる。感覚的に捉え、認識していける場面を授業の中に設定すると効果的な支援になることがある。例えば、教材文を読み、それを演じてみる（動作化）と、そこから得られた感覚（体感）によって、文字情報からだけでは分からなかった深い理解が可能になることもある。

・共有化

例えば、ペアトーク、グループ学習など子ども同士で行う活動を要所で導入する。これは、協同学習、学び合いなど様々な呼称で、授業の方法論としてすでに大切にされてきている視点でもある。授業者主導の挙手指名型が多い授業は「できる子」のためだけの授業になりやすい。子ども同士の相互のやりとりによって、理解がゆっくりな子には他の子の意見を聞きながら理解をすすめるチャンスを、そして、理解の早い子には他の子へ自分の意見を伝えたり説明したりすることでより深い理解に到達できるチャンスを作りたい。

〈習得・活用階層〉

・スパイラル化

教科教育の内容はどの教科でも基本的にスパイラル（反復）構造になっている。つまり、ある段階で学んだことは、次の発展した段階で再び必要となる。つまり既習事項には再び出会う構造になっているとも言える。こうした「教科の系統性」と呼ばれる特徴を利用して、前の段階では理解が十分でなかったことや、理解はしたけれど再度の確認を行う必要のあることなどについての再学習のチャンスを可能な範囲で授業内に作りたい。

・適用化／機能化

「活用する」とは、学んだことを応用、発展することである。ここで、基本事項を別の課題にも「適用」してみたり、生活の中で「機能」させてみたりすることで、授業で学んだことが本物の学習の成果となっていく。さらに、肌感覚がある具象的な事柄から、抽象的な概念の理解が可能になっていくことは多い。常に、学びの内容がどこと、何と「つながっているのか」を考える視点をもつと、子どもの理解を促す糸口が見つかることは多い。

6．ユニバーサルデザインと個への配慮の関連
―学習のつまずきに対する三段構え―

さて、ここまで、授業のUD化の〈視点〉を整理してきた。それらを踏まえて、ここで「すべての子が分かる授業」の実現に向けて、一歩進んだ枠組みを示しておきたい。それが〈学習のつまずきに対する「三段構え」〉である。その発想は「すべての子が分かる授業」の実現のための現実的な教育対応の枠組みを示すものであり、〈授業の工夫〉〈個への配慮〉〈授業外の補充的な指導〉の三つの組合せで構成される。**図2**を見ていただきたい。図の一番上の部分には〈授業内容〉がある。これは指導案とも言い換えられる。最初の原案となる指導案をより精錬して授業をUD化していくためには、その指導案に沿って実際に授業を行ってみると、クラス内の一人一人の子どもにどのようなつまずきが起きうるかを想定してみるのである。ここで、気付いた（想定される）つまずきが授業において有効にカバーされる配慮を入れることで「UD化された授業」が作られる。この**図2**では、図の上部で明らかになった〈想定されるつまずき〉の一つ一つについて〈授業の工夫〉だけでカバーできるのか、授業内の〈個への配慮〉も必要なのか、さらに〈授業外の補充的な指導〉の導入も検討する必要があるのかといった判断が必要になることを**図2**の中段の矢印の枝分かれによって示している。

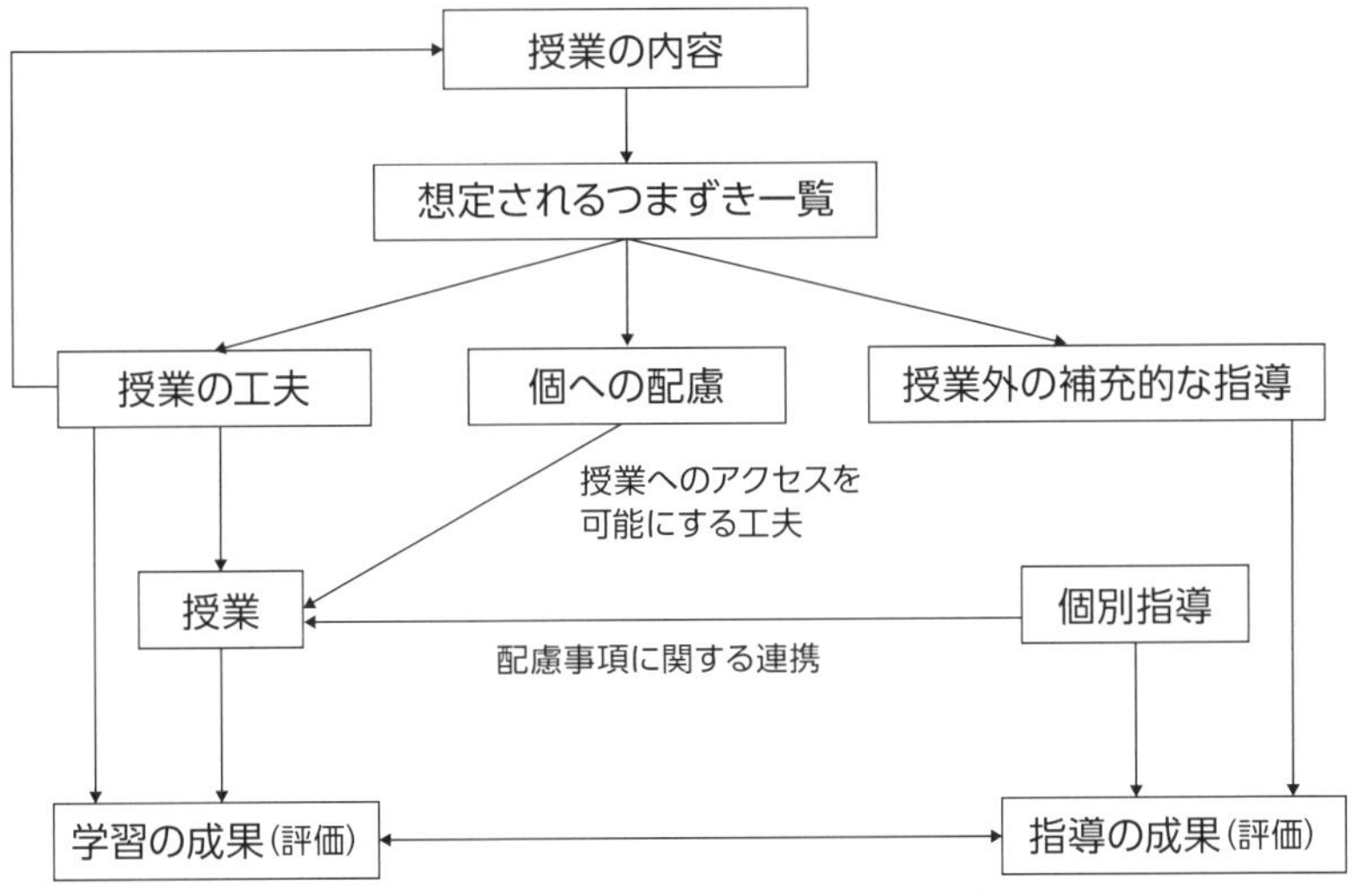

図2　学習につまずきに対する三段構え

第一段階：授業の工夫

まずは、**図2**の一番左側の流れを説明したい。ここが授業UDの中核作業である。ここでの工夫がうまくいくかどうかは、実際に授業してみないと分からないというのはすべての授業者の本音である。しかし、**図2**の上部の「授業内で生じうるつまずきを徹底的に想定してみる、想像してみる」ことをどれだけ丁寧に行うかによって、その成功の確率が変わってくることは、授業者が誰でも体験していることでもあろう。このように、具体的にどのようなつまずきが生じるかをまず可能な限り想定し、その上で、ここまでに説明

したような授業UDの視点を下敷きにして、つまずきをカバーする具体的な手立てを考えてもらいたい。本書の指導案には、それらの工夫のサンプルがあふれている。是非、参考にしてほしい。

第二段階：個への配慮

これは、**図2**では真ん中の流れである。ここでは第一段階の全体指導として行われる「授業の工夫」と違い、ある特定の「学びの過程における困難」がある子に対してのみに行う「配慮」であり、つまりは「個への配慮」である。読みにつまずきをもつ子に対して読み仮名付きや拡大文字の教材文を用意したり、書きにつまずきをもつ子に対して板書における視写範囲の限定を行ったりするなどの配慮は、その例の一つである。理想を言えば、前述の第一段階の〈授業の工夫〉で「すべての子」のつまずきをカバーしたい。しかし、現実には、第二段階の「その子」だけの配慮の視点無くして、それは達成できない。〈個への配慮〉において注意したいのは、この配慮は、あくまで、その子が全体の授業に参加する（アクセスする）ための配慮であるという点である。個別の支援・配慮の一つ一つは、全体の授業に参加できて初めて成功したと言える。そのためには、全体の授業は事前に〈個への配慮〉を必要とする子を含むように工夫されていなければならない。つまり、第一段階〈授業の工夫（＝授業のUD化）〉の充実があって、初めて第二段階〈個への配慮〉としての工夫が生きるのである。

第三段階：授業外の補充的な指導

これは、**図2**の一番右側の流れである。第一、第二段階での支援ではカバーできない部分について、第三段階として（最終段階として）、ここで授業以外の個別指導形態によって支援するのである。これは基本的には特別支援教育の領域としての支援である。ただし、この〈補充的な指導〉は「通級による指導」のみでなく、担任が行う場合も、あるいは家庭学習による連携もありうる。

この「授業外の補充的な指導」とは、言い換えれば、その子その子の「オーダーメイドの指導」であり、一人一人の子どもの状態によって千差万別の方法が展開されるはずである。この部分は、今後の我が国の教育界が目指す「個別最適化」との文脈でさらなる研究が必要であろう。

そして、ここでの〈授業外の補充的な指導〉も、第二段階〈個への配慮〉と同様に、授業の中で活かされなければならない。そうした意味で、第一段階の〈授業の工夫〉との連携は必須である。

7．「個への配慮」へのヒントとなる学習指導要領解説の〈例示〉

それでは、**図2**における第二段階の〈個への配慮〉を授業中にいかに実現したらよいであろうか。そのヒントとなるのが各教科の学習指導要領解説に実際に収載されている障害のある子への指導時の配慮の〈例示〉である。国語の学習指導要領解説には小学校、中学校の各教科毎に〈例示〉は数例ずつが載っている。

例えば、小学校の学習指導要領解説の国語編には〈例示〉として、

文章を目で追いながら音読することが困難な場合、自分がどこを読むのかが分かるように教科書の文を指等で押さえながら読むよう促すこと、行間を空けるために拡大コピーをしたものを用意すること、語のまとまりや区切りが分かるように分かち書きされたものを用意すること、読む部分だけが見える自助具（スリット等）を活用すること

と配慮例が示されている。この学習指導要領解説に示されている〈例示〉を読むには少々のコツが必要になる。基本的にどの例示も【困難の状態】【配慮の意図】【手立て】の３つの部分から書かれている。各〈例示〉は「○○のような困難を抱える子がいる場合【困難の状態】」（上記例では「文章を目で追いながら音読することが困難な場合」）は、「○○のために／○○ができるように【配慮の意図】」（上記例：「自分がどこを読むのかが分かるように」）、「○○のような支援が考えられる【手立て】」（上記例：①教科書の文を指等で押さえながら読むよう促すこと、②行間を空けるために拡大コピーをしたものを用意すること、③語のまとまりや区切りが分かるように分かち書きされたものを用意すること、④読む部分だけが見える自助具（スリット等）を活用すること」）という構造で述べられている。それぞれの〈例示〉によって、多少の書きぶりの違いがあるにしても、小学校、中学校におけるすべての教科の学習指導要領解説で、このような統一した構造で〈例示〉が記載されたことについては、教科指導における特別支援教育的発想の根付きの一つとして注目すべき点である。

ここでは、国語科における小学校の（本書には直接的な関連はないが参考として中学校についても）例示を**表２、３**にまとめた。さらに、その一つ一つの例について、前述の授業 UD の工夫の視点との関連も示した。

８．あらゆる【困難の状態】への【手立て】を案出するために

ここに示した学習指導要領解説の〈例示〉は、あくまで例示であり、おそらくその紙面の都合のために、典型例や一部の視点による数例の提示に留まっている。しかし、日本中の教室での日々の授業の中には様々な【困難の状態】があふれている。学習指導要領解説の〈例示〉を参考にしつつも、我々はそこには無い自分の周囲で現実に起きるすべての【困難の状態】への【手立て】を自分たち自身で産出していく必要がある。この〈困難の状態⇒配慮の意図⇒手立て〉の論理展開で、様々な対応を考えていく際に、図１で示した授業 UD モデルを下敷きとして大いに活用していただきたい。なぜなら、表２、３で示したように、学習指導要領解説で示された〈例示〉の【手立て】の内容のほとんどが授業 UD モデルの〈視点〉で説明できるからである。ここでは、授業の中で様々な【困難の状態】に遭遇したときに、授業者自らが【手立て】を自由自在に案出ができるプロセスの中

表2　小学校　学習指導要領　解説（国語）での配慮の例示

困難の状態	配慮の意図	手立て	UD視点
文章を目で追いながら音読することが困難な場合	自分がどこを読むのかが分かるように	教科書の文を指等で押さえながら読むよう促すこと、行間を空けるために拡大コピーをしたものを用意すること、語のまとまりや区切りが分かるように分かち書きされたものを用意すること、読む部分だけが見える自助具（スリット等）を活用すること	**感覚の活用** **視覚化** **焦点化** **刺激量の調整**
自分の立場以外の視点で考えたり他者の感情を理解したりするのが困難な場合		児童の日常的な生活経験に関する例文を示し、行動や会話文に気持ちが込められていることに気付かせたり、気持ちの移り変わりが分かる文章の中のキーワードを示したり、気持ちの変化を図や矢印などで視覚的に分かるように示してから言葉で表現させたりする	**感覚の活用** **焦点化** **視覚化**
声を出して発表することに困難がある場合や人前で話すことへの不安を抱いている場合	自分の考えを表すことに対する自信がもてるよう	紙やホワイトボードに書いたものを提示したり、ＩＣＴ機器を活用して発表したりする	**視覚化**

表3　中学校　学習指導要領　解説（国語）での配慮の例示

困難の状態	配慮の意図	手立て	UD視点
自分の立場以外の視点で考えたり他者の感情を理解したりするのが困難な場合	生徒が身近に感じられる文章（例えば、同年代の主人公の物語など）を取り上げ、文章に表れている心情やその変化等が分かるよう	行動の描写や会話文に含まれている気持ちがよく伝わってくる語句等に気付かせたり、心情の移り変わりが分かる文章の中のキーワードを示したり、心情の変化を図や矢印などで視覚的に分かるように示してから言葉で表現させたりする	**感覚の活用、焦点化、視覚化**
比較的長い文章を書くなど、一定量の文字を書くことが困難な場合	文字を書く負担を軽減するため	手書きだけでなくICT機器を使って文章を書くことができるようにする	**代替手段の活用**
声を出して発表することに困難がある場合や人前で話すことへの不安を抱いている場合	自分の考えを表すことに対する自信がもてるよう	紙やホワイトボードに書いたものを提示したり、ICT機器を活用したりして発表するなど、多様な表現方法が選択できるように工夫	**視覚化** **代替手段の活用**

※表中の下線は筆者が加筆

で、授業UDモデルを活用していく方法を、3つのステップに分けて示す。

ステップ1 【困難の状態】を確定し【配慮の意図】を決める

授業中に出会う【困難の状態】に対して【手立て】を生みだすには、両者の間にある【配慮の意図】が非常に重要になる。同じ【困難の状態】に対しても【配慮の意図】に何を置くかによって、その【手立て】は全く違ったものになる。例えば、前述した「文章を目で追いながら音読することが困難な場合」の〈例示〉では、その【困難の状態】に対して、「自分がどこを読むのかが分かるように」という【配慮の意図】が設定されている。しかし、この【困難の状態】に対して【配慮の意図】として、例えば「一字一字を読み取りやすくするために」や「目で追う形の読み取りだけにならないように」といった形で、別の【配慮の意図】を設定することも可能である。【配慮の意図】が変われば、当然、【手立て】も変わってくる。「一字一字を読み取りやすくするために」と【配慮の意図】を設定すれば「文字そのものを拡大したり、見やすいフォントの字体での教材を使ったりする」などの【手立て】案が考えられよう。また、「目で追う形の読み取りだけにならないように」とする【配慮の意図】であれば、「まずは指導者の音読を聞き、その教材文の内容が理解した上で、指導者と息を合わせて「同時読み」での音読をする」などの【手立て】も考えられよう。このように、【配慮の意図】は「自分がどこを読むのかが分かるように」「一字一字を読み取りやすくするために」「目で追う形の読み取りだけにならないように」といったように実態に応じて変化させることが可能である。どこに、そのポイントを置くかを決めるのは実際の子どもの様子次第である。授業者としての自分自身が、その子に何を「してあげたい」と感じているか、あるいは、何を「すべきか」と考えているかを自らキャッチすることが大切である。

ステップ2 〈発達障害のある子の「学びの過程における困難」を生じさせる特徴〉から【手立て】を導く

ステップ1での「こうしてあげたい」という思いをベースに【配慮の意図】が決められようとしている、まさにその状況の中で、同時並行的に「そもそも、その【困難の状態】はなぜ起きているのだろうか」と考えるようにしてほしい。それを考える下敷きとして、図1の授業UDモデルにおける左側部分の〈発達障害のある子の「学びの過程における困難」を生じさせる特徴〉に示した内容を思い出してほしい。その内容をざっと眺め直してみると、今回の【困難の状態】が生じた「原因」を推測するのに役に立つことがある。先ほどの〈例示〉で言えば、「文章を目で追いながら音読することが困難」という【困難な状態】と遭遇したときに「文章を追いやすくしてあげたい」と考えるタイミングで、その背景を探るために、モデルの左側部分を「ざっと」見てみると、発達障害のある子には「外部の視覚情報の読み取りについてうまくいかない」などの〈認知のかたより〉や「思考作業で、集中し続けることが苦手」である〈不注意〉の特徴があることが確認できるであろう。そうして目についた特徴が、その子にも当てはまりそうであると思えば(あるいは気付けば)、そのまま、モデルの右側の工夫の視点での「感覚の活用」「視覚化」

「焦点化」「刺激量の調整」などが具体的な手立てを作るためのヒント（下敷き）にならないかと考えてみるのである。その結果、【手立て】として「行間を空けるために拡大コピーをしたものを用意すること（〈視覚化〉による工夫）、語のまとまりや区切りが分かるように分かち書きされたものを用意すること（〈感覚の活用〉による直観的な分かりやすさへの工夫）、読む部分だけが見える自助具（スリット等）を活用する（〈焦点化〉〈刺激量の調整〉の視点による工夫）」というように、具体的なアイディアの案出につながるわけである。

ステップ３【手立て】を案出する際には「教科」としての判断を重視する

ステップ２の要領で、授業UDモデルからピックアップした工夫の視点を具体的な【手立て】にまで落とし込む一連のプロセスは、指導アイディア案出の「手助け」をしようとするものである。しかし、実際に有効な【手立て】を生み出す中心は、その授業者の「教科」に対する本質的な理解や、教材や工夫の引き出しの多さ、そして教科の本質に沿った柔軟な発想が主役でもある。今回取り上げている〈例示〉のように、小学校から中学校にかけて国語の授業における様々な場面で、教材文を「目で追いながら読む」場面は必須である。「文章を目で追いながら読むのが苦手」という「学びの過程における困難」の状態をそのまま放置すれば、おそらくその後のすべての国語の学習への影響は避けられないだろう。その意味で、こうした【困難の状態】への配慮は国語教科としての優先順位が高く、できるだけ丁寧な配慮を行う必要性が高いと判断されるものである。さらに、〈例示〉にあるような「教科書の文を指等で押さえながら読むよう促すこと」「行間を空けるために拡大コピーをしたものを用意すること」「語のまとまりや区切りが分かるように分かち書きされたものを用意すること」「読む部分だけが見える自助具（スリット等）を活用すること」などの【手立て】を打つ際には、その【手立て】によって、何を捨て、何が残るのかという教科学習の意味合いからの分析が求められる。つまり、案出された具体的な【手立て】を実際に行うかどうかの判断は、教科、単元、学習内容の本質によって行われるべきなのである。

本稿で示した授業UDモデルは、教科学習における個への配慮としての【手立て】を案出する一歩手前まで誘導してくれる。しかし、その具体的な一手が本当に有効になるかどうかは、授業者の教科教育への研究の深みにかかっている。深く教科研究を進めた授業者が、日々の授業の中で特別支援教育にも通じるような有効な個別的配慮を何気なく行っているような場面に出くわすことがあるのは、こうした「教科教育」と「特別支援教育」は独立し合いながらも、常に関連し合い、つながっているからなのであろう。

９．まとめ

本稿では「授業UD」と「個への配慮」との関連を、学習指導要領に記された「学びの過程において考えられる困難さに対する指導の工夫」としてまとめた。しかし、繰り返し述べたように「授業UD」は「学びの過程における困難」のある子のためだけに限った視点ではなく、そうした子を含めて、学級全体の「すべての子」への「学びの補償」を実現しようとする極めて統合的、実践的、具体的な試みである。今後「授業改善」の旗の下でのたくさんの授業研究を通してその発展が期待される。本書は、その一翼を担う存在である。そして、その文脈の中で、収載されたすべての授業、指導案において、「学びの過程において考えられる困難さ」に対しての「個への配慮」の例を示すという先進的な試みをしているのも本書の特徴の一つとなっている。

ぜひ、一つ一つの配慮例をご確認いただき、ご自身の日々の工夫と照合し、さらに、そのセンスを高めていただきたいと思う。

第3章
授業のユニバーサルデザインを目指す国語授業の実際

「なまえつけてよ」の授業デザイン

（光村図書５年）

教材観

「なまえつけてよ」は、３日間の出来事を通して、中心人物「春花」と対人物「勇太」の関係の変化から他者の発見を描いた物語である。子供たちは、５年生という等身大の人物に親しみをもち、自分の生活や体験と比較しながら、読み進めていくであろう。

物語は中心人物である春花視点で描かれ、春花の勇太に対する心情の変化が随所に表れている。そこで、「会話文」だけでなく、「行動描写」「情景描写」にも視点を当て、人物の心情の変化、二人の相互関係の変化に迫りたい。

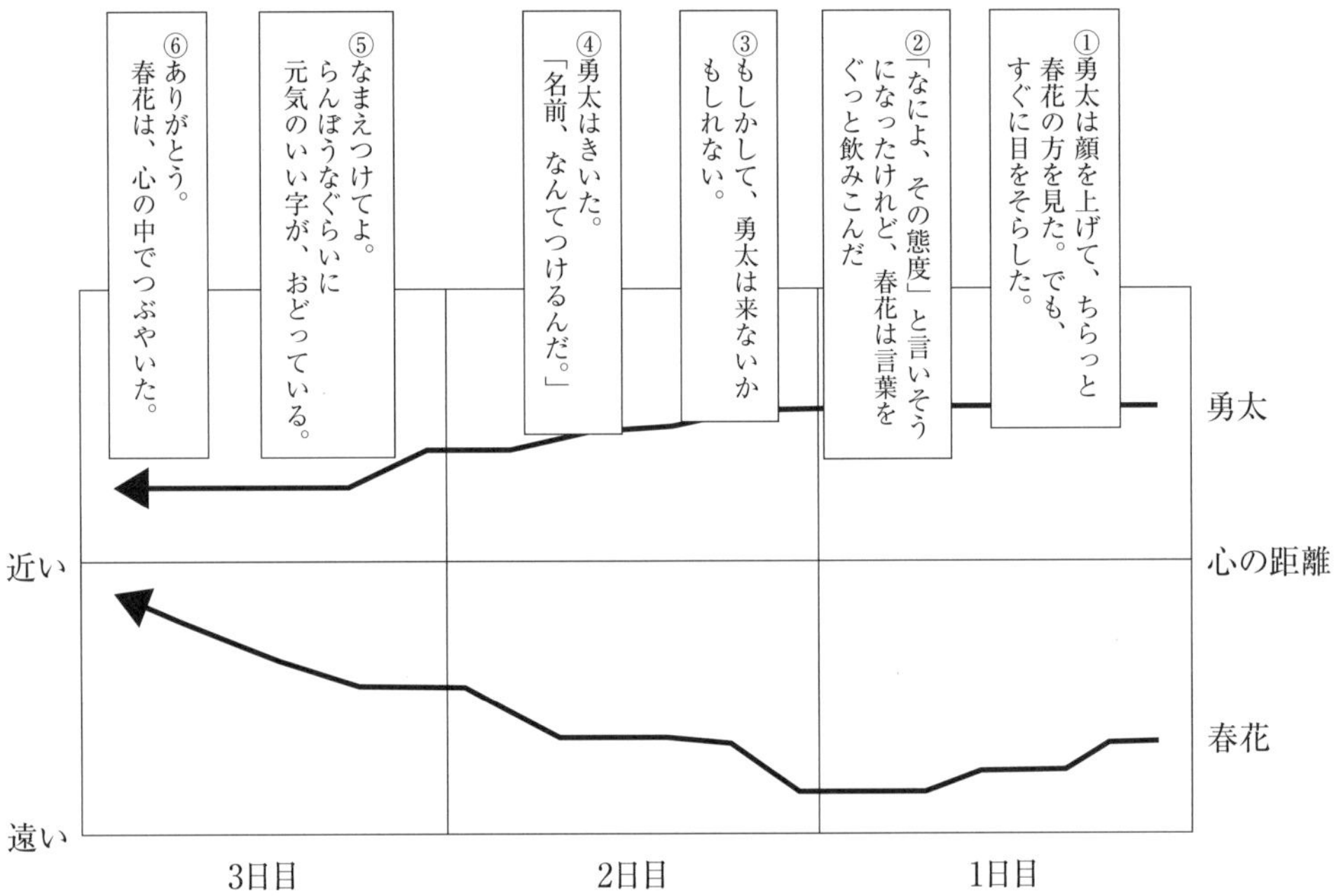

①勇太は顔を上げて、ちらっと春花の方を見た。でも、すぐに目をそらした。
②「なによ、その態度」と言いそうになったけれど、春花は言葉をぐっと飲みこんだ
③もしかして、勇太は来ないかもしれない。
④勇太はきいた。「名前、なんてつけるんだ。」
⑤なまえつけてよ。らんぼうなぐらいに元気のいい字が、おどっている。
⑥ありがとう。春花は、心の中でつぶやいた。
勇太
心の距離
春花
近い
遠い
3日目
2日目
1日目

身に付けさせたい力

・登場人物の相互関係や心情などについて、描写を基に捉える力。
・人物像や物語などの全体像を具体的に想像したり、表現の効果を考えたりする力。

授業づくりの工夫

焦点化	視覚化	共有化
○会話文のみを取り出し、登場人物と時系列を確認できるようにする。 ○会話文、行動、情景描写から二人の関係を読み取れるようにする。	○時系列に沿って、センテンスカードを並び変えるようにする。 ○中心人物のうれしさ度合いをニコちゃんマークの大きさで表す。 ○登場人物の相互関係を心情曲線図に表すようにする。	○根拠となる文を共有させる。 ○重要な考えは、ペアで再現させるなど、繰り返し取り上げる。

単元目標・評価規準

目標 会話文や行動描写、情景描写を基に登場人物の心情や相互関係を読み取ることができる。

知識・技能	思考・判断・表現	主体的に学習に取り組む態度
○語感や言葉の使い方に対する感覚を意識して、語や語句を使おうとしている。 (1)オ	○「読むこと」において、登場人物の相互関係や心情などについて、描写を基に捉えている。 C(1)イ ○「読むこと」において、人物像や物語などの全体像を想像したり、表現の効果を考えたりしている。 C(1)エ	○進んで、人物像や物語の全体像を具体的に想像し、学習の見通しをもって考えたことを文章にまとめようとしている。

単元計画（全4時間）

次	時	学習活動	指導上の留意点
一	1	**どの言葉が一番うれしかったのだろう？** ○物語の設定を確認する。	・6つの会話文を提示し、時系列の並び替えから設定の理解を確認する。 ・それぞれ誰の言葉（セリフ）かを問い、登場人物や中心人物を捉えさせる。
二	1	**春花の心情の変化を読み取ろう** ○春花の人物像について考える。	・会話文や行動描写、情景描写に着目して読むように促し、二人の人物像を読み取ることができるようにする。
	2	○勇太に対する春花の心情曲線について考える。	・4つの心情曲線から、春花の心情曲線をより適切に表したものはどれかを選択できるようにする。 ・自分でオリジナルの心情曲線を作成するよう促す。
三	1	**勇太視点で物語を書き直そう** ○春花視点で書かれた本文を勇太視点でリライトする。	・3日目を勇太視点でリライトさせる。 ・リライトした文章を発表し合い、勇太視点のよさを交流させる。

✓ 教材分析

よくしてやってね。」とお願いされたり、近所のおばあさんに「五年生になって急に大人っぽくなってきたみたい。」と褒められたりして、一人前のお姉さんとして扱われることに責任感と喜びを感じている。しかし、ここで大切にしたいのは、「勇太に対する心情」である。これは、春花の会話文や行動だけでなく、勇太の会話文からも想像できる。
（例）勇太「名前、なんてつけるんだ」→勇太が関心をもってくれてうれしい）

エ　変化前の心情

勇太の母から「仲よくしてやってね。」と頼まれ、どうしたらいいか分からないのに「はい。」と答える春花。親しくなるきっかけにと、子馬の話をするが、素っ気ない態度をとる勇太。その様子を見て「なによ、その態度。」と言いそうになるが、春花は言葉をぐっと飲みこむ。

1日目

いるような気がしてくる。

[キ]名前をつけてと任されるなんて、初めてのことだ。これまでに自分で名前をつけたことがある生き物を思い出す。お祭りのときにすくった、おとなしい金魚。それだけだ。

どんな名前がいいかな。春花は、頭の中に子馬のまぶしいすがたを思いえがきながら、帰り道を歩いた。

そのときだ。道の角から、[ア]ふらりと勇太が現れた。弟の陸を連れている。

勇太は、ひと月前に、遠くの町から引っこしてきた。

「今度、同じ組になるの。仲よくしてやってね。」

春花の家へあいさつに来たとき、[ア]勇太のお母さんはそう言った。

[エ]**春花は、はい、と答えたけれど、実際には、どうしたらいいか、分からなかった。話しかけても、勇太はあまりしゃべらない。でも、陸とは、楽しそうに遊んでいる。親しくなるきっかけは、なかなかつかめなかった。**

「牧場に子馬がいるんだけど、気がついた。」

春花はきいてみた。[ク]勇太は目を合わせない。ただ、足元を見ている。

「あそこの牧場で子馬が生まれたんだよ。あたし、子馬の名前を考えてって、牧場のおばさんから、たのまれちゃった。」

「[コ]わあ、すごいね。なんてつけるの。」

目をかがやかせたのは、陸のほうだ。

[ク]**勇太は顔を上げて、ちらっと春花の方を見た。でも、すぐに目をそらした。**

「まだ言わないよ。[ア]明日の放課後、牧場のところに来て。そうしたら教えるから。」

「今、教えてよ。今、知りたい。」

陸が早口で言った。陸は、二年生だ。

[ク]「もう行こう。」

勇太はぷいっと向きを変えて、歩き出した。陸は二、三度、春花の方をふり返りながら、勇太についていった。

[エク]**「なによ、その態度。」と言いそうになったけれど、**[キ]**春花は言葉をぐっと飲みこんだ。**

■第二次　第1時
「叙述から人物像を読み取らせる」
（しかけ「選択肢をつくる」）
人物像が書かれたくじを用意し、春花の人物像に適切かどうかを話し合う活動を通して、春花の人物像や登場人物との相互関係を読み取る。（イ・キ）

■第二次　第2時
「叙述をもとに登場人物の心情の変化を読み取らせる」
（しかけ「置き換える」）
センテンスカードを提示し、変なところ探しをする。それらが間違っている理由を話し合い、春花の心情の変化に迫る。（ウ、エ、オ）

■第二次　第2時
「登場人物の心情の変化を図に表すことができるようにする」
（しかけ「置き換える」）
（Ｗｈｉｃｈ型課題）
四つの心情変化図から、春花の心情の変化に近いものを選ぶ。そして、選んだ心情曲線をもとに、オリジナルの心情曲線を作成する。（エ、オ、カ）

◆教材分析のポイント　その①　【視点人物】

本文は、中心人物である春花視点で描かれているため、春花の行動や心情、心情の変化がよく分かる。春花は、牧場のおばさんや、勇太のお母さん、近所のおばあさんとのやりとりなどから、一人前のお姉さんとして扱われることに責任感と喜びを感じている。

一方、勇太の心情は、一読しただけでは読み取りにくい。そこで、根拠をもちながら、勇太の心情にも迫りたい。

◆教材分析のポイント　その②　【心情曲線】

春花の勇太に対する心情を心情曲線に表す活動を通して、春花の心情の変化を読み取る。心情曲線をかく手掛かりとして、AからDの心情曲線を提示し、話し合い活動を行う。そこでは、「より適切」な心情曲線を選び、話し合いについて意見を交流したい。心情曲線を選んだ理由やその根拠となる文について意見を交流したい。その後、自分の考えを心情曲線に表し、話し合うことで読みを深めていきたい。

指導内容

ア　時、場所、登場人物、出来事

物語を読むうえで、作品の設定を捉えることが大切である。この物語は、三日間の出来事が描かれ、時間の経過とともに春花と勇太の関係が変化していく。

イ　視点人物

この作品は春花視点（三人称視点）で描かれているため、春花の心情は、会話や行動、情景によく表れている。一方、勇太の心情は明示されることなく、会話も少ない。そこで、第三次では、勇太視点で物語をリライトし、勇太の心情に迫りたい。

ウ　心情

春花は、（あいさつをするだけの関係だった）牧場のおばさんに子馬の名前をつけてほしいと頼まれたり、勇太の母に「仲

なまえつけてよ

蜂飼耳

[ア]学校からの帰り道のことだ。[ア]牧場のわきを通りかかったとき、[ア]春花は、そこに見なれない子馬がいることに気[イ]がついた。

つやつやした毛なみの、[ア]茶色の子馬だ。立ち止まってじっと見ると、目が合った。子馬は、ぱちりとまばたきした。春花は、その美しい目に、すいこまれそうな気がした。

作業をしていた[ア]牧場のおばさんが、手を止めて、春花に話しかけた。

「この子、生まれたばかりなの。」

「名前、なんていうんですか。」

思わず、春花はきいた。

「名前、まだ考えてないの。[コ]そうだ、名前、つけてよ。」

一年生のときから、毎日、その小さな牧場のわきを通って通学しているので、牧場のおばさんとは、いつのまにか顔見知りになっていた。でも、あいさつをするだけだ。それなのに、子馬に名前をつけさせてくれるというのだ。

[ウ]「じゃあ、考えてきます。[ア]あしたまでに。」

「たのむね。」

おばさんと子馬に手をふると、春花は歩きだした。[ケ]歩きなれた通学路だ。けれど、まるで知らない道を歩いて

指導のポイント

■第一次　第1時

「会話文を並べ替えさせる」

（しかけ「順序を変える」）

六つの会話文を抜き出し、誰のセリフかを考える活動を通して、登場人物を確認する。そして、会話文を時系列に並び替え、何日間の物語かを確認する。（ア・コ）

■第一次　第1時

「春花が一番うれしかったのはどの言葉か読み取らせる」

（Which型課題）

六つの会話文の中で春花がうれしかった言葉について考える。勇太の言葉が一番嬉しかったと読み取れるので、「春花と勇太の関係を詳しく読もう」と次時の学習の方向性を示す。（ウ・コ）

教材分析

もっていてくれたことへの安心感や、勇太という人物への信頼感、親しみの心情が読み取れる。

コ 会話文

この物語は、春花の視点で書かれているためその他の登場人物の心情や春花との関係性は会話文から読み取ることができる。

題名の「なまえつけてよ」は、最後の勇太の手紙と対応することを押さえたい。

2日目

[コ][ク]「名前、なんてつけるんだ。」

ちょうどそのとき、牧場のおばさんが建物から出てきた。

「あらあら、みんな、来てたのね。」

「子馬の名前――。」

春花が言いかけると、おばさんはあわてた。

「ごめんね、そのことなんだけど。あのね、その子馬、よそにもらわれることになったの。急に決まったのよ。だから、名前も、行った先でつけられることになったの。たのんだのに、ごめんなさいね。」

春花は、だまったまま、さくからつき出た子馬の鼻にさわってみた。子馬の鼻は、ほんのりと温かく、しめっている。

[コ]「がっかりさせちゃったね。せっかく考えてくれた名前、教えてくれる。」

[ウ][キ]「いいんです。それなら、しかたないですね。」

[キ]春花は、子馬の鼻にふれたまま、明るい声でそう答えた。勇太と陸は、何も言わない。二人とも、こまったような顔をして、春花の方をじっと見ていた。

3日目

[ア]次の日。昼休みに、春花は[ア]ろう下で勇太とすれちがった。そのときだった。春花はそっと何かをわたされた。わたすと、勇太は急いで行ってしまった。

受け取ったものを見て、春花は、はっとした。紙で折った小さな馬。不格好だけれど、たしかに馬だ。

ひっくり返してみると、ペンで何か書いてある。

[コ]なまえつけてよ。

らんぼうなぐらい元気のいい字が、おどっている。

[ク]勇太って、こんなところがあるんだ。

まどからは、昼休みの校庭が見える。[ケ]明るい校庭には、サッカーをしている子たちがいる。その中に、春花は、ボールを追いかけている勇太のすがたを見つけた。

[オ]ありがとう。春花は、心の中でつぶやいた。

■その他

「二つの「なまえつけてよ」を比較させる」

題名の「なまえつけてよ」というセリフは本文で二度登場する。一つ目は、牧場のおばさんの「名前、つけてよ。」と勇太が折り紙に書いた「なまえつけてよ。」である。どちらも同じ言葉ではあるが、込められた気持ちの重みが異なる。牧場のおばさんの「そうだ、名前つけてよ。」は、ただの思い付きであるが、勇太の「なまえつけてよ。」は春花のことを考えに考えた結果、励ましの気持ちを込めた「なまえつけてよ。」である。（コ）

指導内容

オ 変化後の心情

勇太の優しさに触れた春花。校庭でボールを追いかける勇太のすがたを見つけて、ありがとうと心の中でつぶやく。

カ きっかけ

春花が一生懸命考えた、子馬の名前がつけられなくなったという出来事を通して、勇太を見る目が変わる。

キ 人物像

物語は、春花視点で描かれているので、春花の人物像はよく分かる。責任感が強いが、自分を大きく見せようとしている幼い姿も読み取れる。また、子馬に名前をつけられなかった場面からも春花の大人びた性格が読み取れる。

ク 登場人物の相互関係

転校してきた勇太を前にどう接していいか分からず、なかなか親しくなれなかった二人の関係が、子馬の名前をつけられなかった出来事を通して、ぐっと近くなる。

ケ 情景描写

「風がさあっとふきぬけた。」や「明るい校庭には」から春花の勇太が自分のことに関心を

1日目

[ア]近所のおばあさんが、家の前の落ち葉をほうきで集めて、そうじをしていた。小さいころから知っているおばあさんだ。

[キ]「こんにちは。」

春花は、あいさつをした。

[キ]「おかえりなさい。[コ]あれ、春花ちゃん、五年生になって、なんだか急に大人っぽくなってきたみたい。」

おばあさんの飼っているねこが、木と木のすき間から現れた。ねこは、ぽんすけという名前だ。

「ねえ、おばあちゃん。ぽんすけは、どうして、ぽんすけなの。」

[キ]子馬の名前のヒントにしようと思って、きいてみる。

「さあ、どうしてかしら。おじいさんが決めたから、分からないわ。」

そう言って、おばあさんは、ほほえんだ。ぽんすけは、ふわあ、とあくびをした。それから、しっぽをゆらりとふって、すがたを消した。

[ア]夜、[キ]ふとんにもぐりこんでからも、春花は一生けんめい考えた。あの子馬に似合う名前をつけたい。

子馬の特徴を思いうかべてみる。クッキーのような、おいしそうな色。くりくりとした丸い目。ふっさりとしたしっぽ。今はまだ子どもだけれど、大きくなったら風のように走る馬になってほしい。そんな願いがわいてくる。

考えているうちに、春花の心に、一つ名前がうかんできた。心の中で、子馬につけた名前をよんでみる。春花は、[キ]安心してねむりに落ちた。

[ア]次の日の放課後、牧場のさくのそばへ行くと、前の日と同じところに子馬がいた。春花は、子馬をながめながら待った。[ク]**もしかして、勇太は来ないかもしれないな。**なめらかなたてがみ。真っ黒な目。時間がいつもよりゆっくりと流れていく。

「おうい、来たよ。」

陸の声がした。急ぐ陸の後ろから来るのは、勇太だ。

[ケ]風がさあっとふきぬけた。子馬はぴくぴくと耳を動かした。勇太はきいた。

指導のポイント

■第三次　第1時

「視点人物を変えて物語を再読させる」

（しかけ「置き換える」）

これまで読者は、勇太と関わってきたので、春花視点で勇太の人物像を不愛想、無関心、わがままと捉えてきたであろう。しかし、それは春花視点での読みレベルの話であって、勇太視点で再読すると、また違った勇太の人物像が見えてくる。勇太は、春花が考えるより、大人っぽく（子供っぽい素直な陸と対比し）、出会った当初、春花に対して無関心ではなかった可能性もある。そこで、勇太視点で再読することで、春花視点では読み取りにくい勇太の人物像に気付くことができるのである。

（イ、オ）

本時の展開 第一次 第1時

目標 春花が一番うれしかった言葉についての話し合う活動を通して、全体のあらすじを捉えながら、今後の学習課題の見通しをもつことができる。

[本時展開のポイント]

物語のあらすじを捉えるため、セリフくじを用い、時系列や登場人物と春花の関係を確認する。

[個への配慮]

㋐ペアの子に感想を発表してもらうよう促す

初読の感想を文章に書き表すことが困難な場合、自分の感じたことを他者に伝えやすいように、心に残ったところに線を引きながら範読を聞くように促す。感想を交流する際、線を引いた箇所を紹介し、線を引いた理由を説明するか、ペアの子供にその理由を予想してもらうなどをして交流する。

㋑選択の仕方を説明する

６つの中から１つを選ぶことができず次の活動に進むのが困難な場合、話し合いに参加できるように、この活動は正解が決まっていない活動であることを確認し、６つを比較したり、会話の発言者や教科書の言葉にも着目したりして選ぶよう促す。

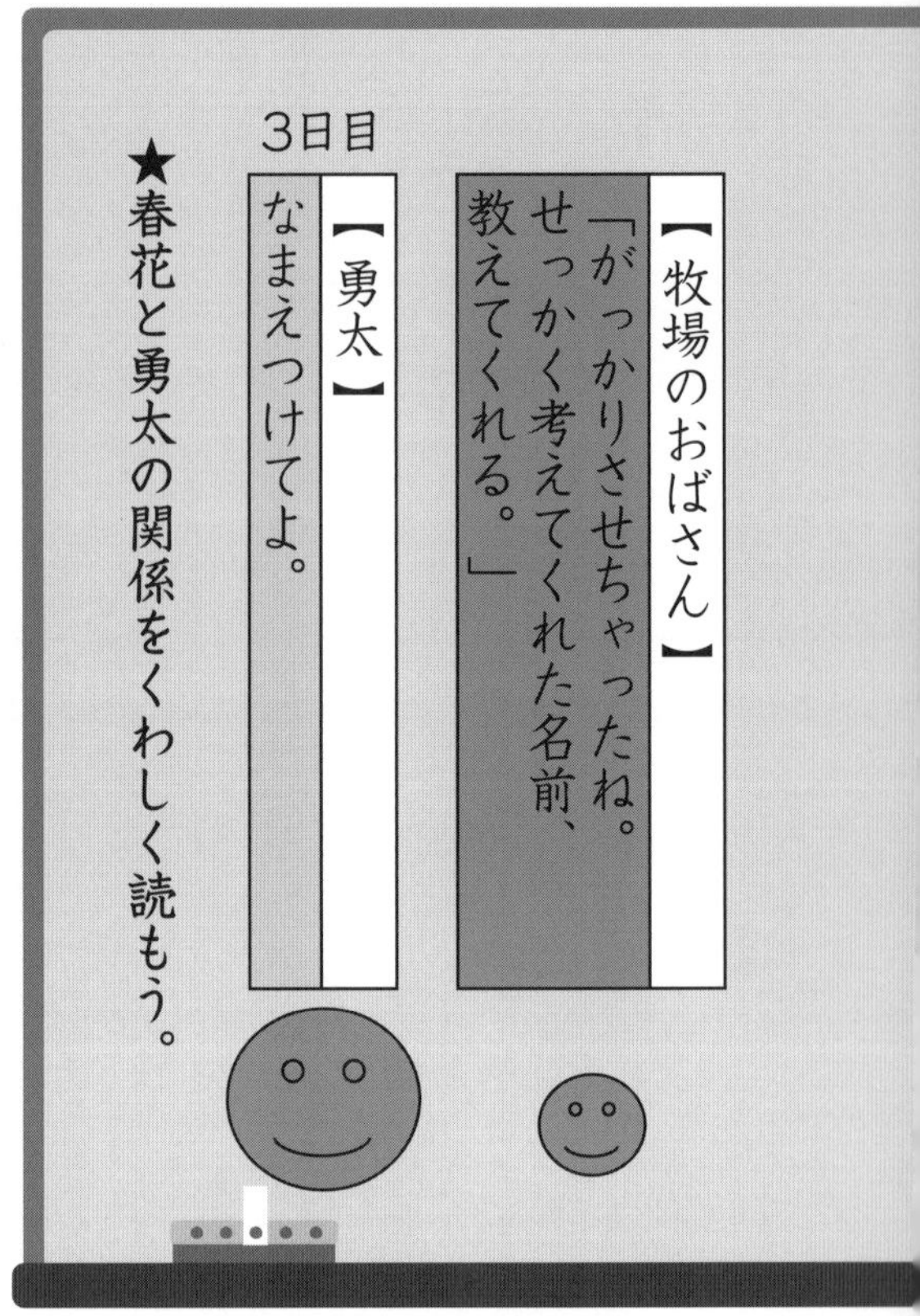

3日目
【牧場のおばさん】
「がっかりさせちゃったね。せっかく考えてくれた名前、教えてくれる。」
【勇太】
なまえつけてよ。
★春花と勇太の関係をくわしく読もう。

「なまえつけてよ」が二回でてくるけど、誰のセリフだっけ
セリフが色分けされているね。これは全部で三日間のお話なんだね
あれ？春花のセリフがないよ

誰の言葉なのかを確認する。二枚目以降は、「どっちのセリフが先かな？」と問い掛け、簡単に時系列を確認する。その際、セリフの色分けをヒントにしてもよい。

六つのセリフくじには、春花の会話文は出てこないが、すべて春花に対する言葉になっており、それらを手掛かりに、春花の気持ちを考えることができる。

3 春花の心情について考える

春花が一番うれしかったのは、どの言葉かな

全部うれしいと思うから、選べないよ。どれかな
やっぱり勇太からの励ましの言葉だと思うよ

Which型課題

六つのセリフくじの中で、春花にとってどの言葉が一番うれしかったかを考え、発表する。終盤では、今後の学習「春花と勇太の関係を詳しく読もう」を示す。 配慮㋑

準備物　・セリフくじ　1-01～06

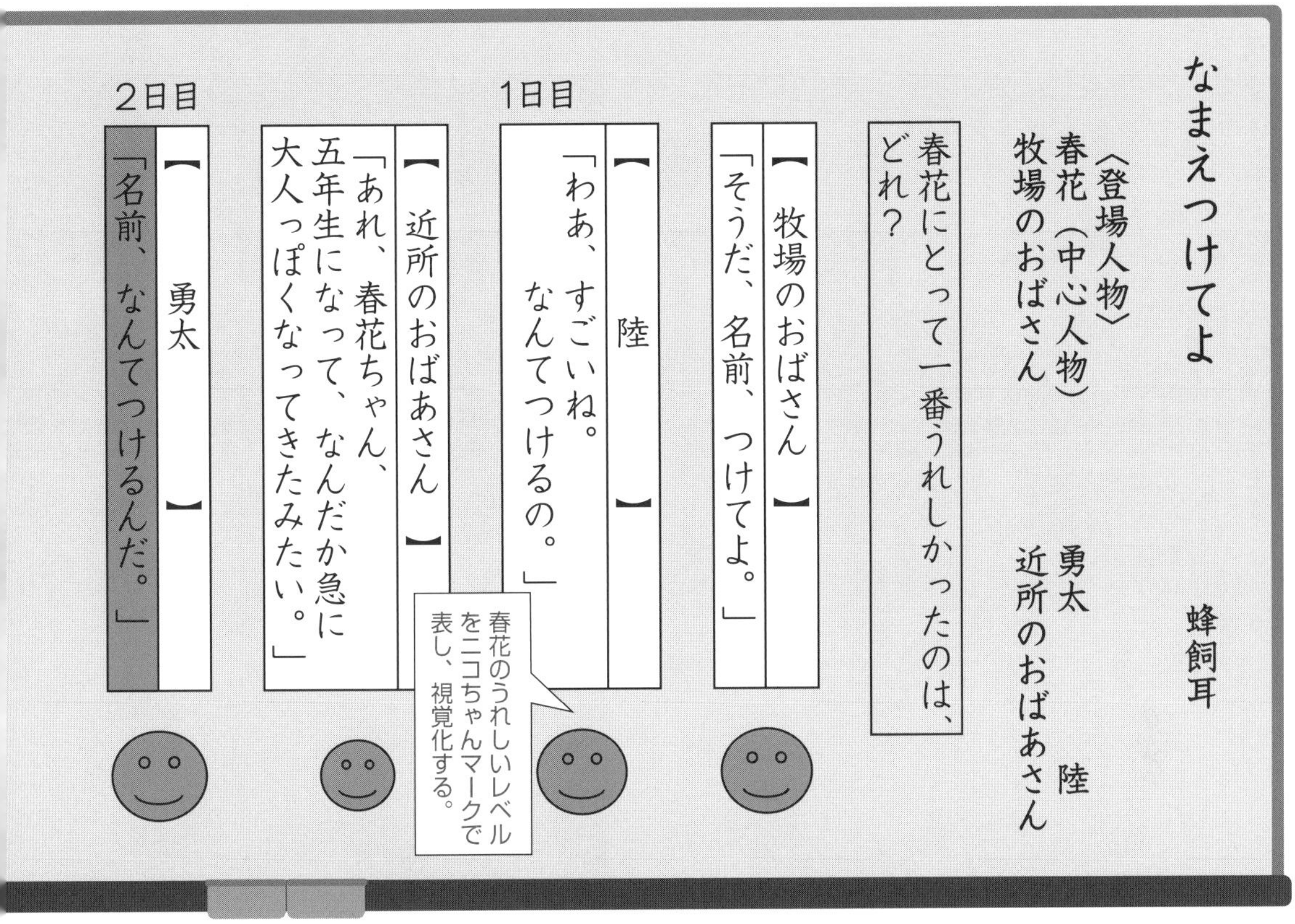

1 題名から物語を想像し、範読を聞き、初読の感想を交流する

どんな物語かな？初めて読んだ感想を書こう

範読を聞く前に、題名から物語を簡単に想像し、どんな物語なのか興味をもたせる。次に、範読を聞き、以下の観点に沿って初読の感想を書く。

・心に残ったこと
・疑問に思ったこと
・好きなシーン　など

そして感想を交流する。　配慮ア

2 登場人物を確認し、セリフくじをひく

誰の会話が出てくるかな？セリフくじを引き、誰のセリフか考えよう

しかけ（隠す）

まず、六つのセリフくじを裏向きに掲示する。そして、子供が黒板のところまで出て、一枚ずつセリフくじをめくり、

本時の展開　第二次　第1時

目標　人物像くじが春花の人物像として適切かどうかを考える活動を通して、本文の叙述を基に春花の人物像を捉えることができる。

[本時展開のポイント]

春花の人物像を捉えるため、人物像くじを用い、叙述を基に春花の人物像を考える。

[個への配慮]

㋐グレーな意見も認める

表にした人物像くじが○か×か決めることが困難な場合、細かな考えを表現できるように、小さい○や小さい×、△で表してもよいことを伝える。

㋑友達の意見もふまえて選ぶ

春花の人物像を文章でまとめるのが困難な場合、少しでも自分の考えが言語化できるように、友達の発表した人物像の中から、自分が一番強く感じられた人物像を選んでまとめるよう促す。

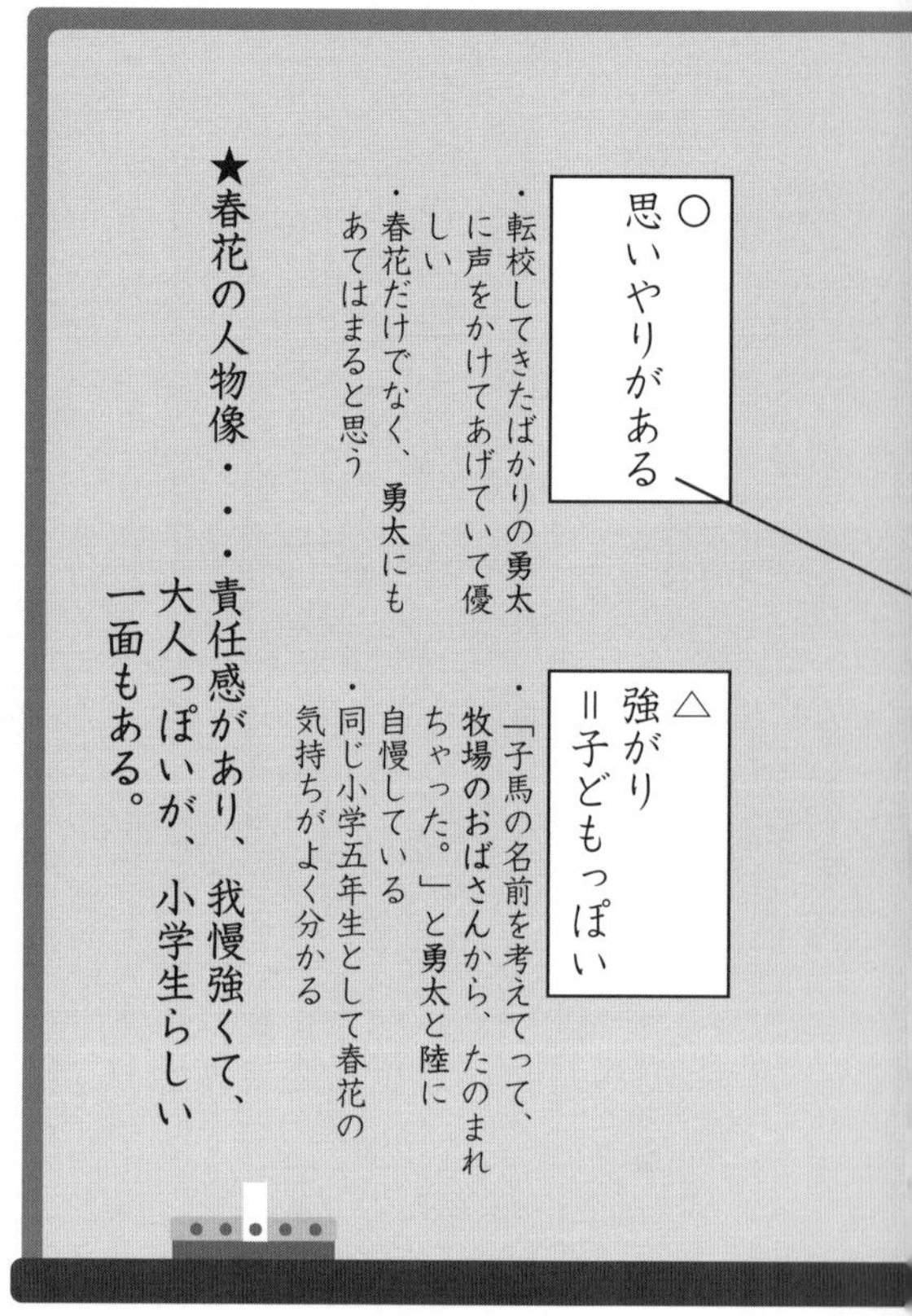

○ 思いやりがある
・転校してきたばかりの勇太に声をかけてあげていて優しい
・春花だけでなく、勇太にもあてはまると思う
△ 強がり＝子どもっぽい
・「子馬の名前を考えてって、牧場のおばさんから、たのまれちゃった。」と勇太と陸に自慢している
・同じ小学五年生として春花の気持ちがよく分かる
★春花の人物像・・・責任感があり、我慢強くて、大人っぽいが、小学生らしい一面もある。

3

「強がり」は春花の人物像として適切かを考える

春花は、まだ馬の名前が決まっていないのに「言えないよ」ではなく「まだ言わないよ」ともったいぶっているけど、本当に大人っぽいの？

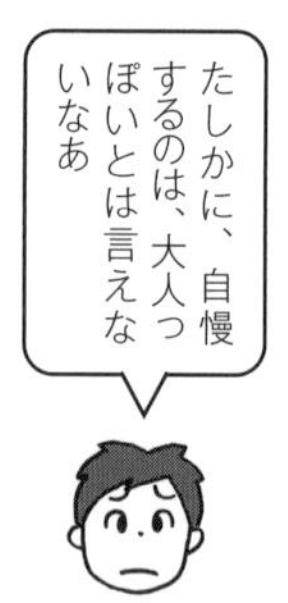

たしかに、自慢するのは、大人っぽいとは言えないなあ

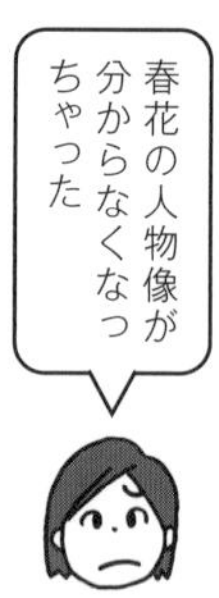

春花の人物像が分からなくなっちゃった

「強がり」のカードに「子供っぽい？」と書き込み、「大人っぽい」と書かれた板書を隠してゆさぶる。

話し合いの中で、一人の人物像の中に相反する人物像が出てきてもよいことを確認する。

4

春花の人物像についてまとめる

春花の人物像をノートに書こう

人物像をどうまとめていいかわからないよ

行動や会話文から人物像を考えることができたよ

春花の人物像をまとめ、理由をノートに書く。板書に出てこなかった人物像も、根拠が正しければ、採用する。人物像の正解は一つではないことを確認する。　配慮㋑

なまえつけてよ

蜂飼耳

〈復習〉

【近所のおばあさん】

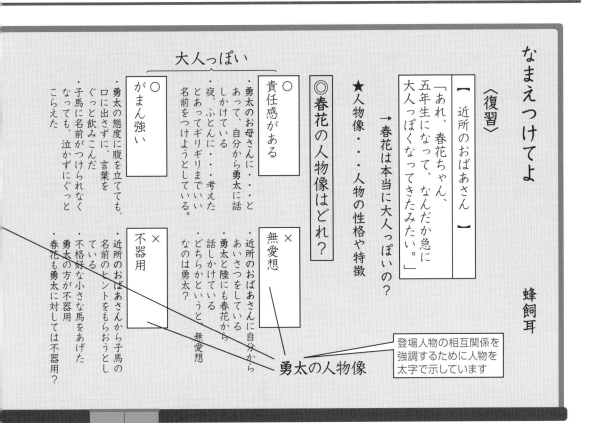

「あれ、春花ちゃん、五年生になって、なんだか急に大人っぽくなってきたみたい。」

→春花は本当に大人っぽいの？

★人物像・・・人物の性格や特徴

◎春花の人物像はどれ？

大人っぽい

○責任感がある
- 勇太のお母さんに・・・とあって、自分から勇太に話しかけている
- 夜、ふとんに・・・考えたとあってギリギリまでいい名前をつけようとしている。

○がまん強い
- 勇太の態度に腹を立てても、口に出さずに、言葉をぐっと飲みこんだ
- 子馬に名前がつけられなくなっても、泣かずにぐっとこらえた

×無愛想
- 近所のおばあさんに自分からあいさつをしている
- 勇太と陸にも春花から話しかけている
- どちらかというと、無愛想なのは勇太？

×不器用
- 近所のおばあさんから子馬の名前のヒントをもらおうとしている
- 不格好な小さな馬をあげた勇太の方が不器用
- 春花も勇太に対しては不器用？

勇太の人物像

登場人物の相互関係を強調するために人物を太字で示しています

1 人物像の意味を確認する

昨日のくじで、一つ気になっていたセリフがあるんだけど、みんな「大人っぽい」の意味分かる？（セリフ提示）春花って本当に大人っぽいの？

春花は小学五年生だからちょうど僕たちと同じ年齢だね

僕の友達の中にも大人っぽい子がいるよ

「大人っぽい」とは、この文脈で使われる場合、「態度や雰囲気が大人のようである様子」を表すことを伝え、人物像の意味も確認する。

2 人物像くじをひき、春花の人物像について考える

春花の人物像として適切なのはどれだろう？

×ではないけど、○ともいいにくいくじがあるよ

これ、勇太の人物像が混ざっているかも

「責任感がある」「がまん強い」ってことは、大人っぽいってことだね

しかけ（選択肢をつくる）

裏返しで掲示した人物像くじを一つ選んで表にし、カードの意味を確認する。次に、そのカードが春花の人物像として適切かどうか一斉に○か×かで答えさせる。そして、根拠となる文を共有し、人物像くじが適切かどうかを話し合う。配慮ア

本時の展開 第二次 第2時

目標 例として挙げた心情曲線について話し合う活動を通して、登場人物の心情の変化に気付き、自分の考える心情曲線について話し合うことができる。

[本時展開のポイント]

登場人物の心情の変化に気付かせるため、4つの心情曲線を用い、本文と矢印の向きや角度に着目して話し合えるようにする。

[個への配慮]

ア センテンスカードと矢印を照らし合わせる

AからDの心情曲線の違いに気付くことが困難で、選択肢の中から心情曲線を選べない場合、それらの違いに着目できるように、①から⑥のセンテンスカードを矢印の向きや角度と照らし合わせ、春花の気持ちが特に何日目で変化したのかについて、自分の考えに近いものを選ぶよう助言する。

イ 活動の趣意を説明する

心情曲線の矢印の向きや角度にこだわりすぎて、心情曲線を完成することが困難な場合、安心して自分の考えを表現することができるように、「正解は一つではない」「それぞれの心情曲線の違いについて話し合うことが大切なんだよ」と励ます。

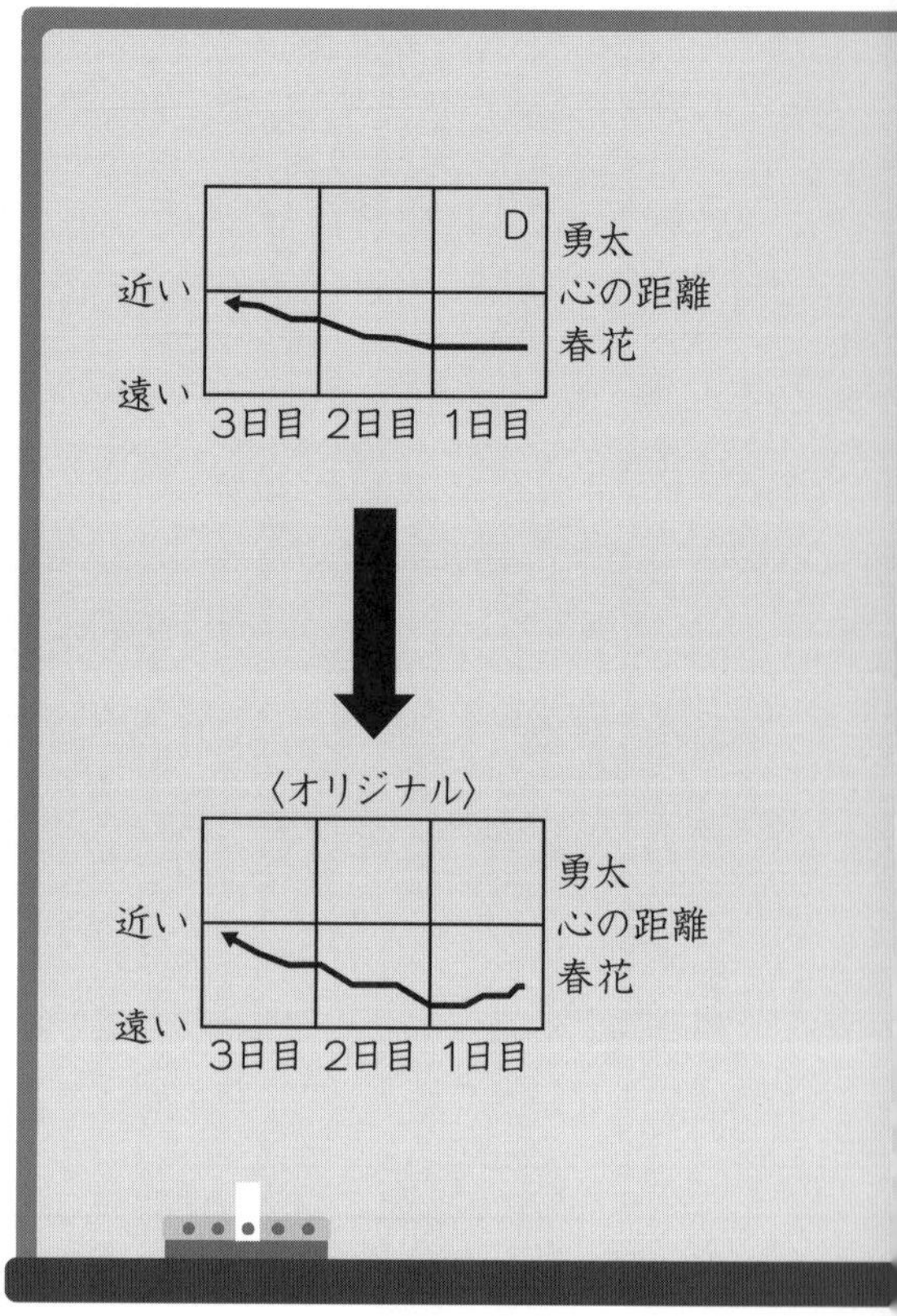

3 叙述をもとに再考する

配慮ア

本当にDが正しいかどうかを、本文を読んで確認しよう

②で春花は怒っているから、気持ちは離れるよ

④で春花は嬉しかったと思うよ

Dの心情曲線は微妙に僕の考えと違うよ

文と図を照らし合わせる

①から⑥のセンテンスカードや本文の叙述を心情曲線と照らし合わせ、心情曲線が正しい方向に動いているかを確認する。

4 オリジナルの心情曲線をかき、発表する

Dをもとにオリジナルの心情曲線をかこう

こだわりすぎて、なかなか書き始められないよ

Dを少し変化させたいな

心情曲線を用いると、心情の変化がよくわかるね

Dをもとに修正する

①から⑥までのセンテンスカードを受け、自分の考える心情曲線をワークシートに表し、発表する。

配慮イ

準備物
・センテンスカード（一部の言葉を置き換えたもの） 1-13～18
・心情曲線図Ａ～Ｄ（A3 版と拡大図） 1-19～22
・矢印が書かれていない心情曲線図 1-23

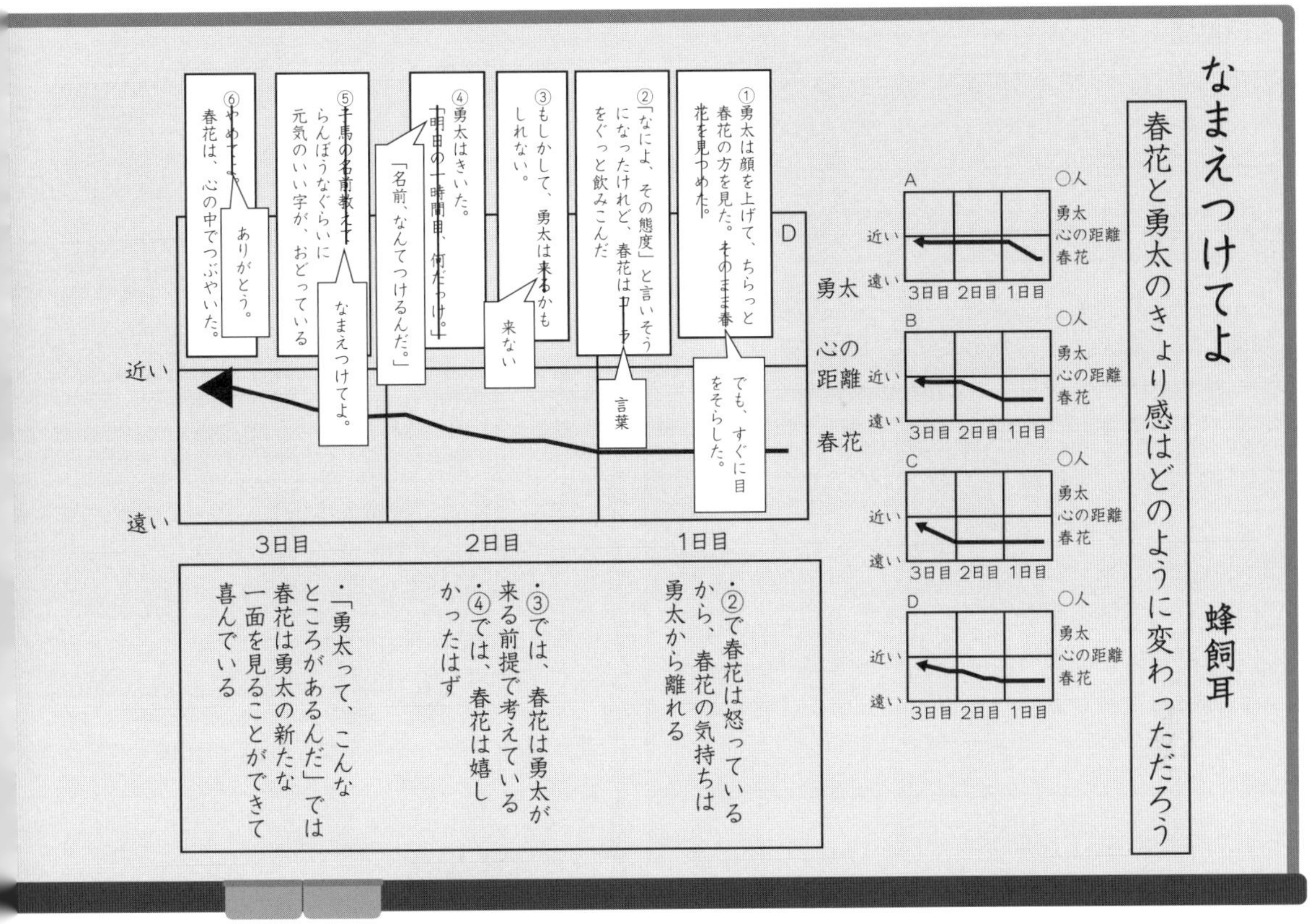

なまえつけてよ
蜂飼耳
春花と勇太のきょり感はどのように変わっただろう
A
B
C
D
○人
勇太
心の距離
春花
近い
遠い
3日目 2日目 1日目
①勇太は顔を上げて、ちらっと春花の方を見た。そのまま春花を見つめた。
でも、すぐに目をそらした。
②「なによ、その態度」と言いそうになったけれど、春花はコーラをぐっと飲みこんだ
言葉
③もしかして、勇太は来るかもしれない。
来ない
④勇太はきいた。「明日の一時間目、何だっけ。」
「名前、なんてつけるんだ。」
⑤子馬の名前教えて
らんぼうなぐらいに元気のいい字が、おどっている
なまえつけてよ。
⑥やめてよ。
ありがとう。
春花は、心の中でつぶやいた。
・②で春花は怒っているから、春花の気持ちは勇太から離れる
・③では、春花は勇太が来る前提で考えている
・④では、春花は嬉しかったはず
・「勇太って、こんなところがあるんだ」では春花は勇太の新たな一面を見ることができて喜んでいる

1 物語の展開を確認する

変なところ探しをしよう

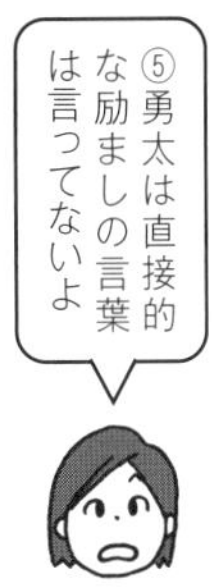

⑤勇太は直接的な励ましの言葉は言ってないよ

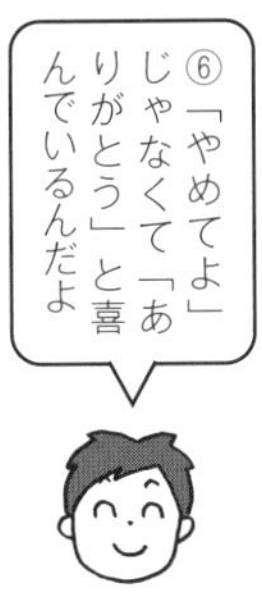

⑥「やめてよ」じゃなくて「ありがとう」と喜んでいるんだよ

しかけ（置き換える）

一部の言葉を置き換えた六つのセンテンスカードを用意し、正解を確認する活動を通して心情曲線を考える上で大切な会話文や行動描写を確認する。

②と⑥を比較し、春花の勇太に対する心情の変化に気付く。「⑥の時も春花が怒ってたんだよね」

2 学習課題について話し合う

春花の心情の変化は、どれかな

AからDの違いがよくわからないよ

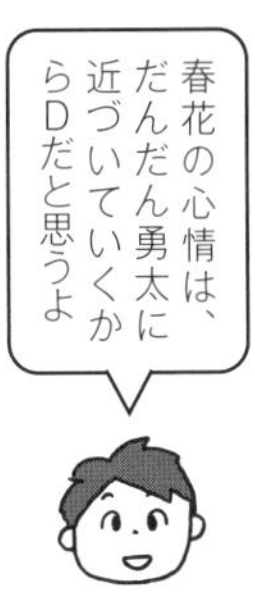

春花の心情は、だんだん勇太に近づいていくからDだと思うよ

Which型課題

まず、心情曲線の縦軸と横軸を確認する。

次に、Ａ～Ｄの四つの心情曲線から自分の考えに近いものを一つ選び、選んだ理由を発表する。

本時の展開　第三次　第1時

目標 勇太視点で物語をリライトする活動を通して、勇太の心情の変化に気付くことができる。

本時展開のポイント

勇太視点で物語をリライトすることで、春花視点で読んでいたときには気付かなかった勇太の心情に迫る。

個への配慮

ア選択肢のあるワークシートを配布する

勇太視点で出来事を書き換えることが困難な場合、どのように考えるとよいか分かるように、本文①〜③のリライト文はＡかＢどちらが適切か選択できるワークシートを配布する。

（例）①Ａやっと春花に会うことができた。
　　　　Ｂ春花と出会ってしまった。

イ修正した心情曲線から選ぶ

ゆさぶりの意味を理解するのが困難な場合、教師の発問の意図に気付くように、勇太の人物像から考えたり、直前の勇太の行動を思い出したりするよう助言する。

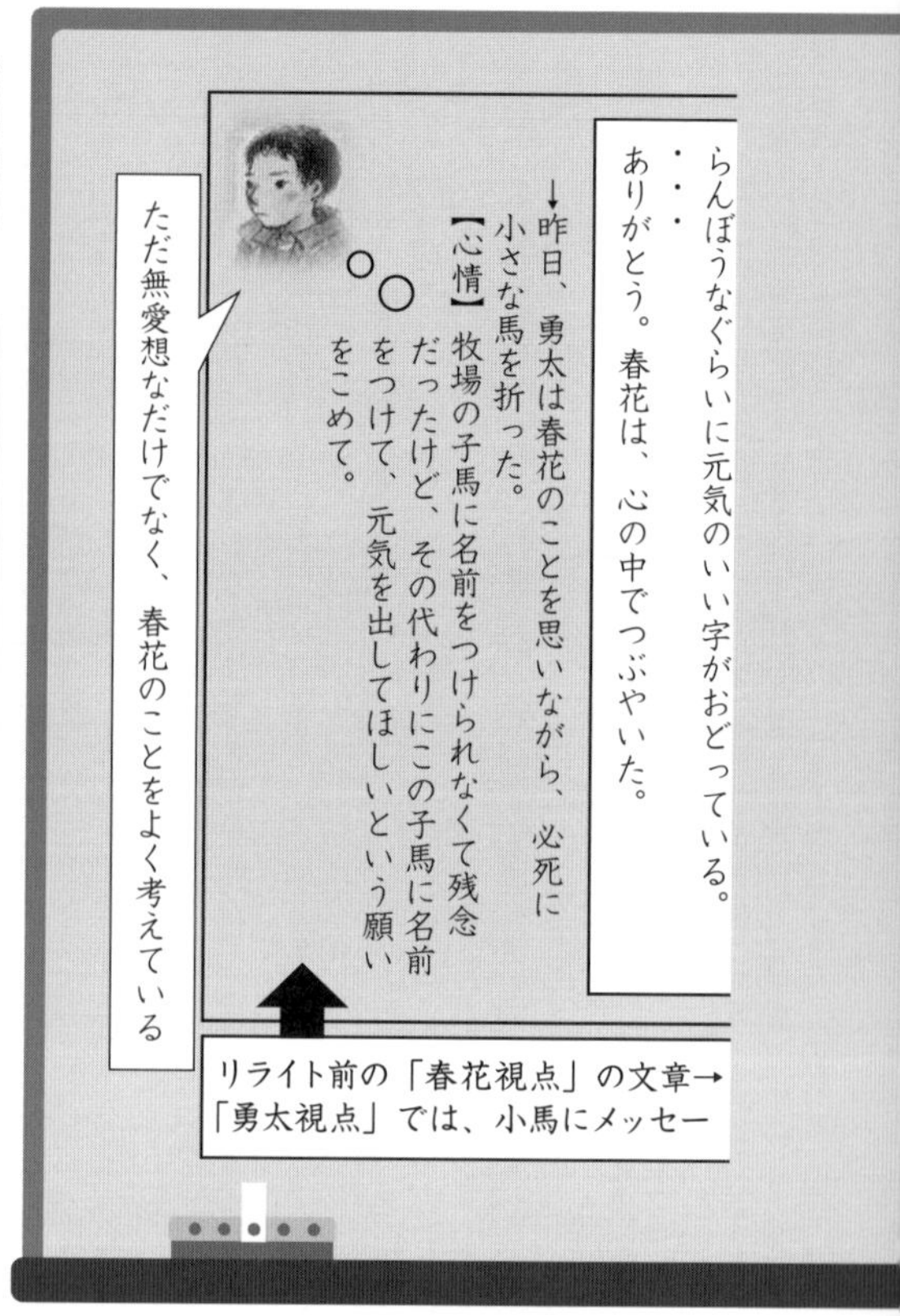

らんぼうなぐらいに元気のいい字がおどっている。
・・・
ありがとう。春花は、心の中でつぶやいた。
↓昨日、勇太は春花のことを思いながら、必死に小さな馬を折った。
【心情】牧場の子馬に名前をつけられなくて残念だったけど、その代わりにこの子馬に名前をつけて、元気を出してほしいという願いをこめて。
ただ無愛想なだけでなく、春花のことをよく考えている
リライト前の「春花視点」の文章→
「勇太視点」では、小馬にメッセー

3 ゆさぶり発問から勇太の人物像を考える

春花を励ましたいなら子馬のメッセージは「なまえつけてよ」ではなく「元気出せよ」の方が気持ちは伝わるよね

ぼくも、元気出してほしい時には「元気出せよ」というよ

勇太は春花の残念だった気持ちに気遣いながら励まそうとしているんだよ

「あの子馬の代わりに名前をつけて」というメッセージだよ

しかけ（仮定する）

子馬に込めた勇太の心情について話し合う活動の中で、子供は勇太の「春花を元気付けたい」という心情に気付くだろう。そこで、「なまえつけてよ」のカードの上に「元気出せよ」のカードを貼り、ゆさぶり発問を投げ掛け、勇太の人物像にも迫りたい。

配慮イ

4 学習の振り返りをする

学習したことをノートにまとめよう。勇太視点で物語をリライトしてよかったことは何だろう？

勇太視点で書き換えると、勇太の心情や人物像がよく分かったよ

「なまえつけてよ」での学習の感想や学習したことをノートにまとめる。

準備物
・ワークシート 1-24 ・ワークシート（個へ配慮したもの） 1-25
・センテンスカード 1-26～29

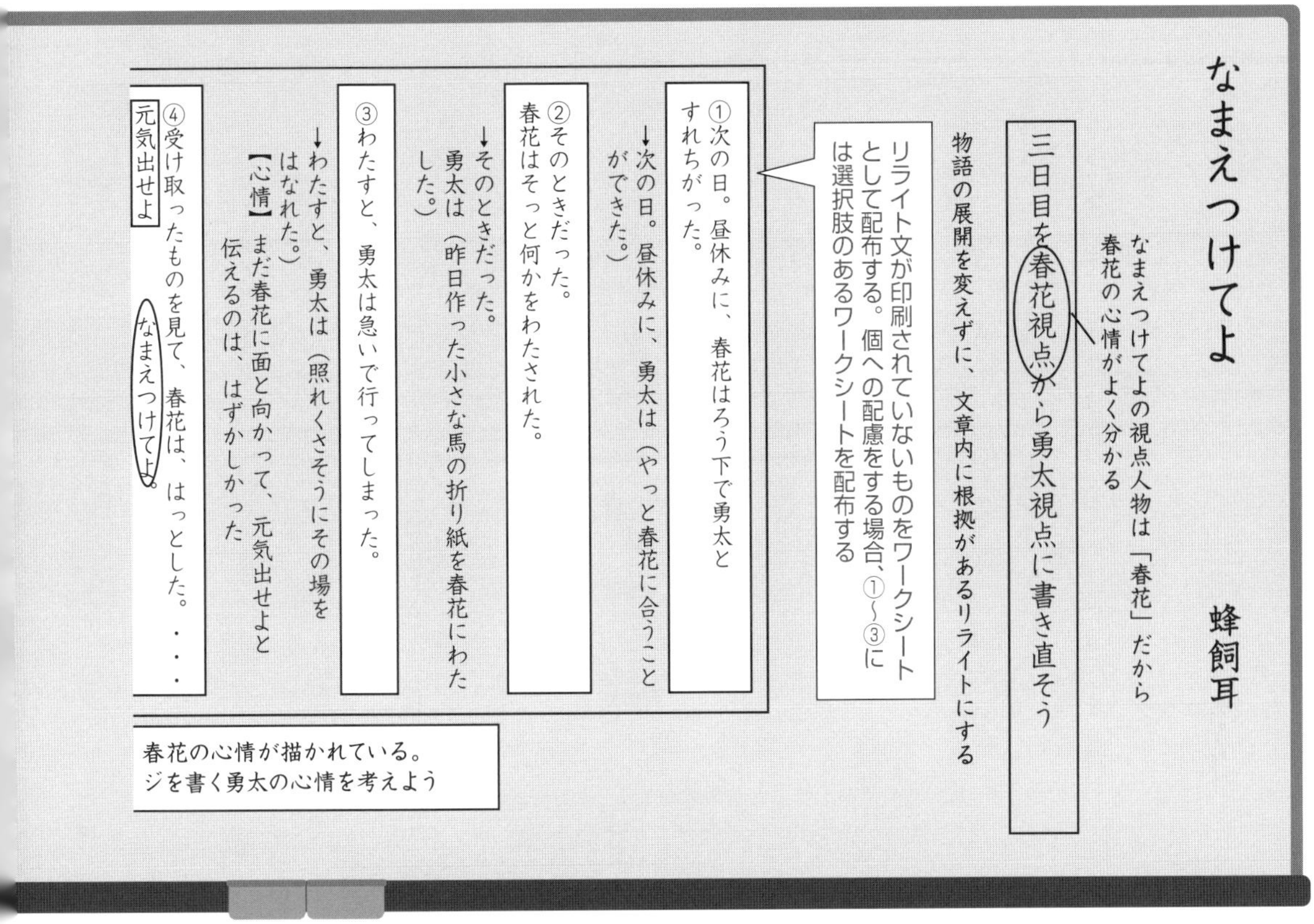

なまえつけてよ
蜂飼耳
なまえつけてよの視点人物は「春花」だから
春花の心情がよく分かる
三日目を春花視点から勇太視点に書き直そう
物語の展開を変えずに、文章内に根拠があるリライトにする
リライト文が印刷されていないものをワークシートとして配布する。個への配慮をする場合、①～③には選択肢のあるワークシートを配布する
①次の日。昼休みに、春花はろう下で勇太とすれちがった。
→次の日。昼休みに、勇太は（やっと春花に合うことができた。）
②そのときだった。春花はそっと何かをわたされた。
→そのときだった。勇太は（昨日作った小さな馬の折り紙を春花にわたした。）
③わたすと、勇太は急いで行ってしまった。
→わたすと、勇太は（照れくさそうにその場をはなれた。）
【心情】まだ春花に面と向かって、元気出せよと伝えるのは、はずかしかった
④受け取ったものを見て、春花は、はっとした。・・・
元気出せよ
なまえつけてよ
春花の心情が描かれている。
ジを書く勇太の心情を考えよう

1 三日目を勇太視点に書き換えられるかどうか話し合う

主語を「春花」→「勇太」にするだけではダメな文がありますか。どれかな？

①②は主語を書き換えるだけでよさそうだけど、③は勇太の心情まで詳しく書けそう

④は主語を書き換えるだけではなくて、メッセージを書いているときの勇太の心情を考えて書き加えられそうね

まず、本文は春花視点で書かれているため、春花の心情がよく分かることを確認する。

次に、青色のセンテンスカードを提示し、主語が勇太視点に書き換えられる文章と書き換えられない文章はどれかを話し合う。

2 本文を勇太視点に書き換える

春花視点の四つの文章を勇太視点に書き換えよう

どうやって書き換えればいいかわからないよ

③勇太は、早くサッカーをしたくて急いでいた訳では、なさそうだな

しかけ（置き換える）

前提として、物語の展開を変えずに書き換えることを確認し、一文目は全員で勇太視点に書き換える。二文目からは個人で考え、全体で発表し共有する。 配慮ア

「たずねびと」の授業デザイン

（光村図書５年）

教材の特性（内容＋論理）

中心人物の「綾」が、様々なものや人との出会いを通して、戦争について向き合い、戦争観や原爆に対する見方や考え方が変わっていく物語である。

「綾」は「わたし」として一人称視点（常体の文体）で語られ、――（ダッシュ）の後に心内語が多く書かれるなど、心情がよく分かる書きぶりとなっている。さらにものや人との出会いに影響される「綾」の心情が、行動・情景・心情描写から捉えられる。

〈はじめ〉

ポスターの「楠木アヤ」という、自分と同じ名前にだけ興味をもっていた

中心人物が

〈きっかけ〉

原爆で多くの人が亡くなり、生活や夢が奪われた事実に向き合い、おばあさんの「ずっとわすれんでおってね」という願いを知ること

によって、

〈おわり〉

「おそろしい戦争を忘れてはいけない」と感じ、戦争について向き合うことができ、ポスターの名前の一つ一つに意味を感じられるよう

になる話。

はじめ				きっかけ			おわり
1（場面）	2	3	4	5	6	7	8
原爆供養塔納骨名簿のポスターの中に、自分と同じ名前を見付け、不思議に感じる「綾」	夢の中、ポスターの名簿の中で「アヤ」の名前が気になっている「綾」	お兄ちゃんの言葉から、広島について限られた知識を想起する「綾」	「アヤ」に会えるかもしれないという希望を抱き、広島に行くことを決める「綾」	当初の晴れ晴れとした気持ちから展示品や死没者数など現実を突きつけられ、受け止めきれない「綾」	モニターの写真に一人一人の個性を感じ、原爆により奪われた命がより鮮明に印象付けられる「綾」	おばあさんの喜ぶ様子や忘れないでいてほしいという願い、また「アヤ」の夢や希望を託され、大きく影響を受ける「綾」	広島で出会ったものや人を回想しながら、戦争について向き合い、自分なりの答えを見付ける「綾」

身に付けさせたい力

・人物の行動・情景・心情描写から心情の変化を読みとり、物語の全体像を捉える力
・文章を読んで理解したことに基づき、感想や考えを表現する力

授業づくりへの工夫

焦点化	視覚化	共有化
○綾の行動、情景、心情描写から、全体像を捉える。 ○ダウト文を入れ、より注目させることや共通点など考える視点をもたせ、読み深める。	○センテンスカードや挿し絵を構造的に配置し、話し合いや意見をもつきっかけにする。 ○中心人物の変化を捉えることができるよう図式化する。	○名前マグネットの掲示や人数を確認して板書するなど、立場を明確にして共有する。 ○指導内容（論理）は板書し、明示化する。

単元目標

目標 行動・情景・心情描写を基に中心人物の心情の変化を読むなど、物語の全体像を捉えた上で、具体的に想像することができる。

知識・技能

○行動・情景・心情描写を中心に言葉の使い方に対する感覚を意識して、語や語句を使っている。 (1)オ

思考・判断・表現

○「読むこと」において、「綾」の心情の変化を中心に物語の全体像を想像したり、言葉による表現の効果を考えたりしている。 C(1)エ

○「読むこと」において、文章を読んでまとめた意見や感想を共有し、自分の考えを広げている。 C(1)カ

主体的に学習に取り組む態度

○進んで物語の「綾」の心情の変化を行動・情景・心情描写から想像し、今までの学びを生かして考えたことを文章にまとめようとしている。

単元計画(全7時間)

次	時	学習活動	指導上の留意点
一	1	**心に残った場面や文はどこかな？**	
		○感想の交流と挿絵の並び替えで課題を設定する。	・題名から物語の内容を予想し、感想の観点の例示や挿絵の並び替えで内容の大体をつかめるようにする。
二	1	**物語の全体像から考えたことを伝え合おう**	
		○1～4場面の「綾」のポスターや「アヤ」への関心のレベルを話し合う 【心内語・行動描写】	・心内語と行動描写を中心に心情の変化を捉えさせる。 ・場面を関心レベルで分け、広島に行くまでに「綾」が興味をもっていることが分かる文を根拠に説明させる。
	2	○5・6場面で出会ったものは、「綾」に何を伝えているか話し合う。 【比喩・慣用句・情景描写】	・行きと帰りの川の情景描写の違いを捉え、心情が変化したことを明確にする。 ・5場面の展示品や説明、6場面のモニターの顔からそれぞれ伝わることや共通点をまとめられるようにする。
	3	○7場面の「綾」が、おばあさんの行動や言葉で影響を受けた文を話し合う。 【人物の役割】	・おばあさんの行動や言葉の中で一番いいなと思う文を選び、「綾」の心情の変化を読む。 ・おばあさんの物語での役割を考えさせる。
	4	○8場面の中で、「綾」の心情の変化を感じる文を選び、話し合う。 【行動・情景描写・主題】	・はじめと比べて「綾」の変化を感じる文を話し合う。場面とのつながりを考えさせる。 ・ものや人との出会いで、何が変わったかを考えるようにし、中心人物の変化を「はじめ・きっかけ・おわり」の図式化して捉えさせる。
三	1	**本を紹介するポップを作ろう**	
	2	○前時にまとめたものから、伝えたい内容を決めてポップを作り、交流する。	・第二次の読みの中で印象的だったことや戦争について考えたこと、読み取った主題などをまとめられるようにする。 ・付箋紙を用いて他者評価の機会をつくる。

✓ 教材分析

物語は「楠木　綾」の言動が多く書かれ、気持ちが大きく変わる。

カ ダッシュと心内語

ダッシュは時間の経過が代表的な使われ方だが、本教材では中心人物の印象的な心の声を表している。

キ 伏線（暗示）

これから起きる出来事をそれとなく示す表現技法。2場面は夢の中で、ポスターや楠木アヤが気になっていることやたずねに行く事を匂わしている。

ク 人やものの役割

物語には、伏線になったり鍵になったりする重要なものとの出会いがある。

ポスターや「楠木アヤ」との出会いから、物語が始まり、資料館の展示物やおばあさんとの出会いが物語を動かすことになる。

ん上には『原爆供養塔納骨名簿』とあった。だいいち、わたしの名前は漢字で「綾」と書くのだ。

ポスターには、「ご遺族の方や名前にお心当たりのある方は、お知らせください」とも書いてあった。

[カ]——死んだ人をさがしてるんだ——原爆が落とされたのって、戦争が終わった年だよね。何十年も前のことなのに。

「楠木アヤ（十一さい）」と書かれた所を、また見つめた。このアヤちゃんには、何十年も前からだれも「心当たり」がないのだろうか。本当に不思議な気がした。

[カ]——どうしてだれも、この子のことを覚えていないのかな。

そのとき、駅前広場のスピーカーから、おなじみのメロディチャイムが聞こえてきた。五時だ。わたしはあわてて駅を出た。

それきり、[ク]ポスターのことはわすれてしまった。それなのに、その晩、夢に見たのだ。

[イ]2

[キク]大きなポスターの前に立っている。ポスターいっぱいに名前が書いてあるけど、何という名前なのか読めない。すると、ポスターがふわっとめくれ上がって、あごをかすった。と思うと、名前が、とめどなくポスターをはなれて宙にういた。名前は、まるで羽虫のようにひょいひょい飛んで、たちまち消えてしまう。だが、「アヤ」という名前が、ふいにうかんで見えた。はっとして手をのばしたが、とどく寸前で目が覚めた。

ベッドに起き上がると、紙があごをかすった感触が、まだ残っているような気がした。[ク]わたしは、もう一度ポスターを見にいくことに決めた。

[イ]3

翌日の放課後、メモに「死没者数」なども写し取ってから、[ク]ポスターをながめていると、後ろから頭をちょんとつつかれた。

じゅくに行くとちゅうのお兄ちゃんだった。

「綾、何してるの。」

わたしは、「楠木アヤ」と書いてある所を指さした。

「びっくりだね。」

■第二次・第1時

「レベリングしてものの役割、物語としての意味を捉えさせる」

（Which型課題）

1～4場面の「綾」のポスターや「アヤ」への関心のレベルを話し合う

1～4場面を「楠木アヤ」への関心の高さで順位をつけるとしたら？

↓順位から心情曲線のように場面ごとのセンテンスカードを上下させる

「綾」は1～4場面では戦争のことに関心が少ない。自分と同じ名前がポスターの名簿にあり「楠木アヤ」という人物に親近感・興味をもったという子供らしさのある心の変化を味わわせる。

5場面以降の濃密な展開との差を感じさせるための「楠木アヤ」への関心にしぼっている。

教材分析のポイント　その①　【戦争に対する見方や考え方の変容】

ポスターの「楠木アヤ」の名前や原爆に関わる展示物、そしておばあさんとの出会いを通して、戦争について向き合う綾は、「おそろしい戦争を忘れてはいけない」と思う。ポスターの名前に命や意味があることに気付き、戦争観や原爆に対する見方や考え方を変えていく。読者である子供たちは同世代の主人公と共に追体験できる。

教材分析のポイント　その②　【中心人物の心情の変化】

「綾」は「わたし」として一人称視点（常体の文体）で語られ、——（ダッシュ）の後に心内語が多く書かれるなど、中心人物の心情がよく分かる。ものや人との出会いに影響される「綾」の心情が、行動・情景・心情描写から捉えられる。

指導内容

ア 題名

物語を象徴的に表している。題名から想像できる意味、主題を考える一つの手掛かり。

イ 場面

時・場・人・出来事などで分かれる。1～8場面までに分かれている。

ウ 一人称視点

「ぼく」「わたし」などの一人称の呼称表現で書かれている物語。

エ 常体の文体

一人称視点の物語で使われる言い切り型の文体。読み手に共感を得られやすく、中心人物に同化して読める。

オ 中心人物（視点人物）

物語の中心となる人物。この

たずねびと[ア][イ]　　　朽木祥

1

[ク]すごく不思議なポスターだった。

「さがしています」という大きな文字が、[ウ]わたしの目に飛びこんできたのだ。

いつものように駅の構内をぬけていくときのことだった。大きな文字の下には名前。名前、だと思う。名前だけ、何段も何段も書いてある。

[カ]——あんなにたくさんの人を、だれがさがしているんだろう。

家の近くのけいじ板にも、よくポスターがはってある。「迷いねこ」や「迷い犬」、「青いインコをさがしています」というのもあった。ねこも犬もインコも、いなくなったまま帰ってこなくなって、だれかがさがしている。

[カ]——だけど、あの大きなポスター。あんなにたくさんの人が、いなくなったのかな。

どうも気になって、ポスターのはってあるかべまで歩いて行った。

するとポスターのちょうど真ん中へんにあったのは、わたしの名前だった。

「楠木アヤ」——かっこの中には年れいも書いてあった。（十一さい）——年れいも同じ。

[カ]——びっくり。だれかが、わたしをさがしてるの。

だが、もちろん、そうではなくて、ポスターのいちば

指導のポイント

■第一次・第1時

「感想の交流と挿絵の並び替えで課題を設定できるようにする」

題名から予想する。（しかけ「順序を変える」）たずねびとに会えたのだろうか、たずねびとはだれのことなのか、物語の根幹に関わる問いにふれる機会となる。挿絵の並び替えをする。物語の構造として大きく二つに分かれること（広島に行くことを決めるまでの変化と、広島での人や物との出会いによる変化）を捉える。（ア）

✓ 教材分析

コ　様子を表す文
その人物の状態や気持ちが分かる。
頭がくらくらしてきた。

サ　ものの役割
展示物から戦争の悲惨な状況を知る。綾の心情の変化に関わっている。

シ　比喩表現
他の物事に例える表現。**打ちのめされるような……**
精神的な苦痛を感じているぐらいに気持ちの変化がある。

カ
――ここが爆心地なのか。ここで本当にたくさんの人が死んだの――。

お兄ちゃんも、独り言みたいにつぶやいた。

「信じられないよな。水面が見えないくらい、びっしり人がういてたなんて。」

その川をわたって、慰霊碑にお参りしてから、まず平和記念資料館に向かった。

サ・コ
資料館を半分も見て回らないうちに、わたしは頭がくらくらしてきた。何もかも信じられないことばかりだった。

だけど、陳列ケースにならべられた、ご飯が炭化した弁当箱、くにゃりとけてしまったガラスびん、八時十五分で止まったうで時計が、そして焼けただれた三輪車や石段に残る人の形のかげが、「本当なんです。あなたは知らなかったの。」と問いかけてくるような気がした。原爆の閃光や熱風、四千度もの熱のせいで、この持ち主たちは、ほとんどみんな死んでしまったのだ。

カ
――たった一発の爆弾で、こんなひどいことになるなんて。

展示の説明板には「この年の終わりまでには約十四万人の人がなくなりました」とあった。八月六日の朝、被爆してすぐになくなった人だけではない。なんとか生きのびた人も、被爆まもない市に入って残留放射線を浴びた人も、核物質をふくんだ黒い雨に打たれた人も、次々になくなってしまったのだと。

「十四万人なんて、想像できないよ。」

「――綾の小学校って、今、全校で何人だっけ。」

「一学年が百人ちょっとだから、七百人もいないかなあ。」

「じゃ、その何倍くらいか考えてみたら。どんなに大勢か、分かるだろ。」

わたしは、朝礼のときの校庭を思いうかべた。ずらっとならんだ頭、頭、頭。

――十四万人って、校庭の頭の数の二百倍だ。小学校二百校分ってこと。そんなにたくさんの人が、たった一発の爆弾のせいで、この世からいなくなってしまったなんて。

シ・イ
うちのめされるような気持ちのまま、資料館を出た。

ケからは、5場面冒頭には期待や楽しみといった心情があることが伝わる。しかし、このまま物語は進まない。8場面のツにあるような、川をはじめとする情景描写の違いを捉えるためにも、この気持ち（情景）はどこから来るものか押さえたい。

コ→シ→セからは、広島での体験が「綾」の心に深くつき刺さっていくのが分かる。コは比較的分かりやすい表現なので、どんなときにコのようになるか聞くことで実感をもって理解することができる。シとセは、意味が分からない子供がいる場合もあるため、意味調べや、例文での説明も考えておく必要がある　（ケ、コ、シ、セ、ツ）

指導内容

ケ　情景描写

視点人物の気持ちが風景から読み取ることができる。

平和記念公園行きと帰りで、空と川の表現の違いがある。

お兄ちゃんもポスターを見つめた。

「**広島市から来たポスター**かあ――。」

広島市。となりの県の県庁所在地。世界で初めて原子爆弾が落とされたところ――[カ]わたしが知っているのは、それくらいだ。

お兄ちゃんは、ぱっと時計を見た。

「まずい、おくれる。綾も、さっさと帰れ。」

わたしは、お兄ちゃんに引っぱられるようにして　駅の構内をぬけた。

[イ]4

その夜、夕ご飯が終わってからお母さんに[ク]**ポスターの話をした。**夢の話はしなかった。ただ、「アヤちゃんのこと、どうして何十年もだれもさがしにこないのかな。」と不思議に思っていたことをきいてみたのだ。

そこへ、お兄ちゃんも帰ってきた。

「綾はね、駅で、ものすごくしんけんにポスターを見てたんだよ。」

お母さんは、少し考えてから言った。

「去年だっけ、お兄ちゃんも平和学習で勉強したとき、広島に行ってみたいって言ってたでしょ。今度のお休みに、みんなでアヤちゃんをさがしに行ってみましょうか。」

「行こうよ。」とわたしはお兄ちゃんにせがんだ。広島に行けば、きっと**アヤちゃんを見つけられるような気がした**のは、どうしてだったのだろう。

[イ]5

約束の日、おじいちゃんの具合が悪くなったので、お母さんは行けなくなった。結局、お兄ちゃんと二人だけで広島に向かった。

広島まで在来線で行くと、数時間かかる。広島駅からは路面電車で平和記念公園に向かった。にぎやかな通りを過ぎて橋の手前で下りると、すぐ目の前に原爆ドームがあった。

[ケ]**秋の空は高く青くすんで、ゆったり流れる川にも空の色がうつっていた。ほね組みがむきだしのドームがその場にあるのが不思議なくらい、明るくて晴れ晴れとした景色だった。**

指導のポイント

■第二次・第2時

「5場面と6場面、ショックが大きいのはどちらか考えるようにする」（Which型課題）

→ベン図で共通点が明確になるようにする

ベン図を用いてものの役割、共通点、物語としての意味を捉える。

5・6場面で出会ったものは、「綾」に何を伝えているか話し合う。

教材分析

こに行ってみてください。被爆者のおばあさんが、たいていこの供養塔の近くにおられます。」と教えてくれた。

7

原爆供養塔は、小山のように大きな土まんじゅうだった。しばが植えてあって、てっぺんには小さな石の塔が建ててあった。

二人で手を合わせていたら、聞いていたとおり、**小さなおばあさんがそばに寄ってきた。**手には、ほうきとちりとりを持っていた。おばあさんは、**わたしたちがきくより先に口を開いた。**

供養塔の土まんじゅうの下には部屋があって、身元の分からない、およそ七万人の人々のお骨と、名前だけ分かっている八百人余りの人々のお骨がおさめてあるという。

八百人余り——ポスターからメモに取った数だった。

「ここにさえ入れられんかった人も、ようけいおりますが。あとかたものう焼かれたり、川を流されていってしもうたり。数にも数えられん。」とおばあさんは切なそうになげいた。「せめて名前の分かっとる人らは、いつかだれかがむかえに来てくれはせんかと、市もわたしらもずっとさがしとります。むかえが来て、家族のところにもどった仏さんもおらんことはないが——。」

「何十年も、だれにもむかえに来てもらえないなんて、どうしてなんですか。」

「もしかしたら、家族もみんなぎせいになったのかもしれんね。じゃが、今でも、どこぞで帰りを待っとる人もあるかもしれんと、望みはすてずにおりますがの。」

「——あの、ポスターにね、わたしと名前が同じ女の子がいたんです。わたし、クスノキアヤっていうんですけど。」

おばあさんの顔がぱっとかがやいた。お兄ちゃんがあわてた様子で付け足した。

「遺族とか、知り合いとかじゃないんです。ただ年れいまでいっしょだったから、妹がすごく心に残ったみたいで——。」

それを聞くと、**おばあさんはだまりこんでしまった。**

わたしはこまってお兄ちゃんを見た——おばあさんをがっかりさせてしまったにちがいないと思ったのだ。

■**第二次・第3時**

「おばあさんの行動や会話文でいいなと思える文を選ばせる」

（しかけ「選択肢をつくる」）

→センテンスカードの選択肢から考えさせる

行動会話文から一つ選び人物の役割、物語としての意味を捉える。

7場面「綾」が、おばあさんの行動や言葉で影響を受けた文を話し合う。

（7場面で、おばあさんに出会っていなかったら……）

おばあさんの考え方を「楠木アヤ」や「綾」に対する会話文や表情から受け取ることを重視したい。

被爆者のおばあさんということは、当時の広島を実際に経験しているということを確認する。戦争の悲惨さを知っている人物として「綾」の前に登場する重要性を生かすようにする。

（ソ・タ）

指導内容

ス ものの役割

モニターに映る子どもたちとその表情に、個性を感じるとともに、命を失った事実も分かる。

セ 慣用句

二つ以上の言葉が合わさり、特別な意味を表す慣用句から心情を捉える。

気が遠くなる。

ソ 中心場面・山場登場人物の役割

物語における登場人物にはそれぞれ役割がある。

7場面のおばあさんとの出会いで、おそろしい戦争を忘れてはいけないということに気付くきっかけになる。

タ 山場の意味

物語の仕組みの山場から主題を考えることができる。

おばあさんの行動描写や会話文から中心人物の考え方に影響を与える。

チ 行動描写

行動から人物の気持ちを捉えることができる。

お兄ちゃんはパンフレットをにらんでいたが、「個人を検索できる祈念館があるみたいだ。」と声をはげまして言った。「身元が分かっている人を整理してあるんだろうけど、いちおう、行ってみようか。」

スロープを下りて入っていく追悼平和祈念館は、ひっそりと静かだった。

ス

> 原爆でなくなった人たちの情報検索ができる部屋に行くと、大きなかべにモニターがいくつもあって、刻々と変わっていく画面にはたくさんの人々が現れ、たくさんの子どもたちもうつし出された。わたしくらいの子。わたしより小さな子。おさない子どもたち。赤ちゃんまで。
>
> 生真面目な顔、すました顔。こちらに向けられたはずかしそうな目。たいていの子どもたちが、かしこまって写っている。
>
> なかに一まい、口元だけ今にも笑いだしそうな子がいた。どんなおもしろいことをがまんしていたのだろう。わたしはつかのま、その子と見つめ合ったが、画面はすぐに切りかわってしまった。とぎれなく現れ続ける顔をずうっと見つめていたら、セ**気が遠くなりそうだった。**でも、どうしても目がはなせなかった。

情報検索用のパソコンをいじっていたお兄ちゃんが席を立って、わたしの横にやって来た。お兄ちゃんもモニターを見つめた。

「この画像や、ここの情報って、遺族から提供されたんだね。」

この人たちには、この人たちのことを覚えているだれかがいたのだ。

「名前しか分からない人は、ここにはいないよね。どこに行けばいいのかな――。」

二人で受付に行って、駅で見たポスターの話をした。わたしは知らない人に説明をすると、しどろもどろになる。このときも相手は面食らった顔になった。

わたしがメモを取り出す前に、お兄ちゃんが「『原爆供養塔納骨名簿』っていうポスターなんですけど。」と説明した。

受付の人はうなずいてマップに印を付けながら、「こ

指導のポイント

スの個性的で生き生きとした子供の写真と、気が遠くなりそうだったという文の関係に着目させ、「目がはなせなかった」など、どんな気持ちに由来した行動か考えさせたい。

6場面までの「綾」の気持ちの状態を振り返って、戦争について深く考えてこなかったことや、戦争に対する思いを確認すると、7場面でのおばあさんとの出会いが大きく感じられる。

行動描写は実際に動作化する。情景描写は別の表現にしたり、似た表現を比べたりする。心情描写は慣用句や比喩など調べる。その都度、問い返しながら想像する。

（ス）

教材分析

ろしい戦争を忘れてはいけない」ということに気づく。

　ポスターのただの名前に命を感じ、意味があることに気づく。


世界中のだれも、二度と同じような目にあわないですむのかもしれない。
[チ]**メモに書いた「楠木アヤ」という文字を、また指でなぞった。**その名前に、祈念館でめぐりあった子どもたちの顔が、次から次へと重なった。
　そして、夢で見失った名前にも、いくつもいくつものおもかげが重なって、わたしの心にうかび上がってきた。


赤く染まっている。

　期待や楽しみから感傷的な重たい雰囲気への変化が感じられる。

　「きれいな川はきれいな川でしかなかった。」などただの風景としてではなく、戦争を経験して今があることに気付いている。

　最後の一文が表現している「綾」の心情を2場面と比べつつ捉えさせたい。（ケ、ツ）

指導内容

ツ 心情の変化（情景描写）
昼過ぎと夕方の時間の経過の中、綾の心情にも変化がある事を象徴している。
視点人物の気持ちが風景から読み取ることができる。

テ 体言止め・くり返し
広島で知ったことが想起されるテンポのよさと比例して、寂しさが増す言葉の順番。

ト 結末の意味
物語の仕組みの結末から主題を考えることができる。
綾の戦争に対する決意が書かれている。
何も知らなかった綾は「おそ

だが、そうではなかった。おばあさんは、ほうきとちりとりをわきに置くと、しゃがんで供養塔に手を合わせ、こう言ったのだ。
（ソタ）**「アヤちゃん、よかったねえ。もう一人のアヤちゃんがあなたに会いに来てくれたよ。」**
やがておばあさんは顔を上げると、（ソタ）**しわだらけの顔いっぱいに、もっとしわをきざんでわたしに笑いかけた。**目には光るものがあったので、泣き笑いみたいな表情だった。
（ソタ）**「この楠木アヤちゃんの夢やら希望やらが、あなたの夢や希望にもなって、かなうとええねえ。元気で長う生きて、幸せにおくらしなさいよ。」**
（チ）わたしははずかしくなって下を向いてしまった。そんなことは考えたこともなかったからだ。
別れぎわ、小さなおばあさんは見上げるようにしてわたしの手を取った。
（ソタ）**「どうか、この子のことを——アヤちゃんのことを、ずっとわすれんでおってね。」**

（イ）8
秋の日は短くて日がしずみかけていた。**川土手をゆっくり歩いて橋に向かった。**
（ツ）**静かに流れる川、夕日を受けて赤く光る水。**
（チ）**わたしはらんかんにもたれた。お兄ちゃんもせかさなかった。**昼過ぎに、この橋をわたったときには、きれいな川はきれいな川でしかなかった。ポスターの名前が、ただの名前でしかなかったように。
資料館で読んだ説明が思い出された——この辺りは、元はにぎやかな町だった。町には多くの人々がくらしていた。だが、あの朝、一発の爆弾が町も人も、この世から消してしまった。
（テ）消えてしまった町、名前でしかない人々、名前でさえない人々、数でしかない人々、数でさえない人々。
だけど、あのおばあさんが言っていたように、わたしたちがわすれないでいたら（カト）——楠木アヤちゃんが確かにこの世にいて、あの日までここで泣いたり笑ったりしていたこと、そして、ここでどんなにおそろしいことがあったかということ（カ）——を**ずっとわすれないでいたら、**

指導のポイント

■第二次・第4時
「はじめと比べて変化を感じるのはどちらか選び話し合うようにする」（Which型課題）
センテンスカードを選び、結末と主題に迫る。
8場面の中で、綾の心情の変化を感じる文を選び、話し合う。
→「はじめ・きっかけ・おわり」を図式化して終わりを埋める

■第三次・第1・2時
「単元の振り返りをする」
前時にまとめたものから、伝えたい内容を決めてポップを作り、交流する。
5場面のケでは青空を映していた川は8場面のツでは夕日で

本時の展開　第一次　第1時

目標 挿絵の並べ替えや感想の交流などを通して、全体のあらすじを捉え、今後の学習課題を設定して見通しをもつことができるようにする。

［本時展開のポイント］

題名から内容を予想させることで本文への関心を高め、感想を交流できるようにする。

［個への配慮］

ア挿絵カードから一つ選ぶ

心に残った場面や文が分からなくなってしまう場合、どこに注目していたか自覚できるように、本文に引いた線や挿絵の中から一番心に残っている文や場面を選ばせる。

イ手元で操作できる挿絵カードを用意する

物語の場面を捉えたり想起したりするのが困難な場合、あらすじや重要なものや人との出会いが見えてくるように、手元の挿絵カードを並べ替えながら想起させる。

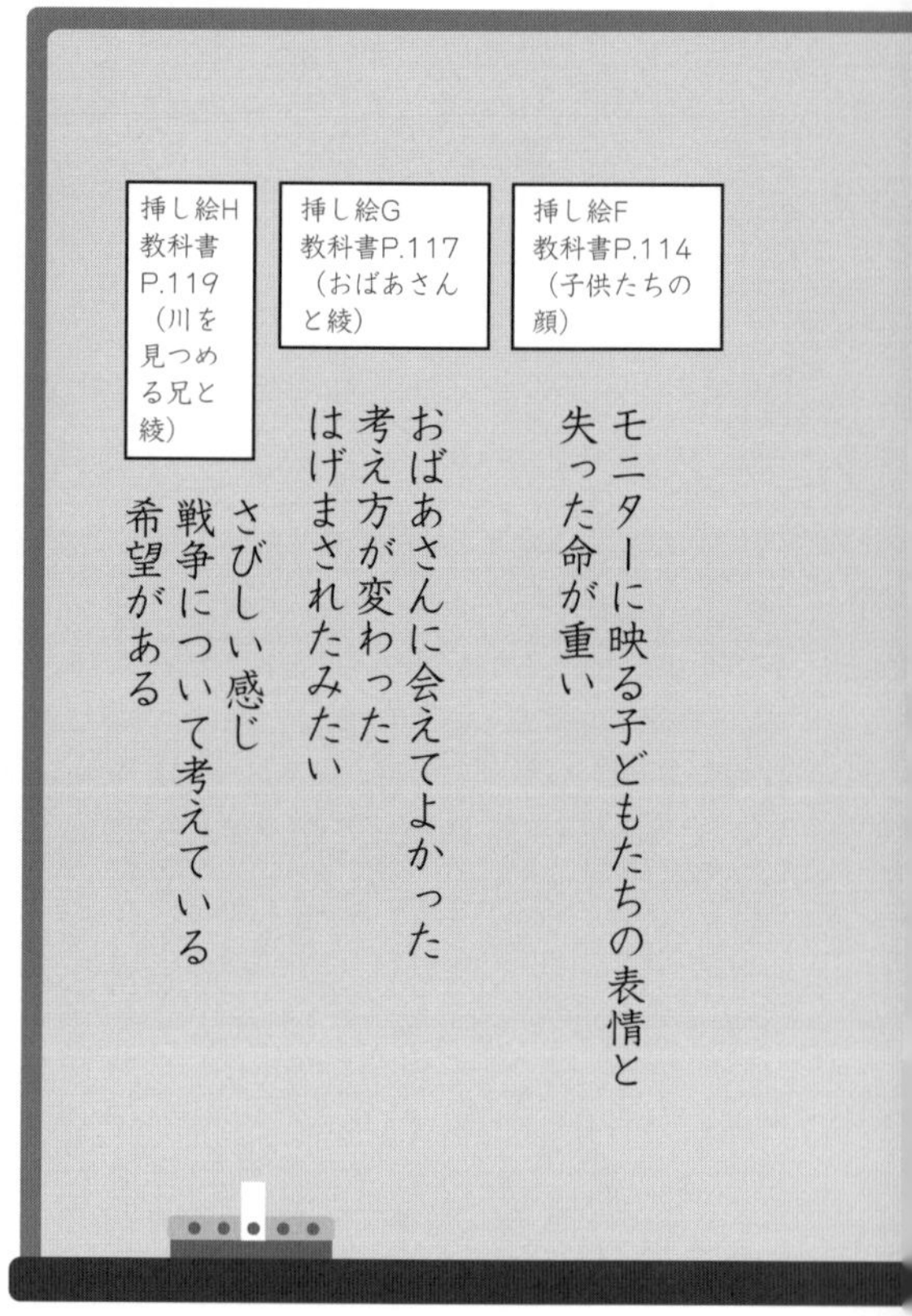

3 挿し絵を並べ替え、感想の交流をする

友達の感想で共感や納得はあるかな？

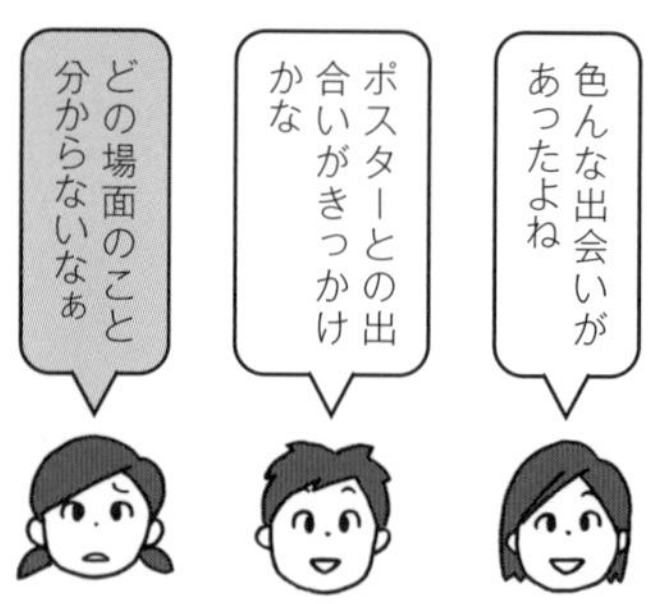

しかけ（順序を変える）

挿絵を並べ替え、物語の大体の流れを把握させる。

感想を交流しながら、どの場面のことを言っているか、その場面について自分はどう思うかペアや全体で共有する。

配慮イ

4 今後の学習課題を設定する

感想で多かったことや話し合いの中心になったことは？

原爆や戦争について考えさせられた
「綾」の変化を丁寧に追いたいね

第二次の見通しをもつ

話し合う中で出た考えや疑問について、今後の授業で扱うことを確認する。

準備物　・挿絵（黒板並べ替え用）　・挿絵カード（手元並べ替え用）
（原爆ドームの写真やポスター）（『ヒロシマ消えたかぞく』　指田和：著）

たずねびと

朽木 祥

題名からの予想や疑問

・たずねびとって何？

行方が分からない人がどこにいるのかさがすこと

行方がわからなくてさがされている人

挿し絵A
教科書P.105
（綾の顔）

・人探しの話かな？
・離れ離れになった人を探す話かな？
・親を探す話？
・友だちを探す話？

心に残った場面や文はどこかな？

物語の始まりかたが面白い

挿し絵B
教科書P.107
（ポスターを見ている綾）

ポスターとの出合いが重要

楠木アヤの名前

挿し絵C
教科書P.108
（夢を見ている綾）

「綾」の心の声が多い

夢での出来事が不思議

挿し絵D
教科書P.111
（原爆ドーム）

原爆ドームや展示品で戦争の悲さんな事実が分かる

挿し絵E
教科書P.113
（兄と歩く綾）

「綾」の気持ちがどんどんしずんでいった

1 単元扉の題名や文から話の展開を想像する

題名からの予想や疑問など交流しよう

誰かを探しに行くようなこと、あまりないよね
「綾」は何がきっかけで、探すことにしたんだろう？

予想する

「綾」のたずねびとを予想して、想像を膨らませる。一一歳の子がたずねるようなことになるきっかけや展開に興味をもたせる。

2 物語の感想をもつ

心に残った場面や文はどこかな？

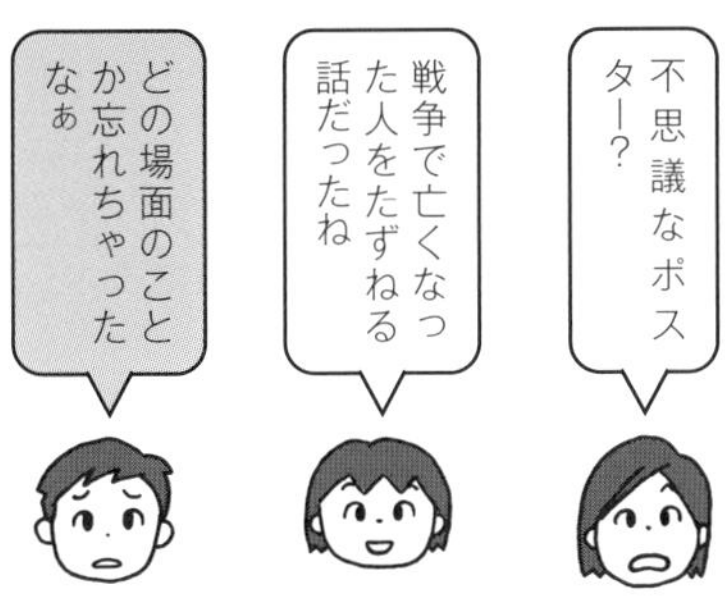

不思議なポスター？
戦争で亡くなった人をたずねる話だったね
どの場面のことか忘れちゃったなぁ

選ぶ

範読を聞きながら、教科書の心に残った文にラインを引かせる。

ラインを引いた文から特に印象的だった場面や文の感想をノートに書かせる。　配慮ア

本時の展開　第二次　第1時

目標 1～4場面の「綾」の関心のレベルを話し合うことを通して、広島に行くことを決心するまでの心情の変化を捉え、1～4場面の変化を説明できるようにする。

[本時展開のポイント]

ポスターと楠木アヤとの出会いから広島に行くことを決めるまでの心情の変化を捉えさせる。

[個への配慮]

㋐センテンスカードと関心レベルが記入できるワークシートを用意する

関心のレベルの違いが見付けられない場合、自分で決められるようにするために、4場面と比べながら数字に丸を付けさせる。

㋑順番に読むことで変化の説明ができるような穴埋め記入式の答え欄を作る。

何を見て1～4場面の変化を説明したらいいか分からない場合、自分で説明できるようにするために、穴埋めのプリントを用意する

5・④・3・2・1

④ポスターの話をした。

不思議に思っていたことをきいてみた

「行こうよ。」とわたしは お兄ちゃんにせがんだ。

挿し絵D

（楠木アヤに会うため広島へ。）

★心の声（心内語）や行動描写の変化から心情が分かる

3 綾の心情の変化が分かる文を根拠に比べる

もしもポスターに「楠木アヤ」の名前が無かったら？

夢に出てこないかもしれない

広島に行く気持ちも生まれなかったかも

しかけ（仮定する）

各場面で心の声や行動が変わってしまうことを確認する。心の声や行動から心情が分かることを共有する。

ポスター（楠木アヤ）との出会いの重要性と、他の名前は記憶していないことなどを読みとるきっかけにする。

4 本時の学びを振り返る

広島に行くまでの「綾」の変化を説明しよう！

自分でメモをとったり、兄や母の話で考えを固めていったね

どうやって説明するの

「綾」の変化をペアで説明をさせたあとノートにまとめさせる。

感想や気付いたことなども書いてよいと伝える。**配慮㋑**

準備物　・挿絵　・センテンスカード（掲示用）2-01～04
・センテンスカード（児童用）　・ワークシート　2-05

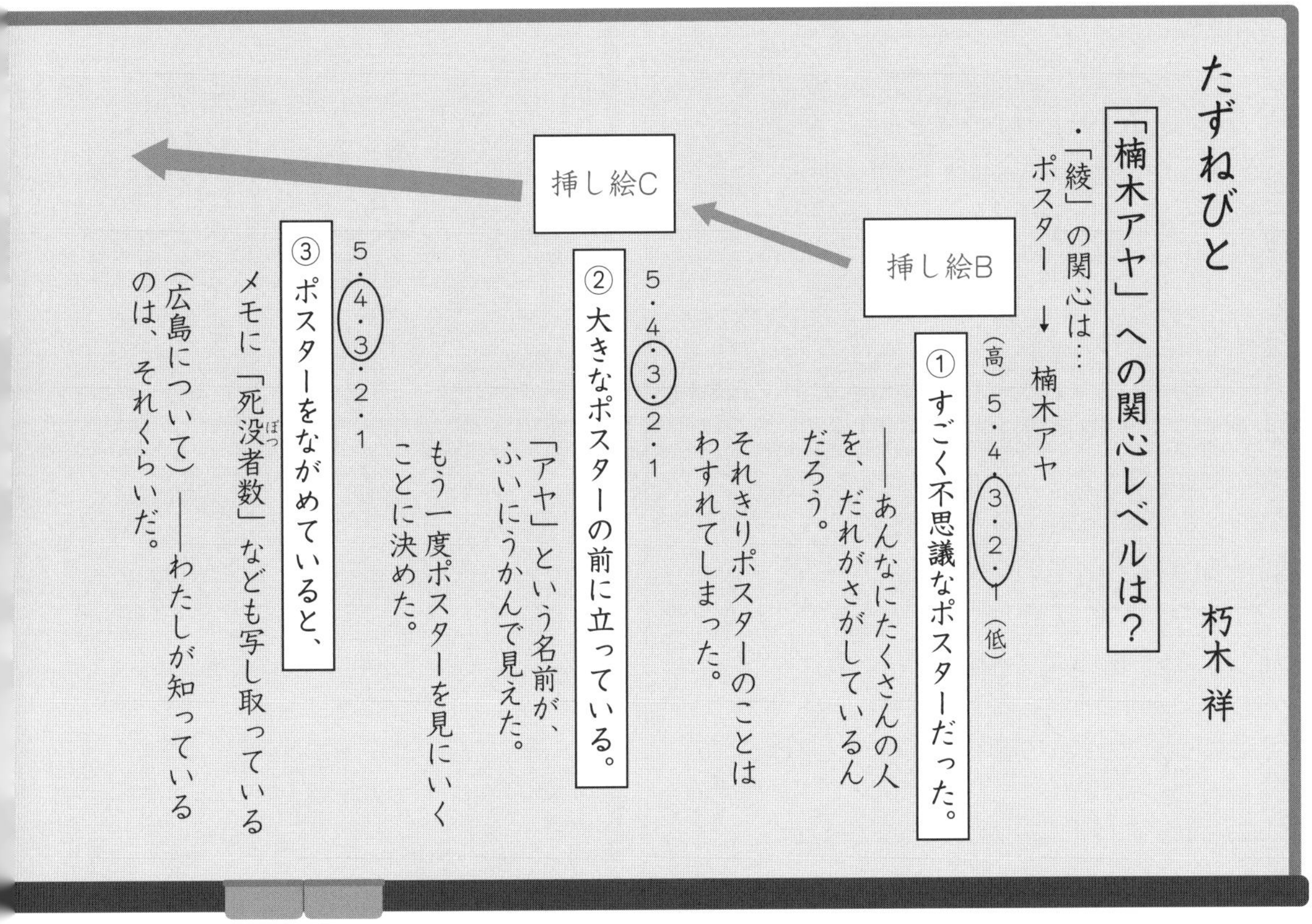

1 各場面の冒頭部分だけで振り返る

1～4場面、「綾」は何をしていた？

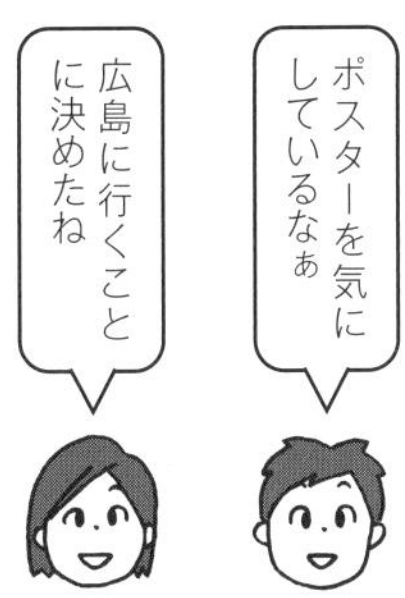

ポスターを気にしているなぁ
広島に行くことに決めたね

しかけ（限定する）

①～④のセンテンスカードを提示し、場面ごとの「綾」の行動を確認する。ポスターの名前に注目していることを捉えさせる。

2 綾の心情の変化の大体を捉える

1～3場面は、4場面と同じ関心レベル？

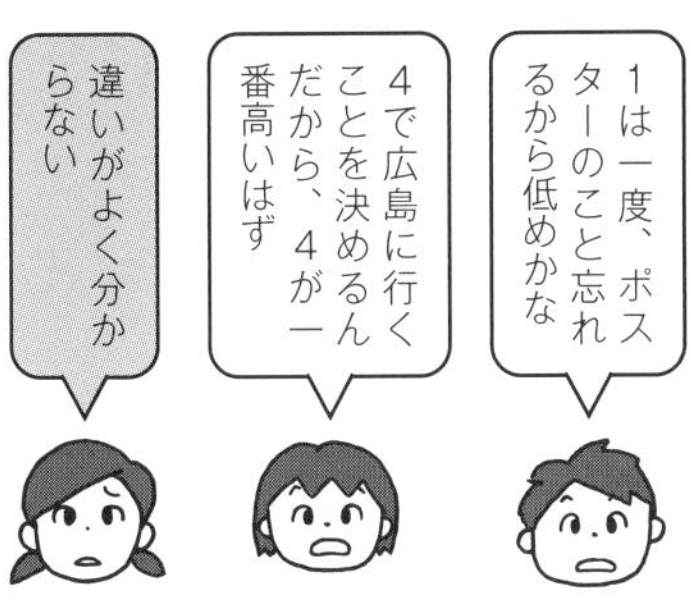

1は一度、ポスターのこと忘れるから低めかな
4で広島に行くことを決めるんだから、4が一番高いはず
違いがよく分からない

Which型課題

4場面の関心のレベルを全体で定め、1～3場面の関心のレベルを個人で決める。その根拠となった文にライン（前時と違う色）を引かせる。

ペアで関心レベルの共有と、どこからそう思ったか話し合わせる。

配慮ア

✓ 本時の展開 第二次 第2時

目標 5・6場面は、「綾」に何を伝えているか話し合うことを通して、複雑な心境になる「綾」の変化を捉え、戦争への思いを語ることができるようにする。

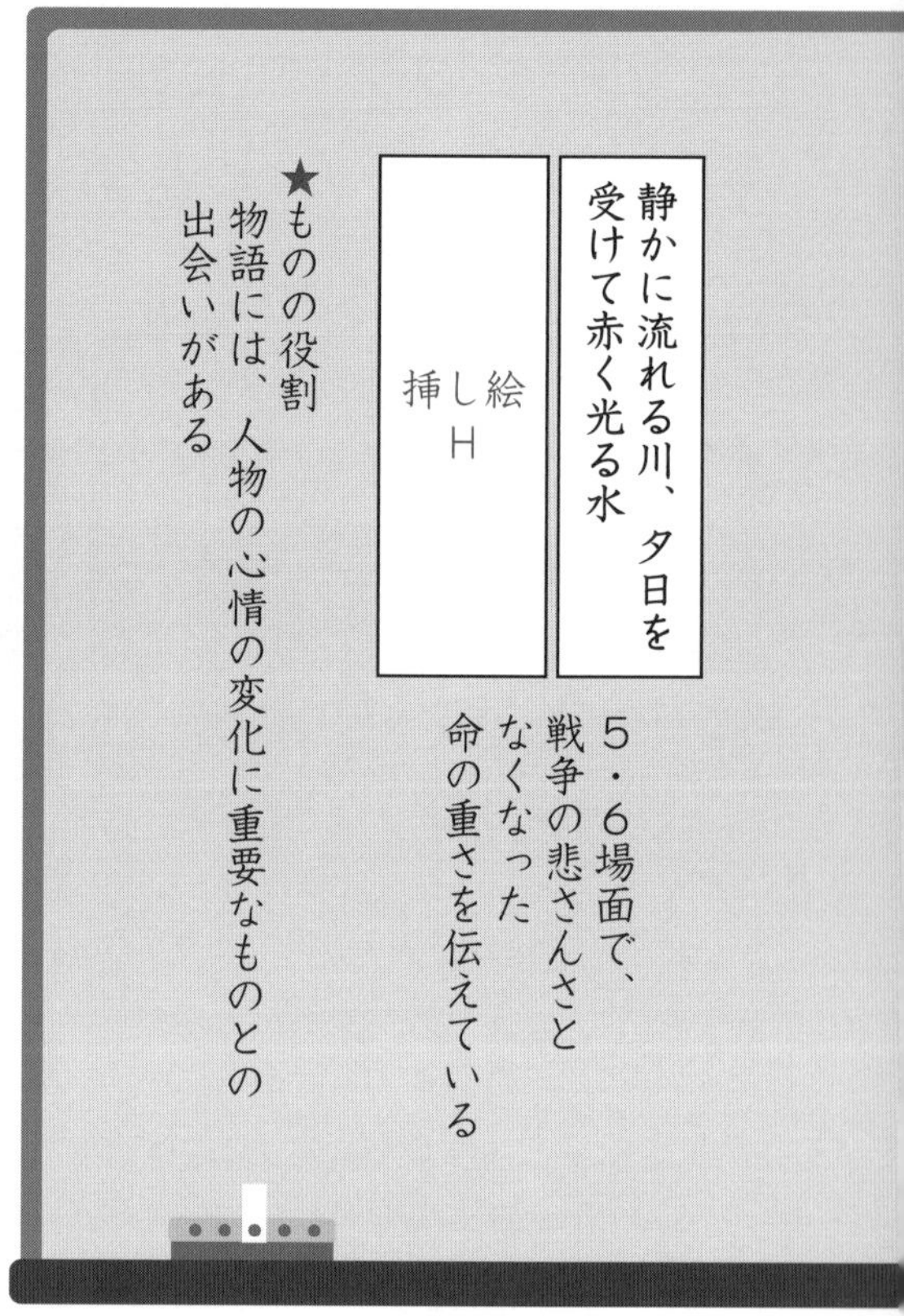

[本時展開のポイント]

ベン図を用いて比べることで、具体的な表現の違いの中にも共通点を見付ける思考を促す。叙述には表れない「綾」の心情を考えるきっかけにする。

[個への配慮]

㋐5・6場面の内容を端的に書き入れたベン図のプリントを渡す

二つの場面を比べることが困難な場合、二つの場面の出来事や「綾」の気持ちが分かるよう、内容理解の手助けとなる文を書き抜いたプリントを用意する。

㋑「綾」が戦争について感じたことを選択肢の中から選ばせる

二つの場面の共通性や感じ取った抽象的な概念を説明することが困難な場合、どの言葉が自分の考えに近いか検討できるように、説明の文型と戦争や命について感じ取ったことの言葉を組み合わせて話せるプリントを用意する。

3 5・6場面のつながりで伝えていることを考える

6場面は今でも笑い出しそうな顔とかあって、ショックなことはないはずだよね？

自分と同じぐらいの子も命を落としたのは怖さがある
命のことを考えさせられる

ゆさぶる

モニターごしの人々の表情の挿絵を外して発問する。6場面のこれがあると、どんなことがより伝わるか話し合う。

4 本時の学びを振り返る

「綾」の感じた戦争について語ろう

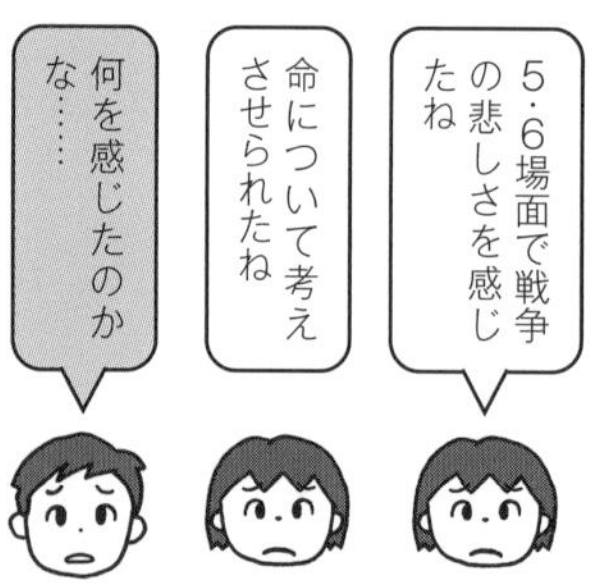

5・6場面で戦争の悲しさを感じたね
命について考えさせられたね
何を感じたのかな……

「綾」と同化して、自分なりに感じ取った「戦争や命」をキーワードに感想を交流する。配慮㋑

準備物
・挿絵　・センテンスカード（掲示用）　2-06、07
・ベン図用プリント（子供用）　・ワークシート　2-08

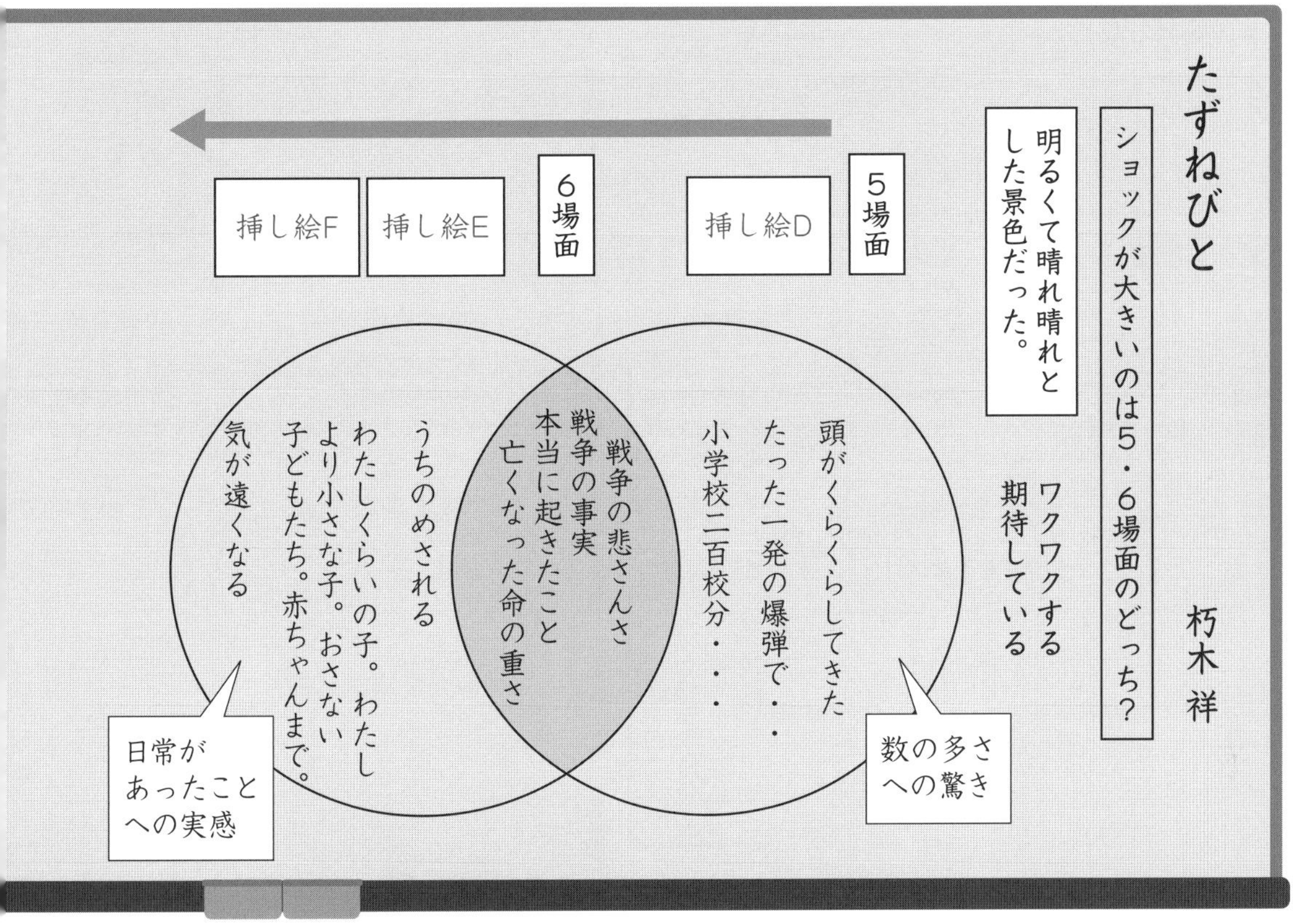

1 後半はじめの気持ちの変化を確認する

5場面の天気は曇ってたよね？

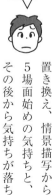

はじめは明るい気持ちだったね
だんだんと沈んで行くような気がする

しかけ（置き換える）

5場面冒頭の情景を「暗くて曇っていた」と、置き換え、情景描写から5場面始めの気持ちと、その後から気持ちが落ちていくことを確認する。

2 5・6場面から伝わることを考える

ショックが大きいのはどっち？

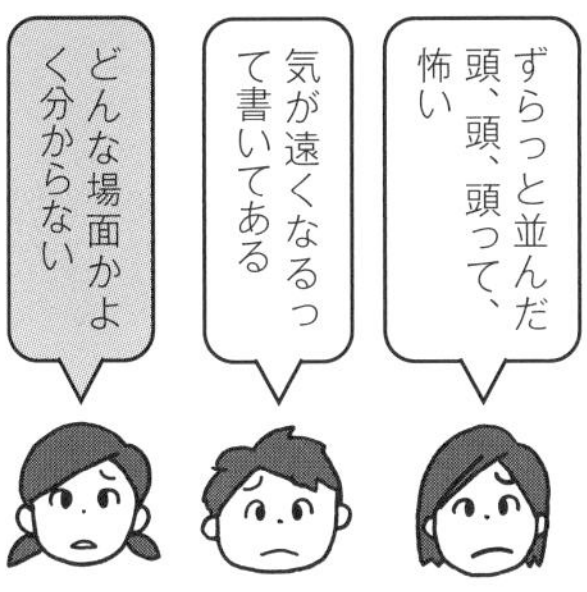

ずらっと並んだ頭、頭、頭って、怖い
気が遠くなるって書いてある
どんな場面かよく分からない

Which型課題

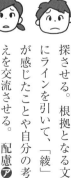

5・6場面のどちらかを選び、根拠となる文を探させる。根拠となる文にラインを引いて、「綾」が感じたことや自分の考えを交流させる。配慮ア

本時の展開　第二次　第3時

目標 おばあさんのどの行動や言葉から影響を受けたか話し合うことを通して、中心人物の心情の変化を捉え、「綾」の考えにどう影響したか説明できるようにする。

[本時展開のポイント]

おばあさんとの出会いが綾にどのように影響を与えたか話し合うために、おばあさんの会話文や行動をセンテンスカードにして提示する。

[個への配慮]

㋐考えを助ける資料プリントを用意する

おばあさんの行動や会話文から自分なりに想像するのが困難な場合、前後の文のつながりが分かるように、7場面の本文と板書のセンテンスカードが対応したプリントを用意する。

㋑板書を参考にする声掛けと言葉の選択肢を用意する

「綾」にとってどのような影響があったか言葉にするのが困難な場合、どの言葉で説明したらいいか分かるように、自分が選んだおばあさんの行動や会話文と、板書の意見を組み合わせられるように声を掛け、影響を受けた言葉の選択肢カードを用意する。

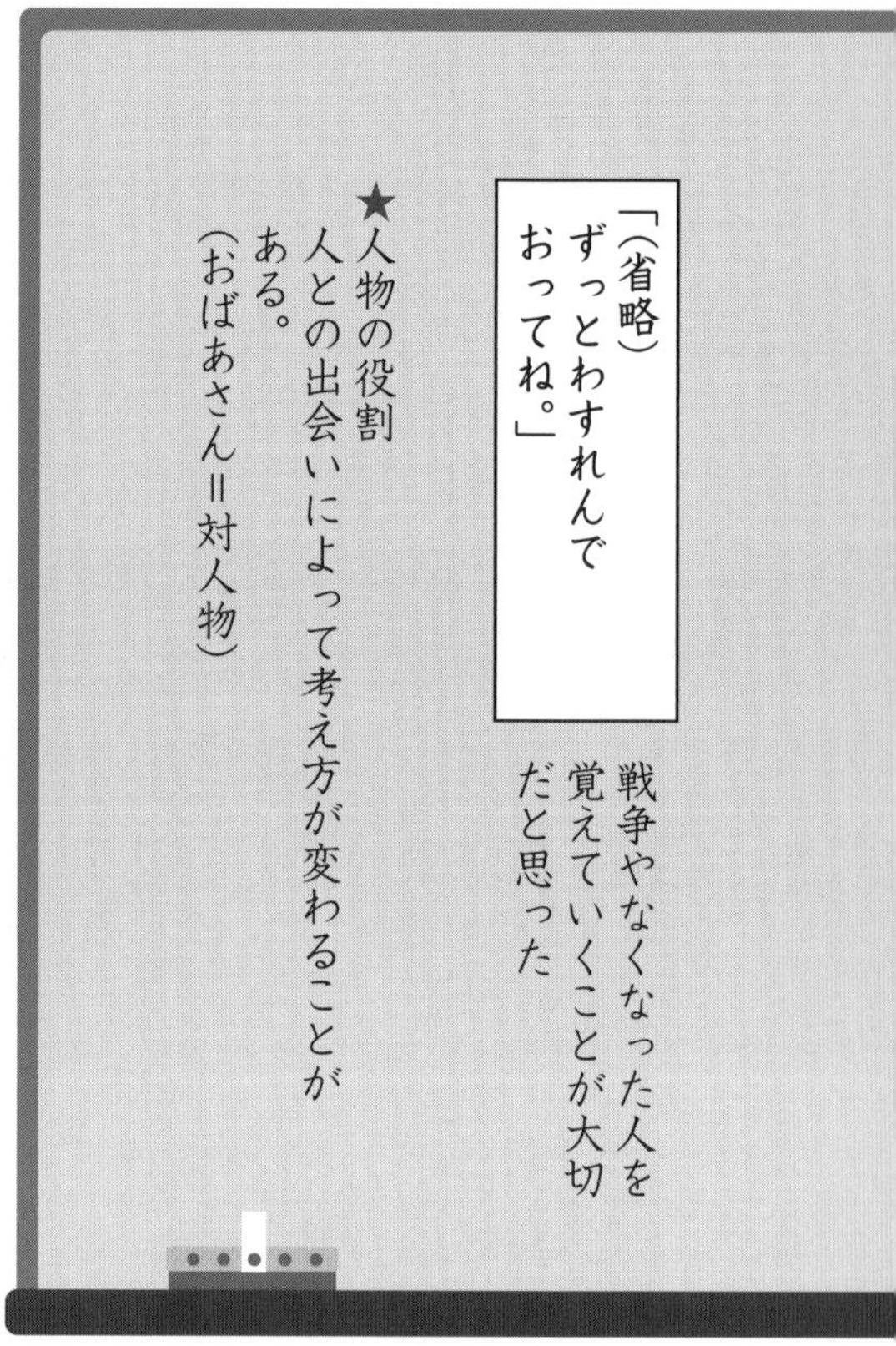

3 おばあさんの役割を話し合う

もしも、おばあさんに出会ってなかったら「綾」はどうなっていた？

プラスな気持ちになれないまま家に帰ることになってしまう
おばあさんとの出会いで、戦争への考えが変わった

しかけ（仮定する）

7場面で、「綾」の目的は「アヤ」のところに行くことだったと確認する。おばあさんがいなかったらどうなっていたか想像することで、人との出会いの大切さに気付かせる。

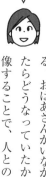

4 本時の学びを振り返る

おばあさんは「綾」にどんな影響を与えたのか説明しよう

おばあさんの行動や会話文でどのように考え方が変わったか、打ちのめされるだけで終わらなかった、「綾」の気持ちの変化を交流して振り返る。

配慮㋑

準備物
・挿絵
・センテンスカード（掲示用） 2-09～13　・ワークシート 2-14

たずねびと

朽木 祥

挿し絵E

挿し絵G

戦争の事実に打ちのめされる「綾」

小さなおばあさんがそばに寄ってきた。

おばあさんの顔がぱっとかがやいた。

「かがやいた」を「曇った」に置き換えておく

おばあさんのいいなと思える文は？

「（省略）もう一人のアヤちゃんがあなたに会いに来てくれたよ。」

なくなった人のことを考えている

しわだらけの顔いっぱいに、もっとしわをきざんでわたしに笑いかけた。

勇気をくれる笑顔。本気で喜んでいる

「（省略）元気で長う生きて、幸せにおくらしなさいよ。」

命の大切さを知っていて、自分は考えたこともなかった

1

「綾」がおばあさんからどんな影響を受けたかを考える

7場面もさらに落ち込む場面だった？

おばあさんに会えてよかったよね

広島にきて辛い気持ちだけじゃないね

しかけ（置き換える）

おばあさんの顔が「曇った」と置き換え、正しい表現に直して、表情（行動）から気持ちを想像させる。7場面はどのような展開か振り返る

2

どのような影響があったか考える

おばあさんの行動や会話文でいいなと思える文は？

「アヤ」に話しかけているのが、亡くなった人を大切にしてる

忘れんでおってねが、これから頑張ろうと思える

おばあさんが何をしていたのか分からない

しかけ（選択肢をつくる）

おばあさんとの出会いによってどのような影響があったか考える。

自分がいいなと思うカードを選び、理由や解釈したことを話し合う。

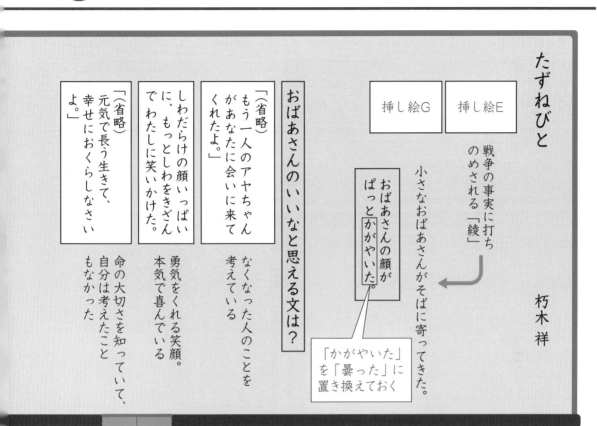

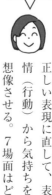

配慮ア

本時の展開　第二次　第4時

目標 「綾」の心情の変化を話し合う活動を通して、物語全体の中心人物の変化を捉え、物語のはじめからおわりへの変化をまとめることができるようにする。

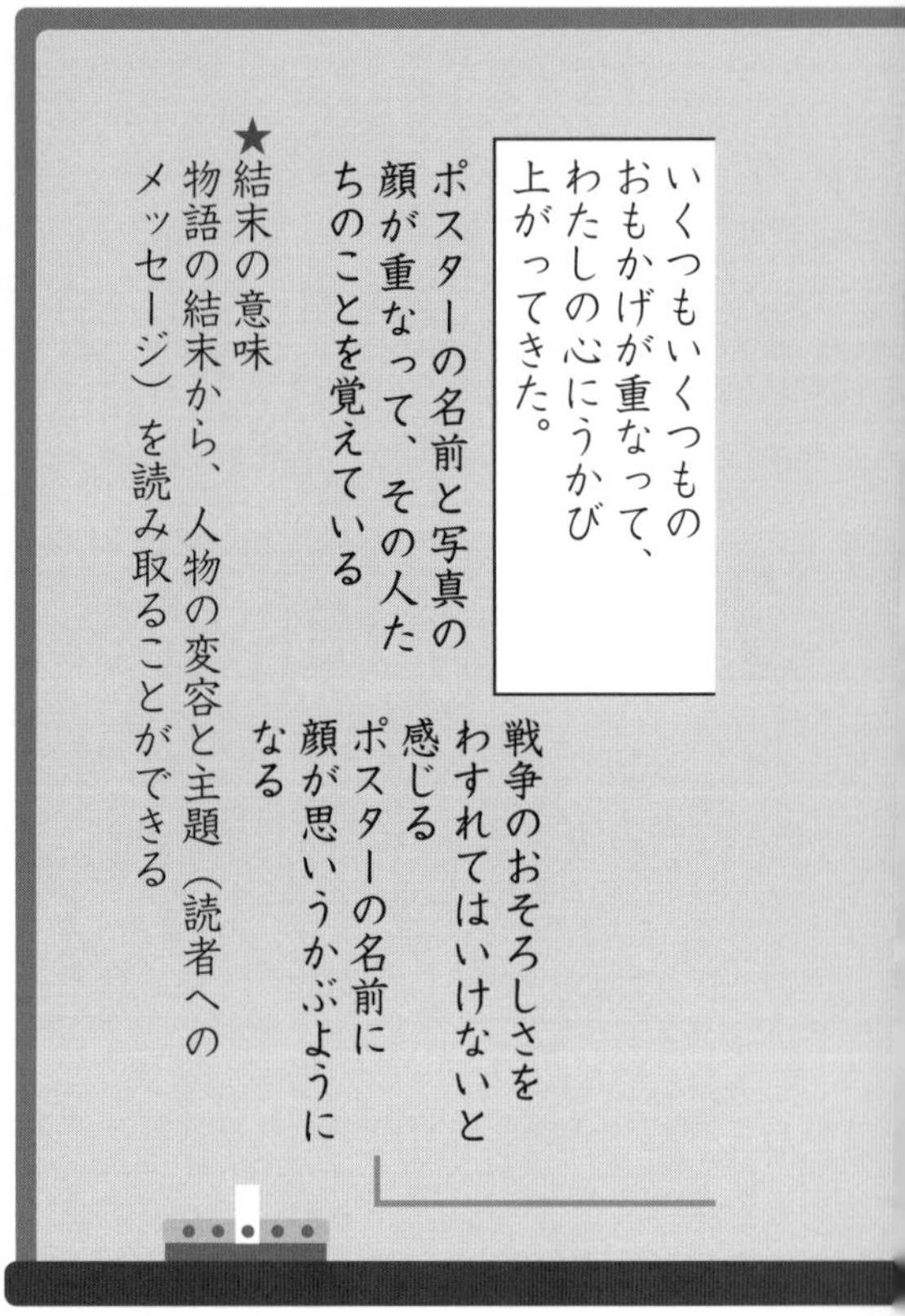

いくつもいくつものおもかげが重なって、わたしの心にうかび上がってきた。
ポスターの名前と写真の顔が重なって、その人たちのことを覚えている
★結末の意味
物語の結末から、人物の変容と主題（読者へのメッセージ）を読み取ることができる
戦争のおそろしさをわすれてはいけないと感じる
ポスターの名前に顔が思いうかぶようになる

[本時展開のポイント]

選択肢から前場面とのつながりを意識して中心人物の心情の変化を話し合い、この物語から伝わることを考えさせる。

[個への配慮]

㋐センテンスカードと前の場面とつなげて考えられるワークシートを用意する

「綾」の心情がどのように変化したか捉えるのが困難な場合、センテンスカードと対応している場面や文と比較できるように、変化前と変化後の図解化したプリントを用意する。

㋑おわりの「綾」の変化に合う言葉をいくつか用意する

物語の全体の流れと「綾」の変化を説明するのが困難な場合、図解プリントに終わりの「綾」の変化を当てはめて説明できるように、変化に合わせた言葉カードを複数用意する。

3

「綾」の心情の複雑さを捉える

「アヤ」という名前だけずっと忘れないでいようと思う話なんだね？

戦争の怖さを知って、これからの平和について考える話

ポスターの名前の、亡くなった人の分も生きようと思う話

しかけ（仮定する）

「メモに書いた『楠木アヤ』という文字を、また指でなぞった」という文から間違った解釈をする。

「アヤ」のことだけでなく、戦争やポスターの名前に対する変化があることを自覚して、結末の「綾」の考え方を解釈する。

4

本時の学びを振り返る

物語全体の「綾」の変化を説明しよう

はじめは～で、～をきっかけに、戦争や平和について考えるようになった

どうやって説明したらいいのかな

はじめ→きっかけ→おわりに沿って変化を説明させる。結末から読み取れることを整理して伝える。

配慮㋑

準備物
・挿絵　・センテンスカード（掲示用）2-07、15、16
・はじめ・きっかけ・おわり図解プリント（子供用）2-14　・ワークシート 2-17

たずねびと

朽木 祥

はじめ → おわり
きっかけ

戦争の事実より「楠木アヤ」という名前だけに興味をもっていた「綾」は、

展示品や亡くなった人々、おばあさんとの出会いをきっかけに、

アヤの名前だけずっとわすれないでいようとする話？

挿し絵H

静かに流れる川、夕日を受けて赤く光る水。

初めと比べて変化を感じるのはどっち？

わたしはらんかんにもたれた。お兄ちゃんもせかさなかった。きれいな川はきれいな川でしかなかった。ポスターの名前が、ただの名前でしかなかったように。

戦争のこわさを思い出している

複雑な気持ちでいる

ポスターの名前にも生きた証があって意味があるように感じている

戦争やなくなった人をずっとわすれないでいたら、平和でいられる。

メモに書いた「楠木アヤ」という文字を、また指でなぞった。夢で見失った名前にも、

楠木アヤとの出会いをふり返っていて、何か決意している。

1 物語の全体を図解で振り返る

広島に行って、すっきりプラスな気持ちで終わるよね？

しかけ（図解する）
はじめときっかけを確認して、おわりにどのように変化しているか挿絵と情景描写から大体を予想する。

すっきりとか全てプラスな気持ちじゃない

いろいろと複雑だけど戦争とかについて考えている

2 「綾」の心情の変化の大体を捉える

はじめと比べて変化を感じるのはどっち？

Which型課題
センテンスカードを一つ選び叙述をもとに心情の変化を話し合わせる。1〜7場面のつながりと変化を意識させる。特に「ただの名前でしか〜」「夢で見失った〜」の変化は問い返し、ペアで共有する。配慮ア

ポスターの名前が、ただの名前に感じなくなっている

2場面の夢と違って、名前に顔が思い浮かんでいる

どんな変化があったのか分からないや

本時の展開　第三次　第１時

目標 物語のポップを作って紹介し合う活動を通して、一人一人の感じ方の違いや見方考え方に気付き、自分の考えを広げることができる。

[本時展開のポイント]

ポップづくりを通して、物語のあらすじや感じたことを友達と共有し、魅力を再発見する。また教師のポップを手直しする中で、子供と共に評価の視点を検討することができる。

[個への配慮]

㋐ポップカードを直すヒントカード配付

ポップのよさや工夫を捉えて手直しするのが困難な場合、ポップの工夫と教師のポップを比べられるように、手元で見られるカードを用意したり、工夫を想起させる声掛けをしたりする。

㋑あらすじと挿絵を組み合わせたプリント用意

あらすじなど紹介文を書くことが困難な場合、印象に残っていること中心に書けるように、あらすじの書き始めの例を提示し、穴埋め式で書けるようなプリントを用意する。

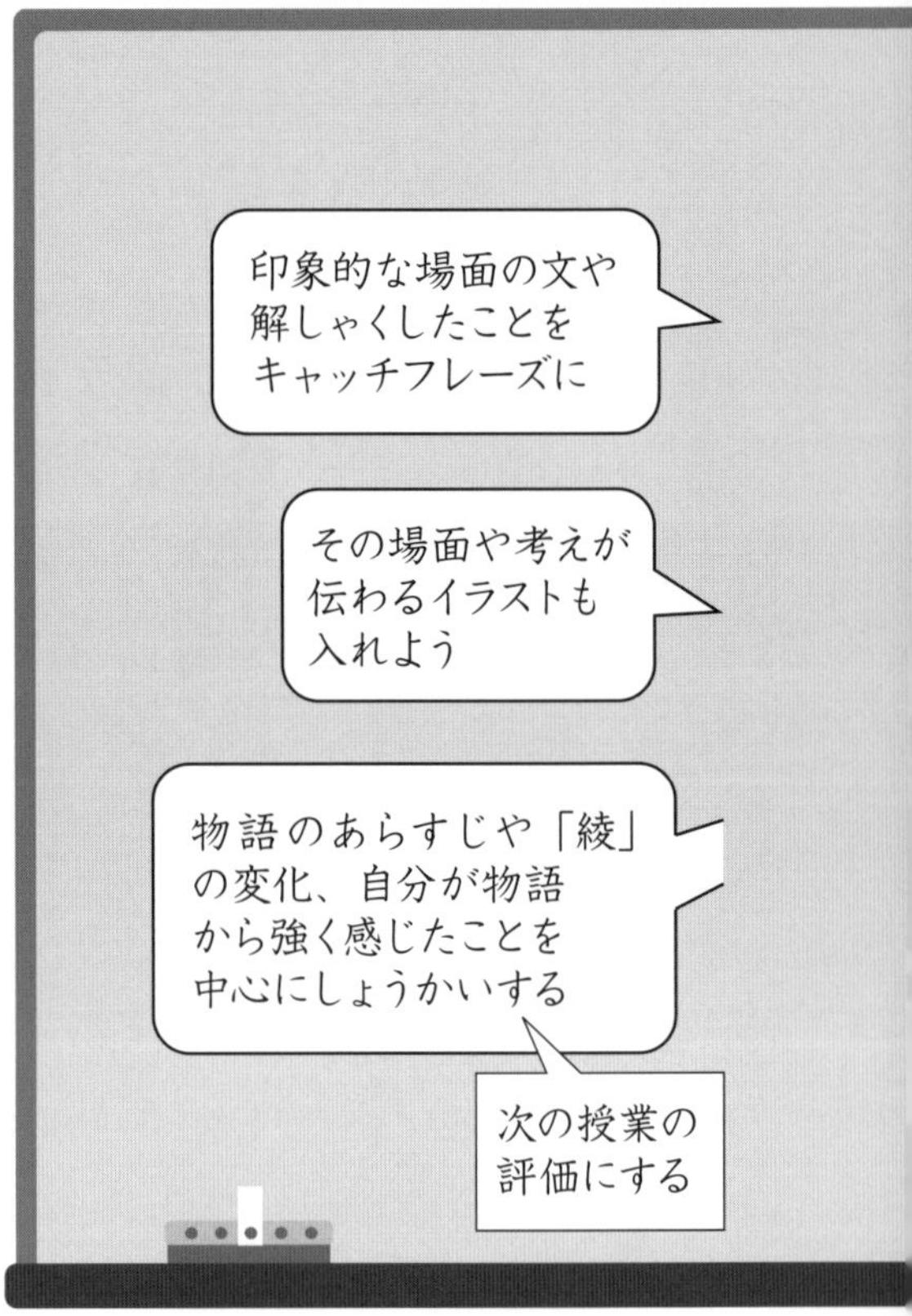

印象的な場面の文や解しゃくしたことをキャッチフレーズに
その場面や考えが伝わるイラストも入れよう
物語のあらすじや「綾」の変化、自分が物語から強く感じたことを中心にしょうかいする
次の授業の評価にする

3 ポップづくりをする

印象的な部分や感じ取ったことを中心にポップを作ろう！

いいね！
紹介文の書き方が分からないなぁ

今までのノートを振り返り、印象的だったことを中心にポップを書かせる。どんな工夫をしたらいいか想起させる声掛けをする。 配慮㋑

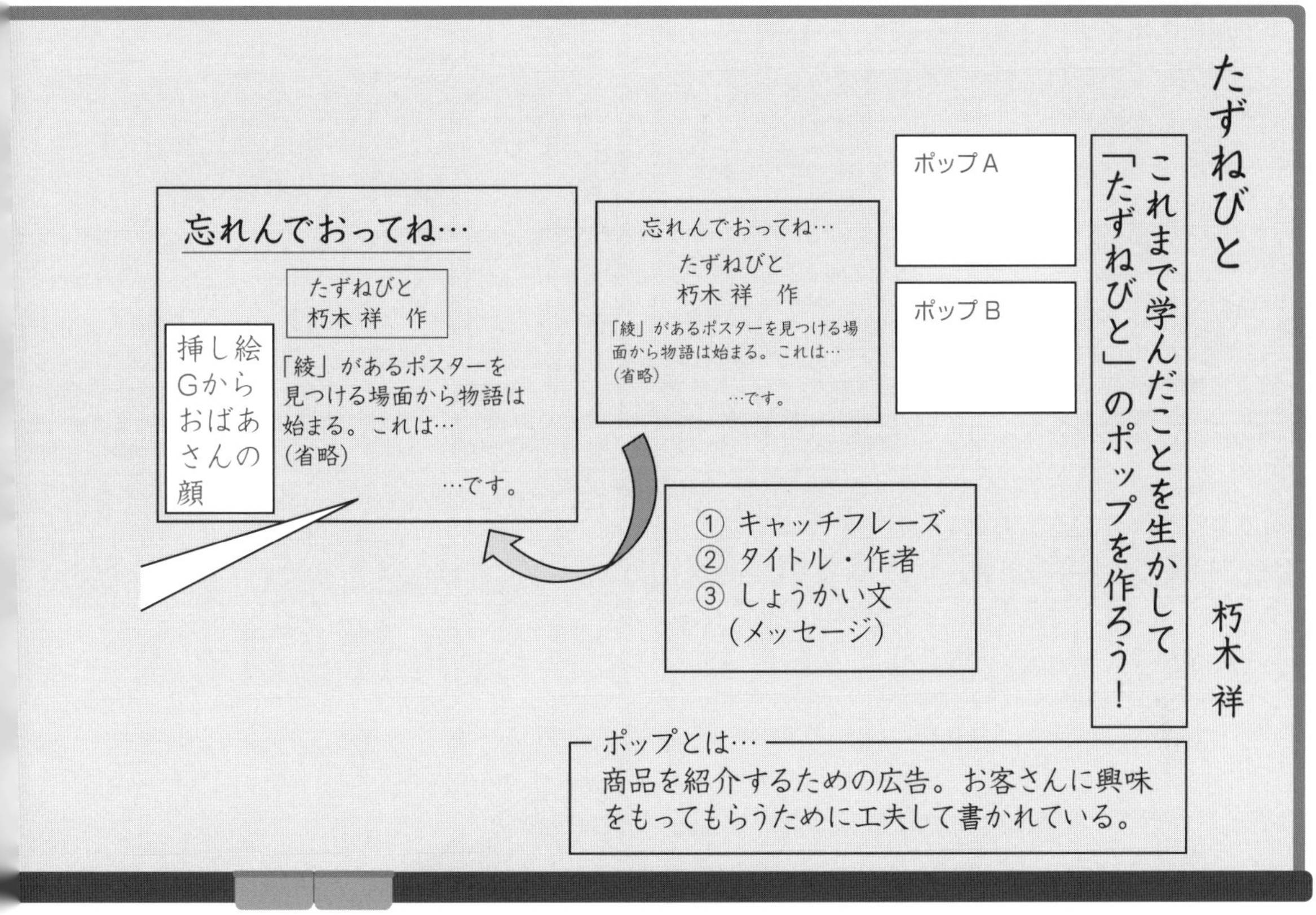

「綾」があるポスターを見つける場面から物語は始まる。これは…

挿し絵Gからおばあさんの顔

「綾」があるポスターを見つける場面から物語は始まる。これは…

② タイトル・作者
③ しょうかい文（メッセージ）
ポップとは…
商品を紹介するための広告。お客さんに興味をもってもらうために工夫して書かれている。

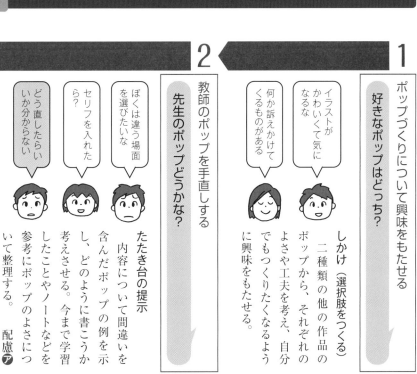

1 ポップづくりについて興味をもたせる

好きなポップはどっち？

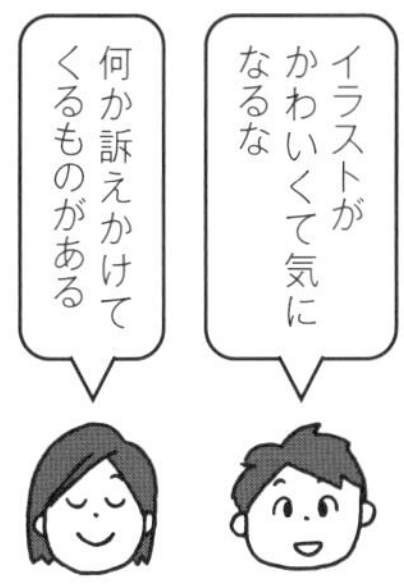

イラストがかわいくて気になるな
何か訴えかけてくるものがある

しかけ（選択肢をつくる）

二種類の他の作品のポップから、それぞれのよさや工夫を考え、自分でもつくりたくなるように興味をもたせる。

2 教師のポップを手直しする

先生のポップどうかな？

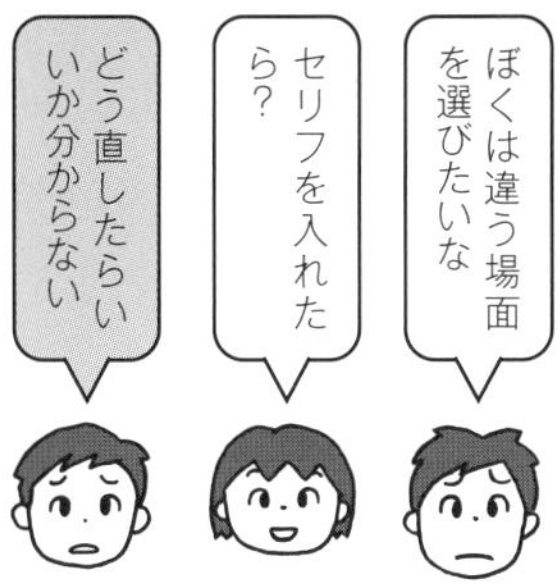

ぼくは違う場面を選びたいな
セリフを入れたら？
どう直したらいいか分からない

たたき台の提示

内容について間違いを含んだポップの例を示し、どのように書こうか考えさせる。今まで学習したことやノートなどを参考にポップのよさについて整理する。　配慮ア

本時の展開　第三次　第2時

目標　物語のポップを作って紹介し合う活動を通して、一人一人の感じ方の違いや見方・考え方に気付き、自分の考えを広げることができる。

[本時展開のポイント]

学んだことを生かしたポップを交流することで、物語のあらすじや感じたことを友達と共有する。

[個への配慮]

㋐観点と例文プリントを用意する

友達のよいところを捉えて書くことが困難な場合、観点を基に工夫のよさを伝えられるように、観点の表と例文を書いたプリントを用意する。

㋑第二次での意見を参考にした振り返りカードを用意する。

単元を振り返って考えることが困難な場合、印象に残っていることを想起できるように、あらすじと挿絵、学習過程を提示し、例文を選んで振り返られるようにプリントを用意する。

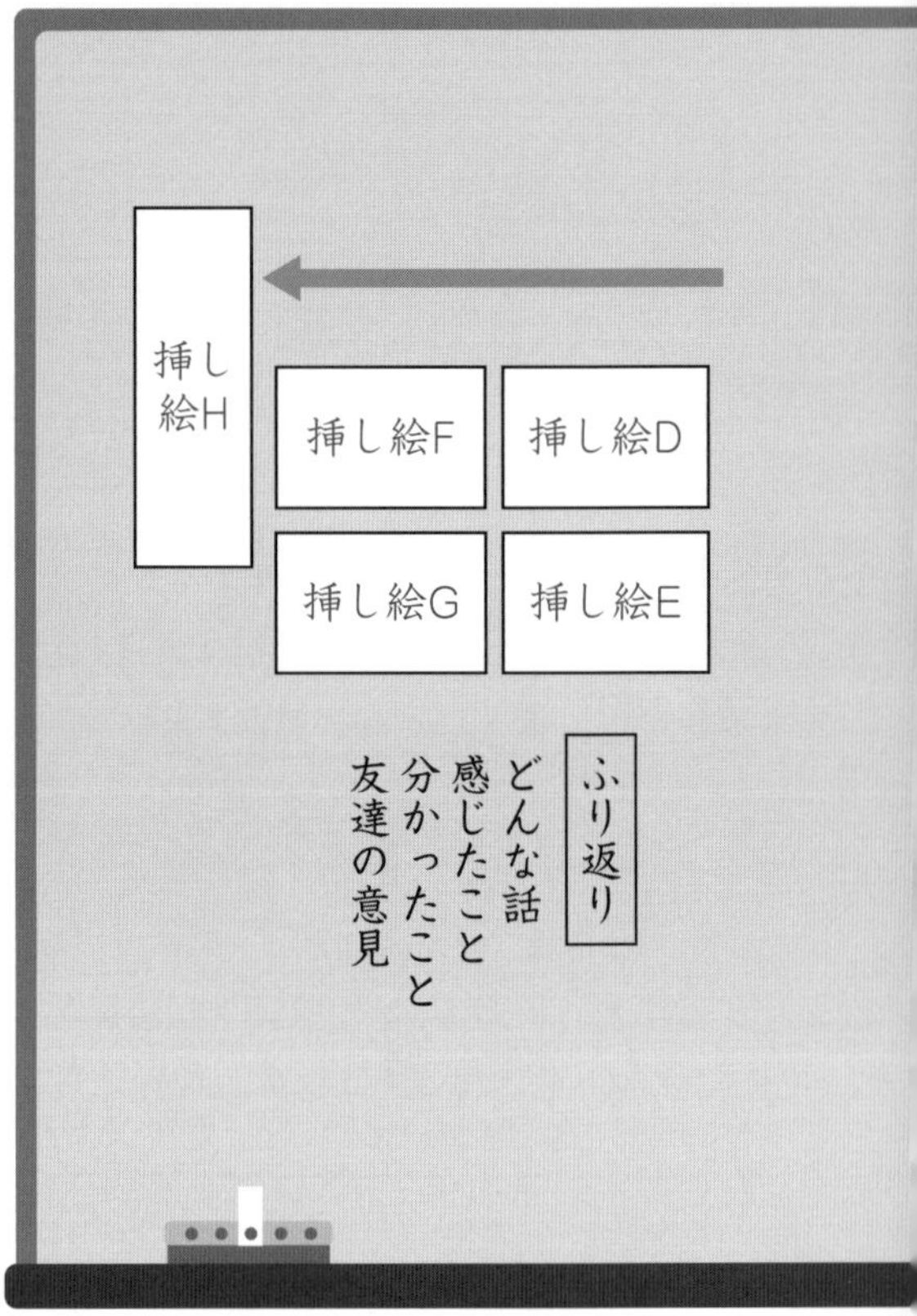

3　最後に単元を通して振り返る

「たずねびと」から感じたことや分かったことを振り返ろう

どんな話だったか振り返り、自分なりに何を感じたり分かったりしたか、交流する。　配慮㋑

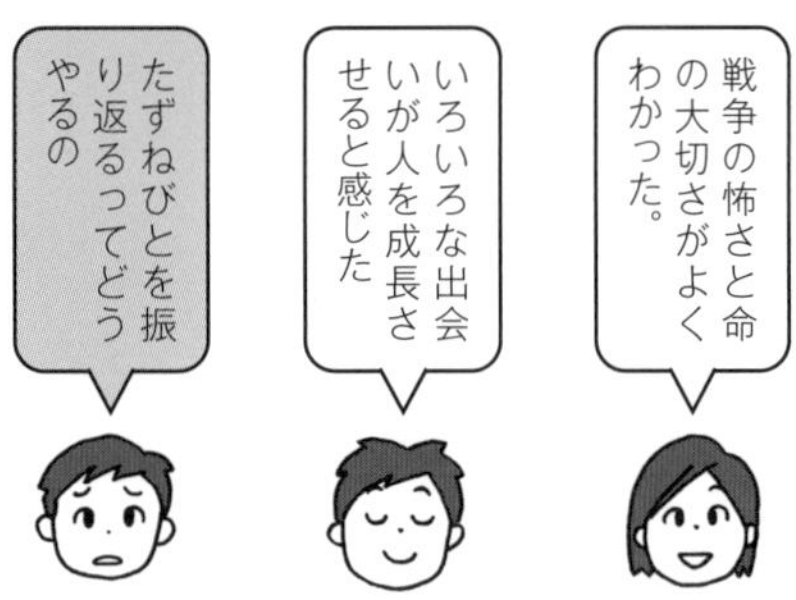

戦争の怖さと命の大切さがよくわかった。
いろいろな出会いが人を成長させると感じた
たずねびとを振り返るってどうやるの

準備物
・挿絵　・ワークシート　2-19
・ポップ例　・付箋

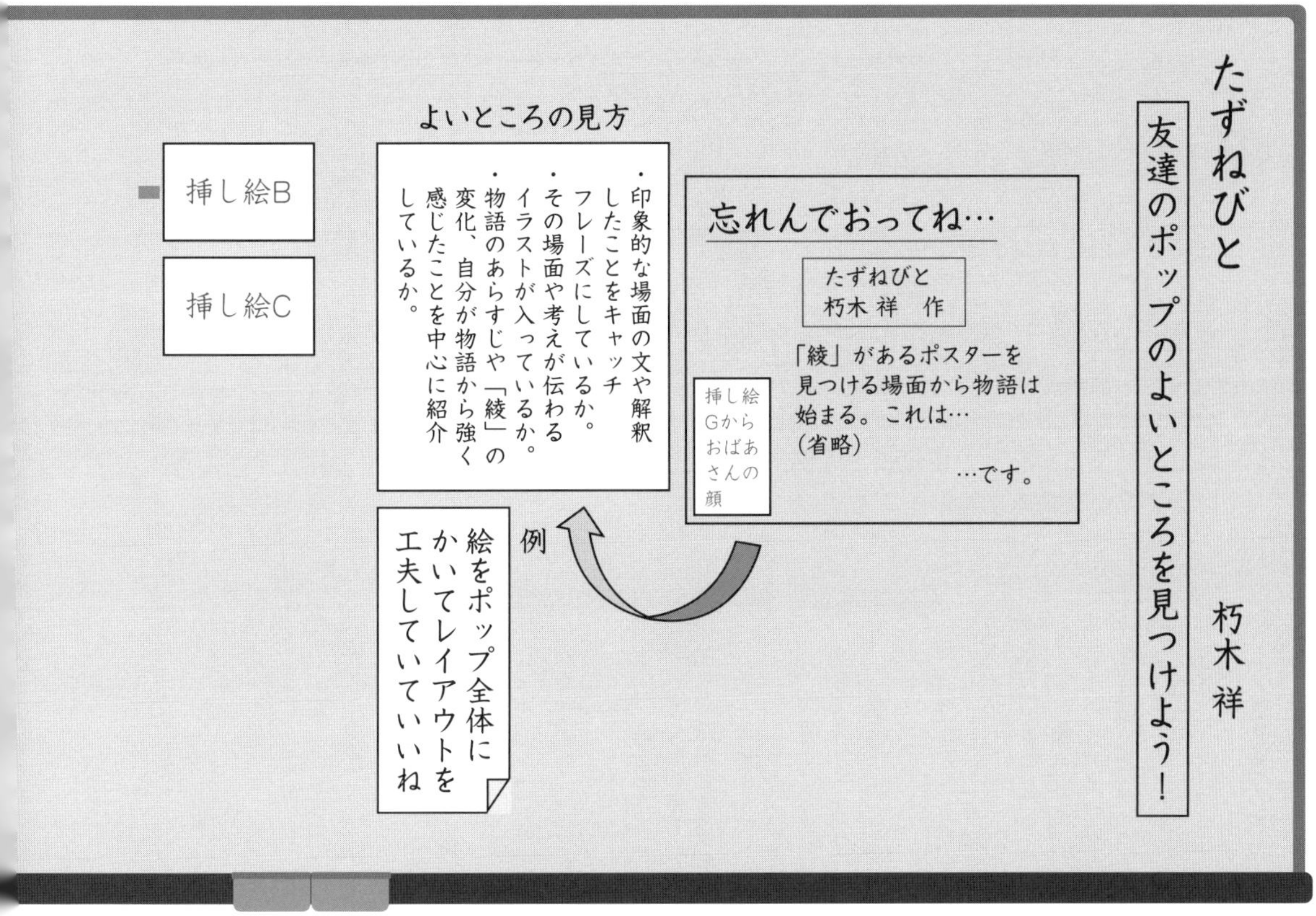

「綾」があるポスターを見つける場面から物語は始まる。これは…

挿し絵Gからおばあさんの顔

絵をポップ全体にかいてレイアウトを工夫していていいね

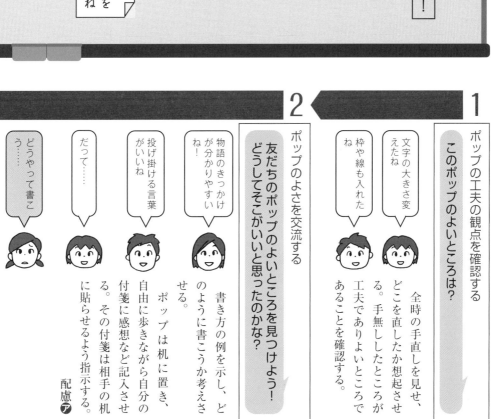

1 ポップの工夫の観点を確認する

このポップのよいところは?

文字の大きさ変えたね
枠や線も入れたね

全時の手直しを見せ、どこを直したか想起させる。手無ししたところが工夫でありよいところであることを確認する。

2 ポップのよさを交流する

友だちのポップのよいところを見つけよう!どうしてそこがいいと思ったのかな?

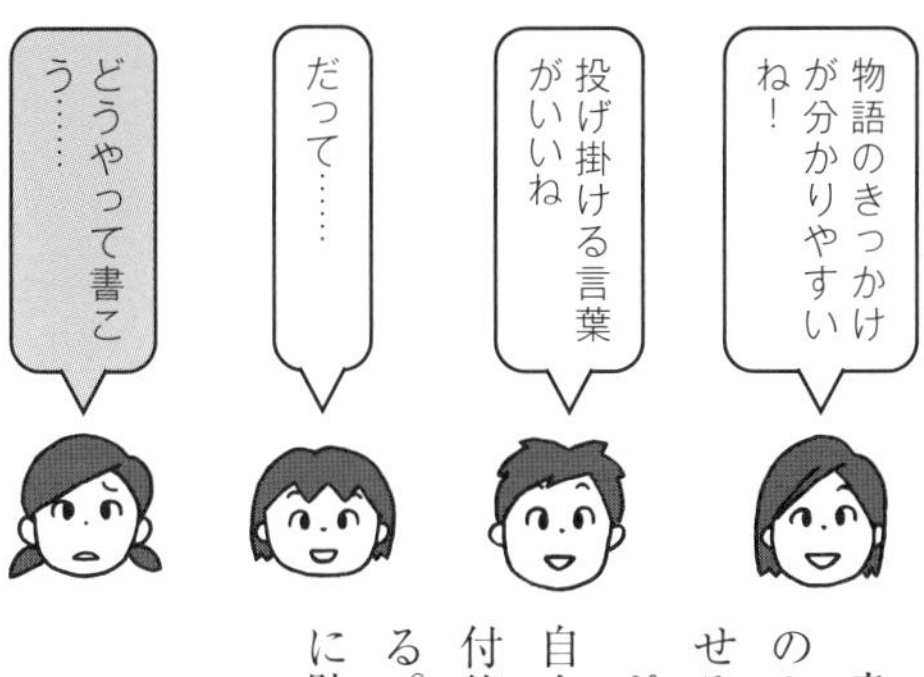

物語のきっかけが分かりやすいね!
投げ掛ける言葉がいいね
だって……
どうやって書こう……

書き方の例を示し、どのように書こうか考えさせる。

ポップは机に置き、自由に歩きながら自分の付箋に感想など記入させる。その付箋は相手の机に貼らせるよう指示する。

配慮ア

「大造じいさんとガン」の授業デザイン

（光村図書５年）

教材の特性

残雪との関わりによって、猟師としての在り方や生き方について見つめ直していく大造じいさんの姿が描かれた物語である。知恵比べをしながら残雪との戦いに臨む大造じいさんの強い思いや残雪の仲間を思う気持ち、勇気ある行動、そして傷を負っても敵から逃げぬ断固たる思いに心を揺さぶられる大造じいさんに、読者は共感を覚える。

比喩や色彩語、擬態語など様々な表現技法が用いられ、視点人物である大造じいさんの心情が豊かに描かれている。特に、各場面にある情景描写の文からは、大造じいさんの心情だけでなく、心情の変化までも捉えることができ、前後の行動描写や会話文などと関連付けて豊かな読みが展開できる。

《大造じいさんの残雪に対する心情の変化》

〈はじめ〉

残雪のことを
いまいましく思い、
たかが鳥だと見下していた
大造じいさんが、

〈きっかけ〉

・自分の命をかけて
仲間の命を助ける姿や、
・重傷を負っても、
大造じいさんを正面から
にらみつける残雪の姿を
見ることによって

〈おわり〉

残雪のことを
いかにも頭領らしい、
堂々たる態度のように感じ、
ガンの英雄だと
思うようになった話

身に付けさせたい力

・情景描写をはじめとする様々な表現に着目し、人物像や心情の変化を読み取る力。
・物語の魅力について、表現のよさやその効果、主題を自分なりに捉える力。

授業づくりの工夫

焦点化	視覚化	共有化
○情景描写の文を限定して提示することで、心情や心情の変化、またその効果に着目できるようにする。 ○中心人物の心情の変化の「きっかけ」部分に着目できるように、選択肢をつくり、話し合いの方向性を定めていく。	○ゆさぶり発問を行う際、カードを入れ替えたり、隠したりして、視覚的に刺激を与え、理解を深めていけるようにしていく。 ○三つの作戦における大造じいさんの心情や心情の変化について、視覚的に捉えやすいように図解して板書するようにしていく。	○立場を明確にする学習場面をつくり、友達との解釈の違いを生むことで、他者への興味を引き出す。 ○主題の選択肢を用いて、叙述のどこに着目したのかについて解釈を交流することで、共感的な話し合いができるようにしていく。

単元目標・評価規準

目標 情景描写などのすぐれた表現に着目するとともに、中心人物の心情の変化を捉え、作品の主題について自分なりにまとめることができる。

知識・技能	思考・判断・表現力	主体的に学習に取り組む態度
○比喩や反復などの表現の工夫に気付いている。 (1) ク	○「読むこと」において、文章を読んで理解したことに基づいて、自分の考えをまとめている。 C(1)オ	○粘り強く、主題や表現の工夫を考え、学習の見通しをもって、作品の魅力をまとめようとしている。

■単元計画（全6時間）

次	時	学習活動	指導上の留意点
一	1	**『椋鳩十作品』を読み、主題を捉えていこう**	
		○初発時における仮の「主題」を書く。	・複数の椋鳩十作品を紹介して興味をもたせたり、主題を捉えていく学習をすることを伝えて見通しをもたせたりする。 ※複数の椋鳩十作品を読み進めることができるように、教室の読書環境を整えておく。
二	1	**『大造じいさんとガン』で主題の捉え方を学ぼう**	
		○場面の反復構造を基に、大造じいさんの心情について話し合う。	・3つの作戦を比較する中で、反復構造に気付かせ、大造じいさんの心情の変化や反復の効果を捉えさせていく。
	2	○情景描写の文を基に、大造じいさんの心情の変化について話し合う。	・情景描写の文に焦点を当てて関係付けて読んでいくことを通して、大造じいさんの心情の変化を捉えることができるようにする。
	3	○大造じいさんの心情が大きく変化した「きっかけ」について話し合う。	・大造じいさんの心情が大きく変化した「きっかけ」の選択肢を基に話し合いをする中で、「きっかけ」と「おわり」の因果関係を捉えさせていく。
	4	○主題の捉え方について話し合い、自分なりに主題をまとめる。	・主題を考える足場になるように、前時に学んだ「中心人物の心情の変化」を図解して提示する。
三	1	**『椋鳩十作品』の主題を紹介しよう**	
		○自分が選んだ「椋鳩十作品」の主題を作品紹介カードにまとめる。	・作品紹介カードにまとめやすいように、「いいなあと思った表現」「中心人物の変化」「主題」等の観点を提示する。

教材分析

かせていきたい。

ウ 文体（文語調・漢語）

現在、日常的に使われることがない、昔の表現で描かれている（文語調）。例「むねの辺りをくれないにそめて」「快い羽音一番」など。

また、漢語（音読みの熟語）も多用されている。例「頭領」「計略」「出水」「花弁」など。

これらの表現が、作品全体に散りばめられていることで、古武士的な大造じいさんのイメージが醸し出されている。

ウナギつりばり作戦（秋）

左右のつばさに一か所ずつ、真っ白な交じり毛をもっていたので、かりゅうどたちからそうよばれていました。

残雪は、このぬま地に集まるガンの頭領らしい、なかなかりこうなやつで、仲間がえをあさっている間も、油断なく気を配っていて、りょうじゅうのとどく所まで、決して人間を寄せつけませんでした。

大造じいさんは、このぬま地をかり場にしていたが、いつごろからか、この残雪が来るようになってから、一羽のガンも手に入れることができなくなったので、[カコ]いまいましく思っていました。

そこで、残雪がやって来たと知ると、大造じいさんは、今年こそはと、かねて考えておいた特別な方法に取りかかりました。

それは、[オ]いつもガンのえをあさる辺り一面にくいを打ちこんで、タニシを付けたウナギつりばりを、たたみ糸で結び付けておくことでした。じいさんは、一晩中かかって、たくさんのウナギつりばりをしかけておきました。今度は、なんだかうまくいきそうな気がしてなりませんでした。

翌日の昼近く、じいさんはむねをわくわくさせながら、ぬま地に行きました。昨晩つりばりをしかけておいた辺りに、何かバタバタしているものが見えました。

[カ]「しめたぞ。」

じいさんはつぶやきながら、[カ]夢中でかけつけました。

[カ]「ほほう、これはすばらしい。」

じいさんは、[カ]思わず子どものように声を上げて喜びました。一羽だけであったが、生きているガンがうまく手に入ったので、[カ]じいさんはうれしく思いました。

さかんにばたついたとみえて、辺り一面に羽が飛び散っていました。

ガンの群れは、これに危険を感じてえさ場を変えたらしく、付近には一羽も見えませんでした。しかし、大造じいさんは、[コ]たかが鳥のことだ、一晩たてば、またわすれてやって来るにちがいないと考えて、昨日よりも、もっとたくさんのつりばりをばらまいておきました。

その翌日、昨日と同じ時刻に、大造じいさんは出かけていきました。

■第二次・第2時

「一番いいなあと思う情景描写の文を選択肢させる」

（Ｗｈｉｃｈ型課題）

各場面に描かれている情景描写の文に焦点化させ、視点人物である大造じいさんの心情を読み取らせていく。その際、行動描写や会話文、心内語などと関連付けて読み取っていけるようにする。さらに、情景描写の文をつなげて読むことで、心情の変化を捉えることができるようにしていく。

選択した理由を話し合う際、風景・心情・表現技法など、子供たちがどの観点で発言するかを聞き分けて整理していく。

（エ、カ、ク、コ）

◆教材分析のポイント　その①【中心人物の心情の変化】

大造じいさんの心情が作品全体にわたって、様々な書きぶりで描かれている。行動描写や会話文だけでなく、比喩表現、反復、色彩語、直接的な心情表現などから大造じいさんの心情を読み取ることができる。複数の叙述を関連付けて解釈をし、大造じいさんの残雪に対する【はじめ】と【おわり】の対比的な心情と、変化した【きっかけ】を捉えていけるようにしたい。ここで捉えた【中心人物の心情の変化】を基に、作品の主題について考えることができる。

◆教材分析のポイント　その②【情景描写を関連付ける】

心情を読み取ったり、心情の変化を捉えたりする上で、本教材では、【情景描写】の文に新たに着目していく。単なる風景の文ではなく、その風景を見ている人物の心情を表した文だと捉えることができる。また、情景描写の文をつなげて読むことで、心情の変化までも捉えることもできる。心情を読み取るための新たな着眼点として注目していきたい表現である。

指導内容

ア　前書き

残雪との対決をしていた頃の年齢が分かる箇所である。また、ガンだけを獲っているわけでなく、イノシシなども獲りながら、猟師として生計を立てていた。たくさんの仲間に囲まれている叙述から、大造じいさんが慕われていたことが読み取れる。

イ　場面の反復構造

作品の全体構造を捉える際、1・2・3場面の反復構造を捉えたい。3場面とも「作戦の準備→作戦実行→失敗」の繰り返しになっていることが分かる。また、作戦の実行日の朝には、大造じいさんの心情が読み取れる情景描写の一文が描かれている。大造じいさんの残雪に対する心情の高まりを捉えさせるとともに反復構造の効果について気付

前書き

大造じいさんとがん　　椋鳩十

ア知り合いのかりゅうどにさそわれて、わたしは、イノシシがりに出かけました。イノシシがりの人々は、みな栗野岳のふもとの、大造じいさんの家に集まりました。じいさんは、七十二さいだというのに、こしひとつ曲がっていない、元気な老かりゅうどでした。そして、かりゅうどのだれもがそうであるように、なかなか話し上手の人でした。血管のふくれたがんじょうな手を、いろりのたき火にかざしながら、それからそれと、愉快なかりの話をしてくれました。その話の中に、今から三十五、六年も前、まだ栗野岳のふもとのぬま地に、ガンがさかんに来たころの、ガンがりの話もありました。わたしは、その折の話を土台として、この物語を書いてみました。

さあ、大きな丸太がパチパチと燃え上がり、しょうじには自在かぎとなべのかげがうつり、すがすがしい木のにおいのするけむりの立ちこめている、山家のろばたを想像しながら、この物語をお読みください。

1

今年も、残雪は、ガンの群れを率いて、ぬま地にやって来ました。

残雪というのは、一羽のガンにつけられた名前です。

指導のポイント

■第一次・第1時

「仮の主題を書かせる」

単元の導入で、「大造じいさんとガン」と出合わせた後、初発時の主題を書かせる。主題の捉え方についての困り感を引き出し、単元計画づくりに生かしていく。また、複数の椋鳩十作品を紹介し、関心をもたせる。

■第二次・第1時

「一番すごいなあと思う作戦を選択させる」（Which型課題）

一番すごいと思う作戦について話し合わせる中で、それぞれの準備内容を確認するとともに、大造じいさんの残雪に対する心情を読み取っていけるようにしていく。その上で、場面の反復構造の効果を捉えさせていく。（イ、オ）

教材分析

ばかり集めていた。一俵は約六〇kgである。このように、準備期間や集めた量から、相当な労力が読み取れる。

・作戦③おとりガン作戦

おとりのガンのお世話やなつかせるまでの努力を考えると、相当な労力が読み取れる。

カ 中心人物の変化

中心人物である大造じいさんの「残雪」に対する心情・見方の変化を捉えるようにしていく。そのためにも、はじめの残雪に対する心情、おわりの残雪に対する心情をしっかり読み取っておく必要がある。

キ 視点の転換

本作品は、大造じいさんの視点で描かれている（三人称限定視点）。しかし、一点だけ残雪の視点から描かれている。残雪の仲間を助けたい思いの強さが伝わる箇所である。ただし、これは一つの解釈である。なぜ、この部分だけ視点を変えて描かれたのかについて交流したい。

タニシばらまき作戦（秋）

で、ぬま地のうちでも、そこが、いちばん気に入りの場所となったようでありました。

大造じいさんは、うまくいったので、[カ]会心のえみをもらしました。

そこで、夜の間に、えさ場より少しはなれた所に小さな小屋を作って、その中にもぐりこみました。そして、ねぐらをぬけ出して、このえさ場にやって来るガンの群れを待っているのでした。

[ク②ケ]**あかつきの光が、小屋の中にすがすがしく流れこんできました。**

ぬま地にやって来るガンのすがたが、かなたの空に黒く点々と見えだしました。先頭に来るのが、残雪にちがいありません。

その群れは、ぐんぐんやって来ます。

「しめたぞ。もう少しのしんぼうだ。あの群れの中に一発ぶちこんで、今年こそは、目にもの見せてくれるぞ。」りょうじゅうをぐっとにぎりしめた大造じいさんは、ほおがびりびりするほど引きしまるのでした。

ところが、残雪は、油断なく地上を見下ろしながら、群れを率いてやって来ました。そして、ふと、いつものえさ場に、昨日までなかった小さな小屋をみとめました。

「様子の変わった所には、近づかぬがよいぞ。」[コ]かれの本能は、そう感じたらしいのです。ぐっと、急角度に方向を変えると、その広いぬま地のずっと西側のはしに着陸しました。

もう少しでたまのとどくきょりに入ってくる、というところで、またしても、残雪のためにしてやられてしまいました。

大造じいさんは、広いぬま地の向こうをじっと見つめたまま、

[エ]「ううん。」と、うなってしまいました。

3

今年もまた、ぼつぼつ、例のぬま地にガンの来る季節になりました。

■第三次・第1時

「椋鳩十作品紹介カードを作るようにする」

これまで学習してきた読み方を活用させて、「いいなあと思った表現」「中心人物の変化」「主題」についての観点を与え、自分が選んだ「椋鳩十作品」を紹介していくことを促す。

指導内容

エ　会話文

　作戦が失敗した後の大造じいさんの「ううむ。」と「ううん。」という言葉に着目させる。微妙な違いを捉え、大造じいさんの心情の変化を読み取らせていく。その他にも、残雪に対する心情や作戦への期待なども読み取ることができる。

オ　行動描写

　残雪を捕まえるための三つの作戦に特に着目させ、大造じいさんの残雪に対する心情を読み取らせていく。描かれていない内容を捉えていく。

・作戦①ウナギつりばり作戦
　つりばりにたたみ糸を結ぶ作業、辺り一面にくいを打ち込む作業に焦点を当てる。

・作戦②タニシばらまき作戦
　夏のうちから、タニシを五俵

ウナギつりばり作戦（秋）

ク①ケ**秋の日が、美しくかがやいていました。**

じいさんがぬま地にすがたを現すと、大きな羽音とともに、ガンの大群が飛び立ちました。じいさんは、「はてな。」と首をかしげました。

　つりばりをしかけておいた辺りで、確かに、ガンがえをあさった形跡があるのに、今日は一羽もはりにかかっていません。いったい、どうしたというのでしょう。

　気をつけて見ると、つりばりの糸が、みなぴいんと引きのばされています。

　ガンは、昨日の失敗にこりて、えをすぐには飲みこまないで、まず、くちばしの先にくわえて、ぐうと引っ張ってみてから、いじょうなしとみとめると、初めて飲みこんだものらしいのです。これも、あの残雪が、仲間を指導してやったにちがいありません。

　エ「ううむ。」

　大造じいさんは、思わず感嘆の声をもらしてしまいました。

　ガンとかカモとかいう鳥は、鳥類の中で、あまりりこうなほうではないといわれていますが、どうしてなかなか、あの小さい頭の中に、コたいしたちえをもっているものだなということを、今さらのように感じたのでありました。

2

　その翌年も、残雪は、大群を率いてやって来ました。そして、例によって、ぬま地のうちでも見通しのきく所をえさ場に選んで、えをあさるのでした。

　大造じいさんは、オ夏のうちから心がけて、タニシを五俵ばかり集めておきました。そして、それを、ガンの好みそうな場所にばらまいておきました。どんなあんばいだったかなと、その夜行ってみると、案の定、そこに集まって、さかんに食べた形跡がありました。

　その翌日も、同じ場所に、うんとこさとまいておきました。その翌日も、そのまた翌日も、同じようなことをしました。

　ガンの群れは、思わぬごちそうが四、五日も続いたの

指導のポイント

■第二次・第3時

「大造じいさんの心情の変化のきっかけを捉えさせる」
（Which型課題）

　大造じいさんの残雪に対する心情の変化を捉えることができるようにしていく。本時では、きっかけ部分に焦点を当て、【きっかけ】と【おわり】の因果関係を捉えることができるようにしていく。

　キーワードだけを示したきっかけカードを提示し、どれが適しているかを予想・選択させ、一度自分できっかけをノートに書かせる。その上で、話し合いをしていく。（サ）

■第二次・第4時

「主題を捉えることができるようにする」
（Which型課題）

　中心人物の変化を図解しながら、一番強く感じたところはどこかについて話し合うことで主題にせまりたい。そのうえで、子供たちが書いた初発時の主題を用いて、主題の捉え方について確認していく。子どもたちが主題を書く際には、大造じいさん側で捉えた主題でも、残雪側で捉えた主題でもどちらでもよいことを伝える。（シ）

教材分析

ケ 色彩語

作品全体を通して、多くの色彩語が用いられている。そのため、場面の様子がより豊かに伝わってくる。また、大造じいさんの心情を関連付けて捉えることもできる。

おとりガン作戦（秋）

かましい声で鳴き始めました。大造じいさんのむねは、わくわくしてきました。しばらく目をつぶって、心の落ち着くのを待ちました。そして、冷え冷えするじゅうしんをぎゅっとにぎりしめました。

じいさんは目を開きました。

「さあ、今日こそ、あの残雪めにひとあわふかせてやるぞ。」

くちびるを二、三回静かにぬらしました。そして、あのおとりを飛び立たせるために口笛をふこうと、くちびるをとんがらせました。と、そのとき、ものすごい羽音とともに、ガンの群れが一度にバタバタと飛び立ちました。

「どうしたことだ。」

じいさんは、小屋の外にはい出してみました。

ガンの群れを目がけて、白い雲の辺りから、何か一直線に落ちてきました。

「ハヤブサだ。」

ガンの群れは、残雪に導かれて、実にすばやい動作で、ハヤブサの目をくらましながら飛び去っていきます。

「あっ。」

一羽、飛びおくれたのがいます。

大造じいさんのおとりのガンです。長い間飼いならされていたので、野鳥としての本能がにぶっていたのでした。

ハヤブサは、その一羽を見のがしませんでした。

じいさんは、ピュ、ピュ、ピュと口笛をふきました。

こんな命がけの場合でも、飼い主のよび声を聞き分けたとみえて、ガンは、こっちに方向を変えました。

ハヤブサは、その道をさえぎって、パーンと一けりけりました。

ぱっと、白い羽毛があかつきの空に光って散りました。ガンの体はななめにかたむきました。

もう一けりと、ハヤブサがこうげきの姿勢をとったとき、さっと、大きなかげが空を横切りました。

残雪です。

大造じいさんは、ぐっとじゅうをかたに当て、残雪をねらいました。が、なんと思ったか、再びじゅうを下ろ

指導内容

ク 情景描写

中心人物である大造じいさんの心情が景色から読み取れる描写が多様に描かれている。情景描写の文を関連付けて読んでいき、心情の変化を捉えていきたい。

・①今年こそはと、かねて考えておいた特別な方法がうまくいきそうで、期待と自信に満ち溢れている大造じいさんの心情が表現されている。

・②作戦がうまく進んでいることによる自信が伝わってくる表現である。「会心のえみ」という叙述と関係付けて読み取らせたい。

・③大造じいさんの強い覚悟を読み取ることができる表現である。周辺の会話文や行動描写などと関係付けて読み取らせることで、これまでの場面の心情よりも強いことが分かる。

・④残雪への見方が変わった場面であるため、これまでの描写と違っている。大造じいさんの残雪への思い入れを強く感じ取ることができる表現である。

大造じいさんは、生きたドジョウを入れたどんぶりを持って、鳥小屋の方に行きました。じいさんが小屋に入ると、一羽のガンが、羽をばたつかせながら、じいさんに飛び付いてきました。

[オ]このガンは、二年前、じいさんがつりばりの計略で生けどったものだったのです。今では、すっかりじいさんになついていました。ときどき、鳥小屋から運動のために外に出してやるが、ヒュー、ヒュー、ヒューと口笛をふけば、どこにいてもじいさんのところに帰ってきて、そのかた先に止まるほどになれていました。

大造じいさんは、ガンがどんぶりからえを食べているのを、じっと見つめながら、

「今年はひとつ、これを使ってみるかな。」

と、独り言を言いました。

じいさんは、長年の経験で、ガンは、いちばん最初に飛び立ったものの後について飛ぶ、ということを知っていたので、このガンを手に入れたときから、ひとつ、これをおとりに使って、残雪の仲間をとらえてやろうと、考えていたのでした。

さて、いよいよ、残雪の一群が今年もやって来たと聞いて、大造じいさんは、ぬま地へ出かけていきました。

ガンたちは、昨年じいさんが小屋がけした所から、たまのとどくきょりの三倍もはなれている地点を、えさ場にしているようでした。そこは、夏の出水で大きな水たまりができて、ガンのえが十分にあるらしかったのです。

[カ]「うまくいくぞ。」

大造じいさんは、[カケ]青くすんだ空を見上げながら、にっこりとしました。

その夜のうちに、飼いならしたガンを例のえさ場に放ち、昨年建てた小屋の中にもぐりこんで、ガンの群れを待つことにしました。

[カ]「さあ、いよいよ戦闘開始だ。」

[ク③ケ]**東の空が真っ赤に燃えて、朝が来ました。**

残雪は、いつものように群れの先頭に立って、美しい朝の空を、真一文字に横切ってやって来ました。

やがて、えさ場に下りると、グワア、グワアというや

指導のポイント

えで、「きっかけ」「おわり」に着目して主題を捉えていけるようにする。

ス 反復表現

残雪が見えなくなるまで、大造じいさんが見届けている様子が分かる表現である。また、そのときの大造じいさんの残雪への思い入れが強く伝わってくる表現である。

残雪との別れ（春）

うになりました。

ク**ある晴れた春の朝でした。**

じいさんは、カおりのふたをいっぱいに開けてやりました。

残雪は、あの長い首をかたむけて、とつぜんに広がった世界におどろいたようでありました。が、

バシッ。

快い羽音一番。一直線に空へ飛び上がりました。

ク④ケ**らんまんとさいたスモモの花が、その羽にふれて、雪のように清らかに、はらはらと散りました。**

「おうい、コガンの英雄よ。おまえみたいなえらぶつを、おれは、ひきょうなやり方でやっつけたかあないぞ。なあ、おい。今年の冬も、仲間を連れてぬま地にやって来いよ。そうして、おれたちは、また堂々と戦おうじゃあないか。」

大造じいさんは、花の下に立って、こう大きな声でガンによびかけました。そうして、残雪が北へ北へと飛び去っていくのを、カ晴れ晴れとした顔つきで見守っていました。

スいつまでも、いつまでも、見守っていました。

指導内容

コ 対象の人物化
大造じいさんの残雪（対象）に対する見方が変化している。「①たかが鳥→②かれ→③ただの鳥にたいしているような気がしませんでした。→ガンの英雄」。このように、「憎き鳥」から、「英雄」へと見方が大きく変化していることが分かる。

サ 心情の変化のきっかけ
大造じいさんの残雪に対する心情の変化のきっかけが描かれている。きっかけとしては次の二つの残雪の姿を見たことでる。
・自分の命をかけて仲間をハヤブサから助ける残雪の姿
・重傷を負っても大造じいさんを正面からにらみつける残雪の姿
これらの姿を見ることによって、大造じいさんは、ただの鳥に対しているような気がしなくなった。４場面においては、「ガンの英雄」と言っている。

シ 主題
主題は、その作品を読んだ読者一人一人がその作品から感じるものである。「人は○○だ」「人間が生きていくうえで大切にすることは、○○だ。」の○○に当てあまるものである。本単元では、中心人物の変化を捉えたう

おとりガン作戦（秋）

してしまいました。

残雪の目には、人間もハヤブサもありませんでした。ただ、救わねばならぬ仲間のすがたがあるだけでした。

いきなり、てきにぶつかっていきました。そして、あの大きな羽で、力いっぱい相手をなぐりつけました。

不意を打たれて、さすがのハヤブサも、空中でふらふらとよろめきました。が、ハヤブサも、さるものです。さっと体勢を整えると、残雪のむな元に飛びこみました。

ぱっ
ぱっ
羽が、白い花弁のように、すんだ空に飛び散りました。

そのまま、ハヤブサと残雪は、もつれ合って、ぬま地に落ちていきました。

大造じいさんはかけつけました。

二羽の鳥は、なおも地上ではげしく戦っていました。が、ハヤブサは、人間のすがたをみとめると、急に戦いをやめて、よろめきながら飛び去っていきました。

残雪は、むねの辺りをくれないにそめて、ぐったりとしていました。しかし、第二のおそろしいてきが近づいたのを感じると、残りの力をふりしぼって、ぐっと長い首を持ち上げました。そして、じいさんを正面からにらみつけました。

それは、鳥とはいえ、いかにも頭領らしい、堂々たる態度のようでありました。

大造じいさんが手をのばしても、残雪は、もうじたばたさわぎませんでした。それは、最期の時を感じて、せめて頭領としてのいげんをきずつけまいと努力しているようでもありました。

大造じいさんは、強く心を打たれて、ただの鳥に対しているような気がしませんでした。

4

残雪は、大造じいさんのおりの中で、一冬をこしました。春になると、そのむねのきずも治り、体力も元のよ

指導のポイント

本時の展開　第一次　第1時

目標　初読時における仮の主題を書いたり、今後の学習の見通しを立てたりすることを通して、本単元の学習に対する課題意識をもつことができる。

[本時展開のポイント]

初読で書いた主題が、これから仲間と学習していくなかで、どのように変化していくのかという期待感をもたせる。

[個への配慮]

ア指で押さえながら読むように促す。

文章を目で追いながら範読を聞くことが困難な場合、自分がどこを読んでいるかが分かるように、教科書の文を指で押さえながら読むように促す。

イ挿絵や教科書を用いて想起できるようにする。

仮の主題を書くことが困難な場合、印象に残った場面を自覚できるように、各場面の挿絵を見せたり、教科書上に指さしさせたりして想起できるように促す。

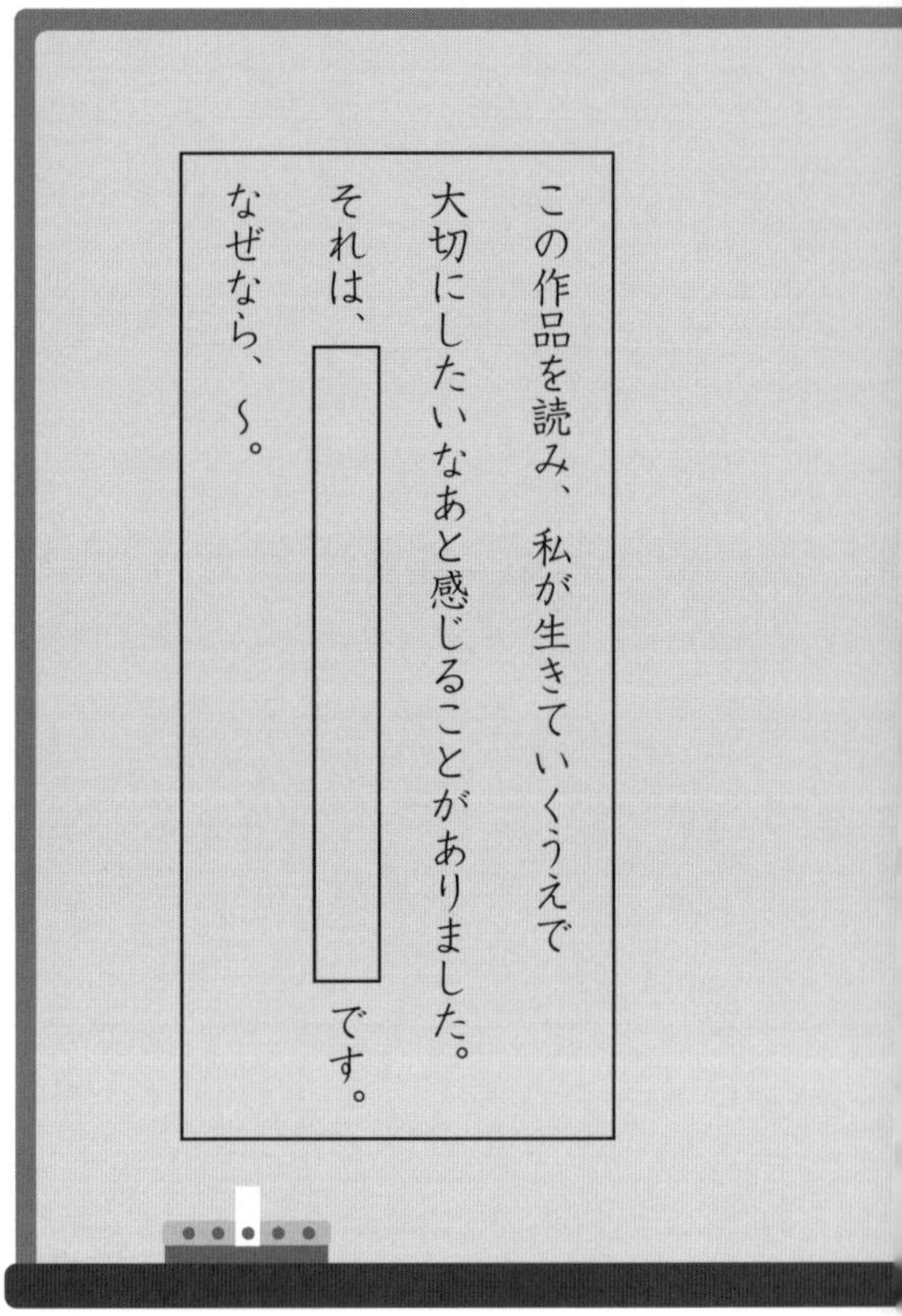

大切にしたいなあと感じることがありました。
それは、　　　　です。

3　話の内容を予想し、教師の範読を聞く

どんなお話だと思う?

いきなり読み進めていくのではなく、話を予想させることで興味を引き出す。　配慮ア

4　仮の主題をノートに書く

初めて作品と出会った段階での主題を書いてみよう

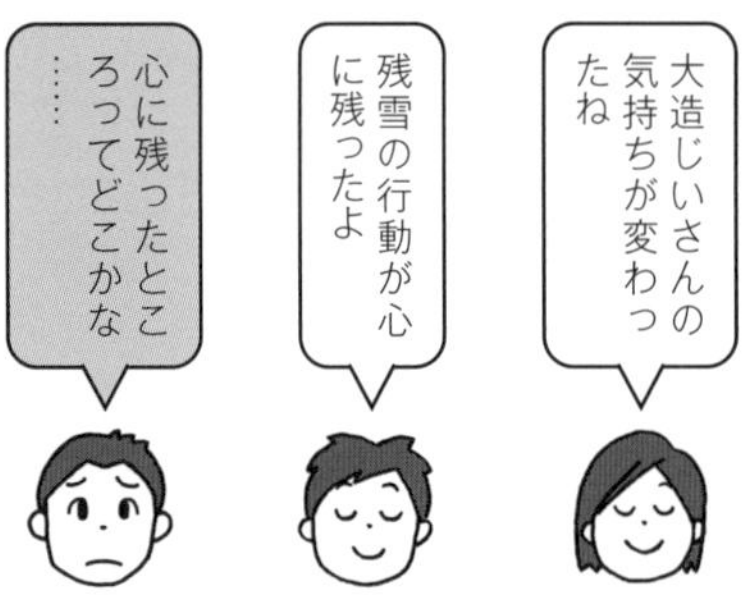

大造じいさんの気持ちが変わったね
残雪の行動が心に残ったよ
心に残ったところってどこかな……

これから仲間と学んでいくなかで、主題が変わっていくこともあることを伝え、どんな風に自分の読みが変わっていくのかを楽しめるように期待感をもたせる声掛けをしたい。

また、並行読書をして、主題を捉えていく学習をすることを伝え、読書環境を整える。　配慮イ

準備物
・複数の椋鳩十作品の挿絵（表紙）
・椋鳩十作品（児童貸し出し用）

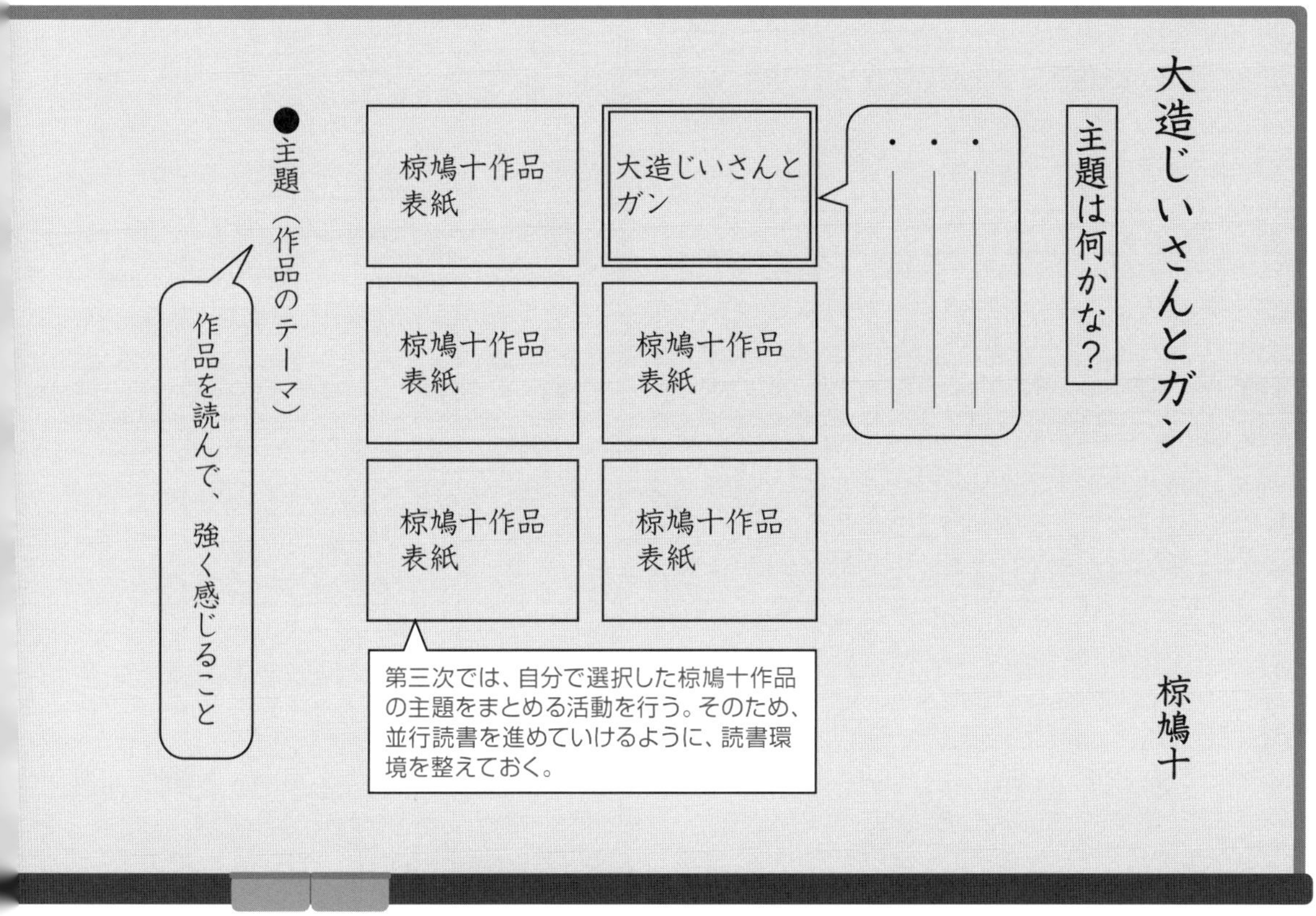

1 椋鳩十作品に出合う

どの作品を読んでみたいかな？

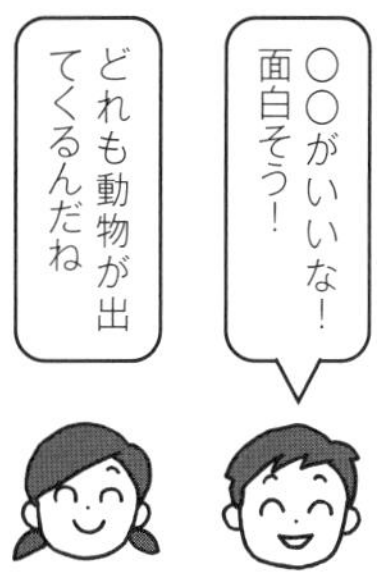

○○がいいな！面白そう！
どれも動物が出てくるんだね

しかけ（選択肢をつくる）

事前に準備しておいた複数の椋鳩十作品を紹介し、興味をもたせる。場合によっては、あらすじを簡単に紹介することも効果的である。その上で「大造じいさんとガン」をこれから学習することを伝える。

2 学習課題を知る

主題を捉える学習をしていこう

作品のテーマのことだね
一人一人違っていいんだよね

主題（作品のテーマ）とは何かについて、改めて確認しておく。過去に学習した作品の主題を例として提示し、イメージをもたせることも有効である。

本時の展開　第二次　第1時

目標　一番すごいと思う作戦について話し合うことを通して、大造じいさんの残雪に対する長年の思いを捉えるとともに、反復構造の効果を書くことができる。

[本時展開のポイント]

三つの作戦内容について理解し、各作戦における大造じいさんの心情や心情の変化について視覚的に捉えやすいように図解して板書する。

[個への配慮]

ア自分の生活に置き換えてみるように促す。

「一番すごいなあと思う作戦」を決めることが困難な場合、自分事として捉えることができるよう、大造じいさんの準備内容に着目させた上で自分の生活に置き換えて考えてみるよう促していく。

イ板書やインタビューで気付きを引き出す。

場面の反復構造の効果についてノートにまとめることが困難な場合、強く印象に残ったことを言語化できるように、板書の内容を指で示させたり、インタビューしたりして子供の言葉を引き出していく。

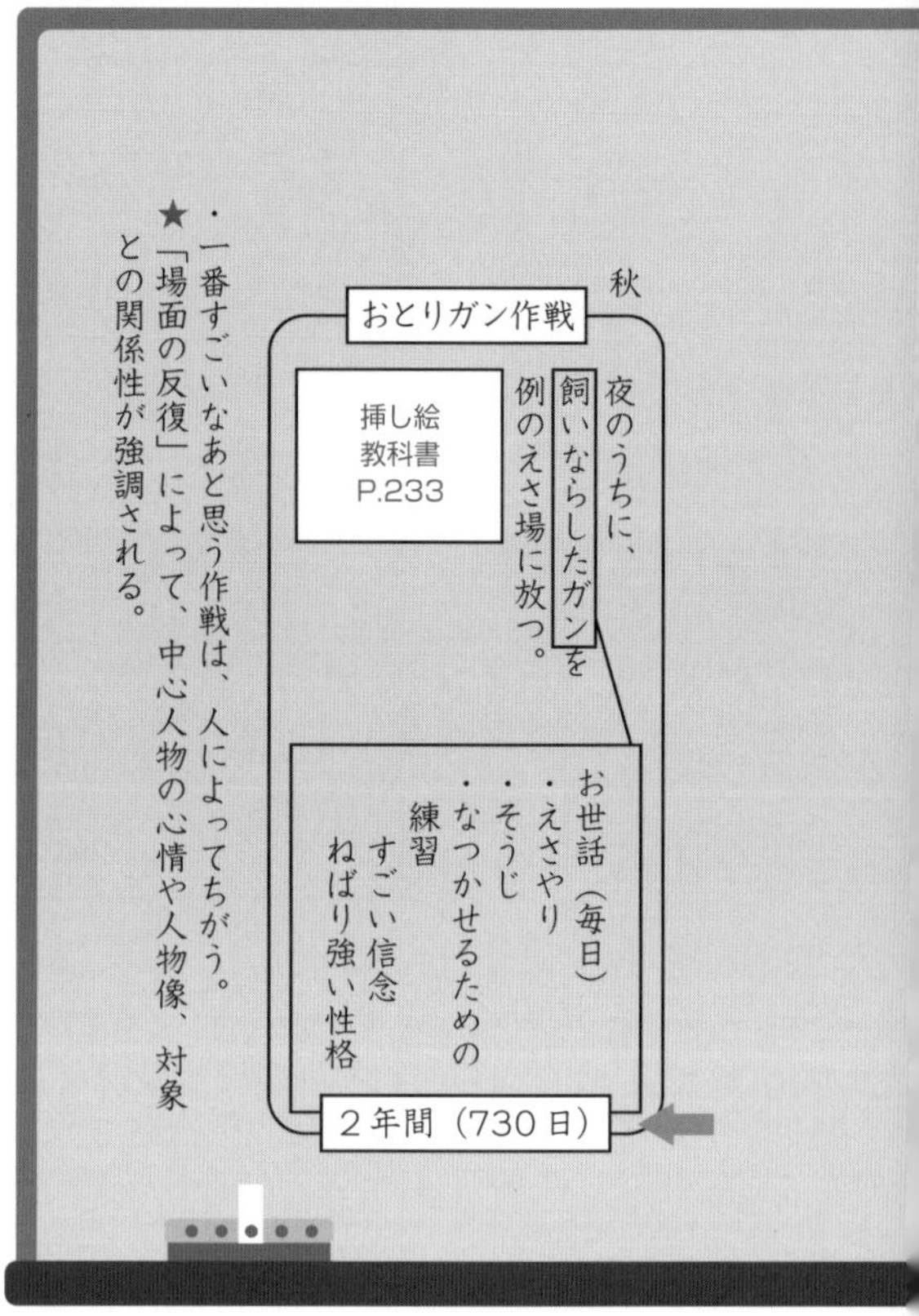

秋
おとりガン作戦
夜のうちに、飼いならしたガンを例のえさ場に放つ。
挿し絵
教科書
P.233
お世話（毎日）
・えさやり
・そうじ
・なつかせるための練習
すごい信念
ねばり強い性格
2年間（730日）
・一番すごいなあと思う作戦は、人によってちがう。
★「場面の反復」によって、中心人物の心情や人物像、対象との関係性が強調される。

3 一回目と二回目の作戦を描く必要性を話し合う

すごい作戦だけど失敗が続くのだったら、一回目と二回目の作戦は描かなくてもよくない？

大造じいさんと残雪のライバル関係がよく分かるよ

苦労が繰り返されることで、大造じいさんの気持ちの強さがより分かるね

残雪のかしこさがより伝わってくるよ

しかけ（仮定する）

三つの作戦内容や大造じいさんの人物像を捉えた上で、ゆさぶり発問を行い、場面の反復の効果に目を向けさせる。

※一回目の作戦はおとりガンを捕まえるために必要だという意見が出れば、二回目の作戦に目を向けさせる。

4 場面の反復構造の効果について自分の考えを書く

場面の反復の効果について自分の考えを書いてみよう

「作戦・失敗」の繰り返しで、大造じいさんの残雪への気持ちが強調されるね

ええっと。今日分かったことは…

まとめ・振り返り

本時の学習内容を自覚できるように着眼点を明示的に確認してから、ノートにまとめさせる。　配慮イ

準備物
・お米の袋（5kg か 10kg）　・ウナギつり針、タニシ（実物や写真）
・挿絵　・作戦名カード　3-01～03　・センテンスカード　3-04、05

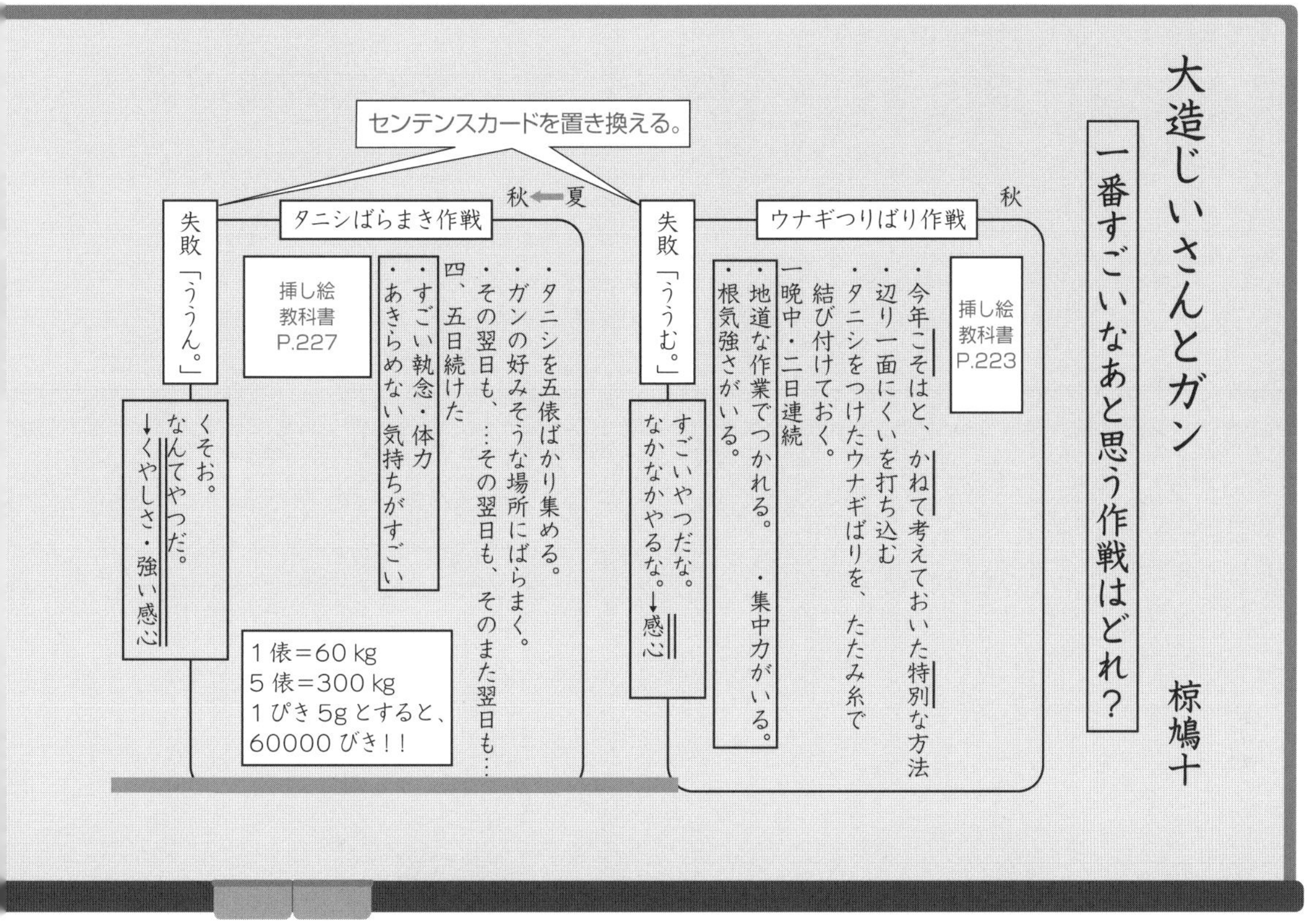

一晩中・二日連続
・地道な作業でつかれる。　・集中力がいる。
・根気強さがいる。
失敗「ううむ。」
すごいやつだな。なかなかやるな。→感心

四、五日続けた
・すごい執念・体力
・あきらめない気持ちがすごい

1ぴき5gとすると、

失敗「ううん。」
くそお。なんてやつだ。→くやしさ・強い感心

1 作戦の順番を確認する

どんな作戦がどんな順番で行われていたかな？

おとりガン作戦は最後だよ
最初はウナギつりばりを使っていたよ

問題意識の醸成

大造じいさんの作戦内容や順番を問い掛けていくことで、作戦内容に話題を絞りつつ、作品の全体像を確認する。

2 学習課題について話し合う

自分が一番すごいなあと思う作戦はどれ？

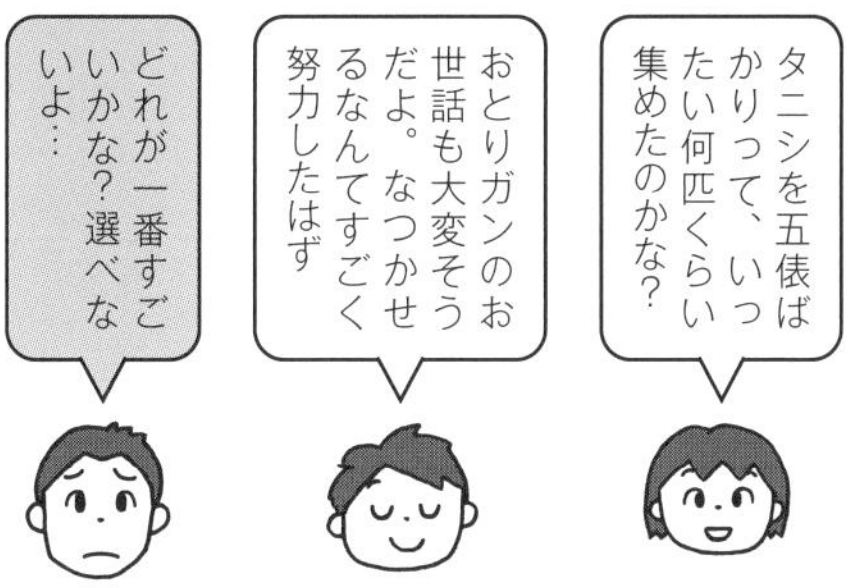

タニシを五俵ばかりって、いったい何匹くらい集めたのかな？
おとりガンのお世話も大変そうだよ。なつかせるなんてすごく努力したはず
どれが一番すごいかな？選べないよ…

Which型課題

自分が一番すごいなあと思う作戦を話し合うことで、作戦内容（根拠）を明確にして整理する。子供の発言に応じて板書する。また、それぞれの解釈を交流していくなかで、大造じいさんの残雪に対する思いや人物像をつかませていく。配慮ア

本時の展開　第二次　第2時

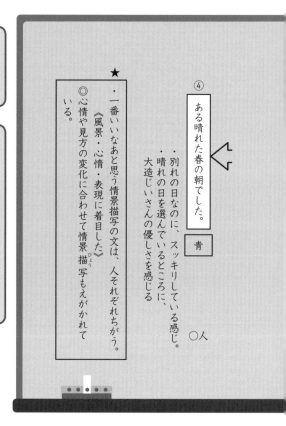

目標 一番いいなと思う情景描写の文について話し合うことを通して、心情や見方の変化を捉え、自分なりにノートにまとめることができる。

[本時展開のポイント]

情景描写の四つの文を線や矢印などで結び、心情の変化を視覚的に捉えることができるように、板書で図解していく。

[個への配慮]

㋐着目させたい言葉を強調したプリントを渡す。

どの文が一番いいかを選択することが困難な場合，心内語や各文がもたらす風景をイメージすることができるように、着目させたいことばを太線にした補助プリントを提示するなどの配慮をする。

㋑書き出しを指定したりキーワードを提示したりする。

自分の考えをノートに書くことが困難な場合、書き方や書く内容をイメージできるように、書き出しを指定したりキーワードを提示したりするなどの配慮をする。

④
ある晴れた春の朝でした。
青
○人
・別れの日なのに、スッキリしている感じ。
・晴れの日を選んでいるところに、大造じいさんの優しさを感じる

★
・一番いいなあと思う情景描写の文は、人それぞれちがう。
《風景・心情・表現に着目した》
◎心情や見方の変化に合わせて情景描写もえがかれている。

3 情景描写をつなげて読むよさについて話し合う

人気の差が大きかったから、人気順に並べ替えた方がいいのかなと思うんだけど、どうかな？

大造じいさんの気持ちの高まりを表しているから順番を変えたらダメだよ

④は最後だよ。残雪を逃がす場面だから、①②③の気持ちとは違うよ

しかけ（ゆさぶり）

①②③について、大造じいさんの残雪を捕まえたい気持ちの高まりを表していることを周辺の叙述と関連付けて確認する。④については、見方が大きく変わっていることを押さえておくことが重要。

4 学習のまとめ・振り返りをする

情景描写の文が描かれるよさ・効果について、自分の考えをノートに書いてみよう

つなげて読むと、気持ちの高まりを捉えることができるね

行動描写や会話文と関連付けると、気持ちの変化を読めるね

どうやって書くの？

まとめ・振り返り

情景描写の文と出合ったとき、風景レベル・心情レベルで留まるのではなく、心情の変化レベルで捉えることができるように、本時の学習を振り返らせたい。　配慮㋑

準備物
・センテンスカード４枚　（③については正誤を両面にしておく）　3-06～10
・補助プリント（着目させたい言葉を強調したもの）

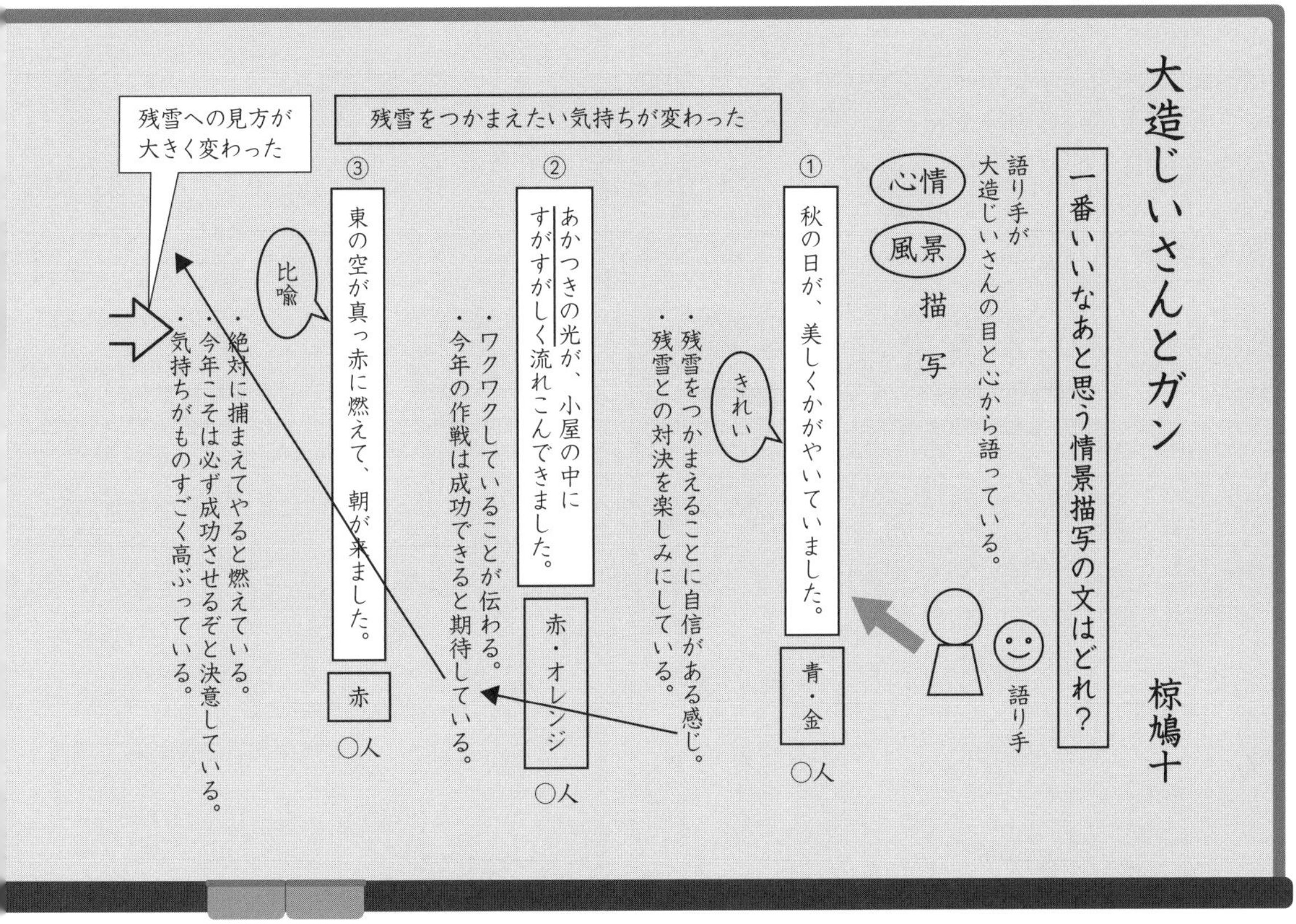

語り手が大造じいさんの目と心から語っている。

・残雪をつかまえることに自信がある感じ。

赤・オレンジ

・今年の作戦は成功できると期待している。

・絶対に捕まえてやると燃えている。
・今年こそは必ず成功させるぞと決意している。
・気持ちがものすごく高ぶっている。

1 情景描写の文について確認する

変なところ探しをしてみよう

真っ赤に燃えるような気持ちってことだね
風景を見ている大造じいさんの気持ちが分かるね

しかけ（置き換える）
各場面に描かれている情景描写の文を提示して音読する。③の文のダウトに気付かせることで、視点人物を確認し、情景描写の文について確認する。

2 学習課題について話し合う

一番いいなあと思う情景描写の文はどれかな？

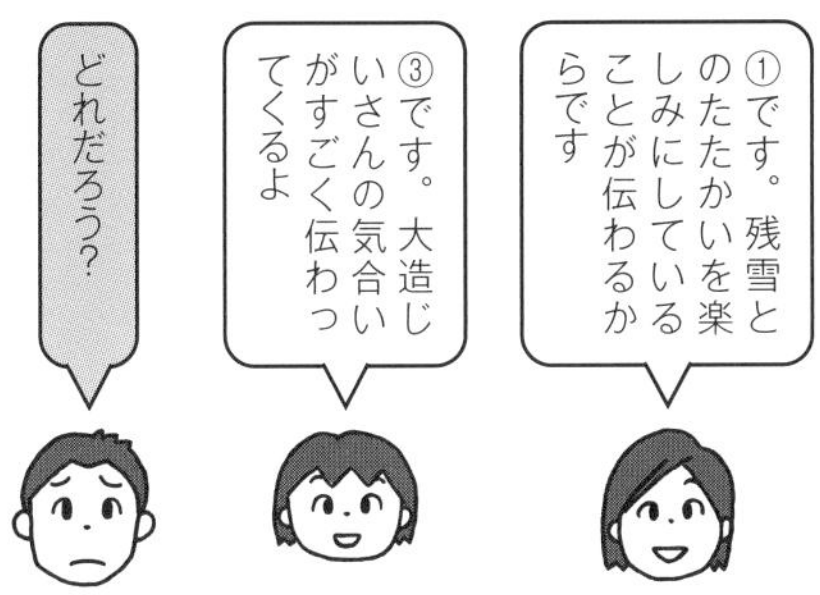

①です。残雪とのたたかいを楽しみにしていることが伝わるからです
③です。大造じいさんの気合いがすごく伝わってくるよ
どれだろう？

Which型課題
選択した理由を話し合う際、風景・心情・表現技法など、子供たちがどの観点で発言するかを聞き分けて整理していく。
配慮ア

本時の展開　第二次　第3時

目標 中心人物の心情の変化について話し合うことを通して、「きっかけ」と「おわり」における因果関係を理解し、自分なりにノートにまとめることができる。

[本時展開のポイント]

因果関係や対比関係を捉えやすいように板書で図解することで、心情の変化を視覚的に理解できるようにする。

[個への配慮]

ア手元で操作するミニカードを用意する。

キーワードのみでは適切な「きっかけ」カードを予想・選択することが困難な場合、文脈の流れを適切に捉えることができるように、文を示した「きっかけ」ミニカードを手元で操作して一つ一つ確認できるように配慮する。

イスモールステップで書けるようにする。

情報過多による影響で心情の変化についてノートにまとめることが困難な場合、情報を整理して書くことができるよう、「はじめ・きっかけ・おわり」のフレーズごとに、インタビューをして子供の言葉を引き出すなどの配慮をする。

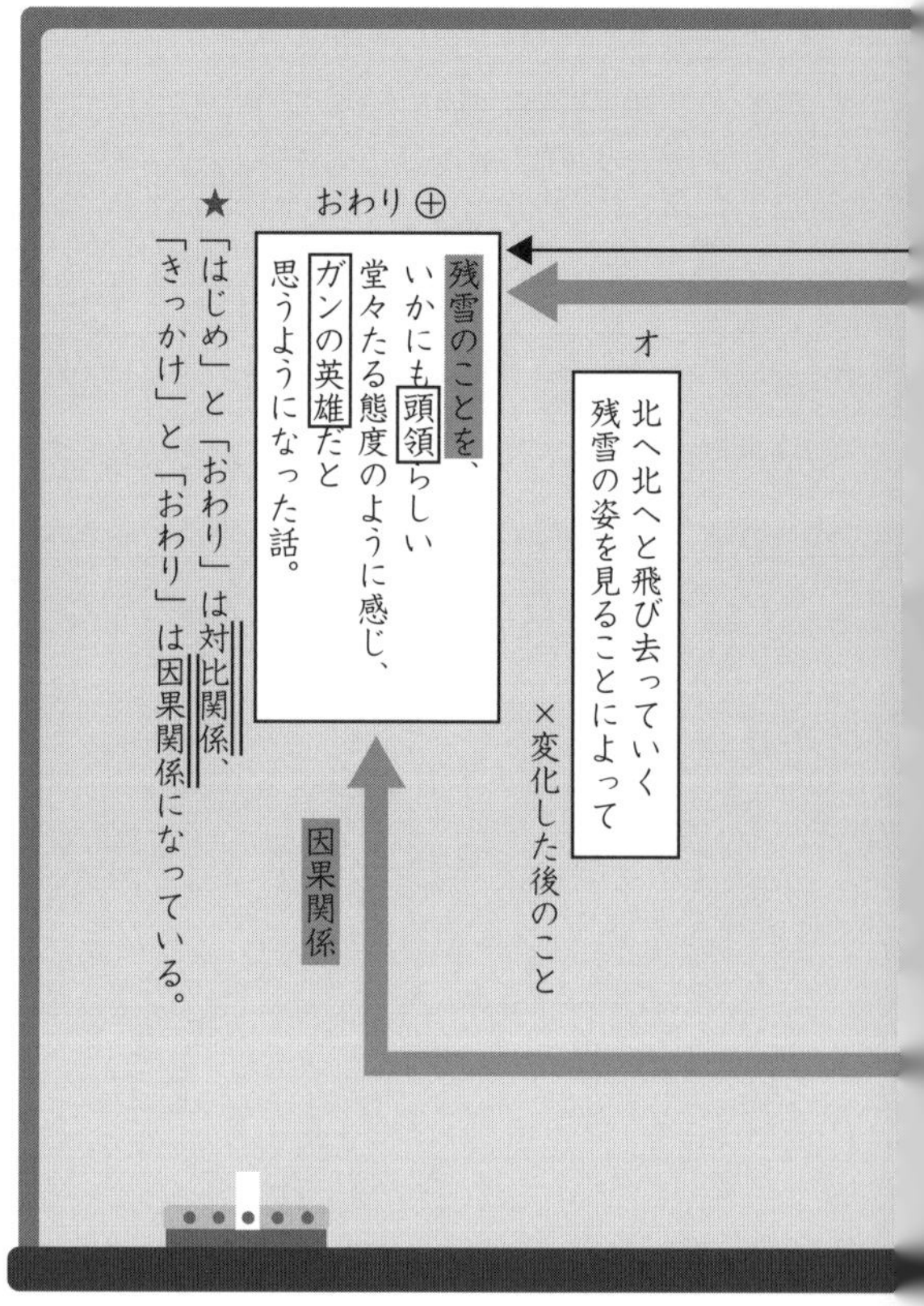

おわり ⊕
残雪のことを、いかにも頭領らしい堂々たる態度のように感じ、ガンの英雄だと思うようになった話。
★「はじめ」と「おわり」は対比関係、「きっかけ」と「おわり」は因果関係になっている。
因果関係
オ
北へ北へと飛び去っていく残雪の姿を見ることによって
×変化した後のこと

せた「きっかけ」を五つほど用いることもよいだろう。）

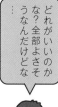

配慮ア

どれがいいのかな？全部よさそうなんだけどな…

3 きっかけの捉え方を確認する

アとイは、なぜダメなの？

しかけ（仮定する）

叙述を基にウとエが適していることを押さえる。また、アとイは「おわり」と因果関係になっていないので適していないことを確認する。

ウとエによって、大造じいさんの心が動いていることが分かるね

アとイの残雪の姿は、英雄とはいえないよ

4 自分なりに中心人物の変化をノートに書く

対比関係や因果関係に気を付けて、大造じいさんの残雪に対する心情の変化をまとめよう

対比関係と因果関係の関係性が成立していれば、具体的な表現でも抽象的な表現でもどちらでもよいことを確認する。

配慮イ

二つのきっかけをつなげて書くぞ

全部をつなげて書くのは難しいな…

準備物
・センテンスカード（はじめ・おわり）、 3-11、12
・センテンスカード（きっかけ） ※表面はキーワードのみ / 裏面は１文 3-13〜17
・付箋紙（キーワードを隠すため） ・センテンスミニカード（手元で操作するため）

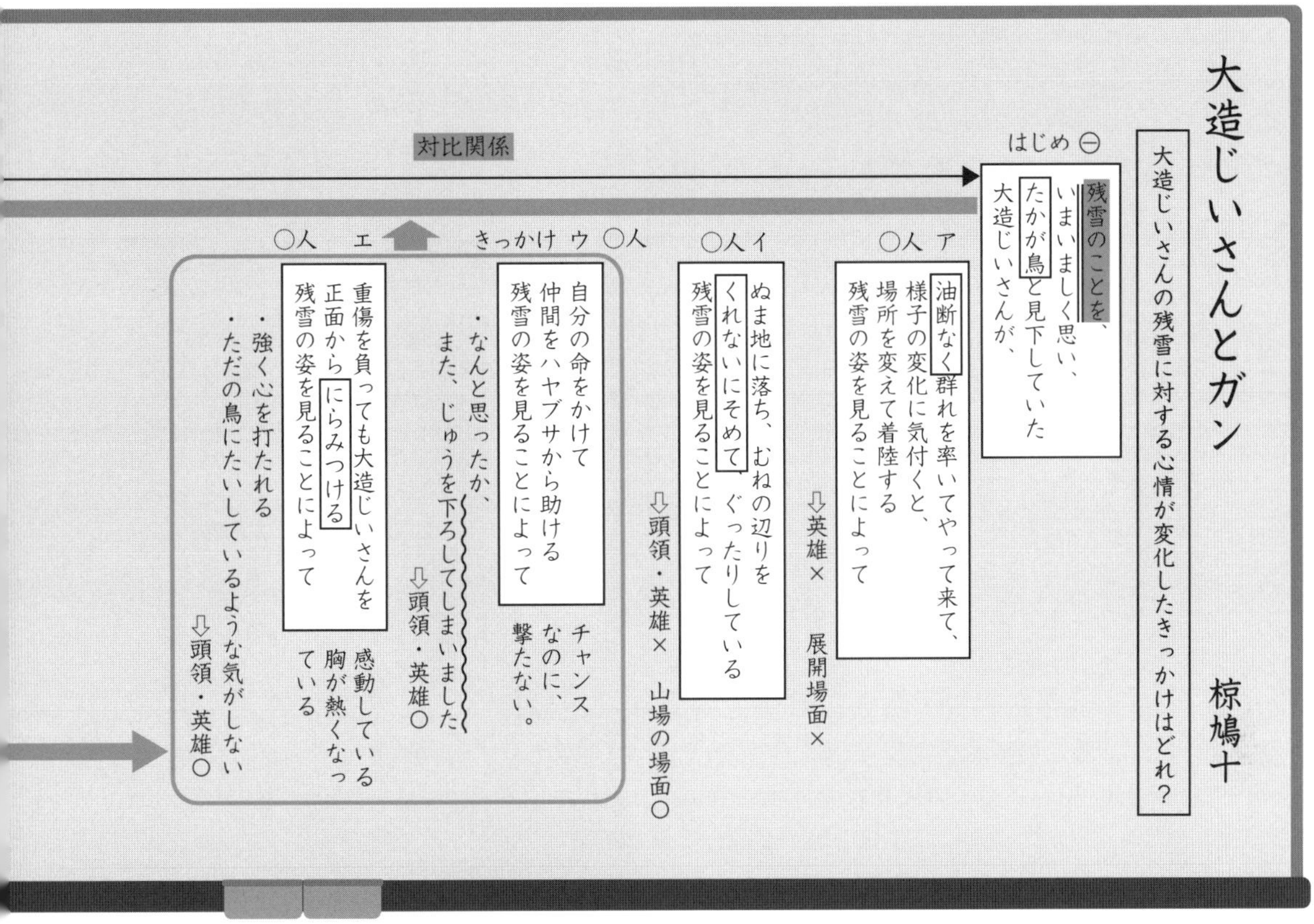

1 「はじめ」と「おわり」の大造じいさんの心情を確認する

隠れている言葉が分かるかな？

はじめは、「たかが鳥」って思っていたよ
終わりは、頭領・ガンの英雄だと思うようになったよ

しかけ（隠す）

「はじめ」と「おわり」の一部の語句のみを隠したセンテンスカードのみを提示する。大造じいさんの残雪に対する心情が対比関係になっていることに注目させる。

2 学習課題について話し合う

大造じいさんの残雪に対する心情が変化した「きっかけ」をノートに書こう

じゅうを下ろしてしまいましたって、撃てなかったんじゃないかな
残雪の覚悟や信念に感動しているんじゃないのかな

Which型課題

キーワードだけを示したきっかけカードを提示し、どれが適しているかを予想・選択させ、一度自分できっかけをノートに書かせる。その上で、話し合いをしていく。

（事前に宿題等で書か

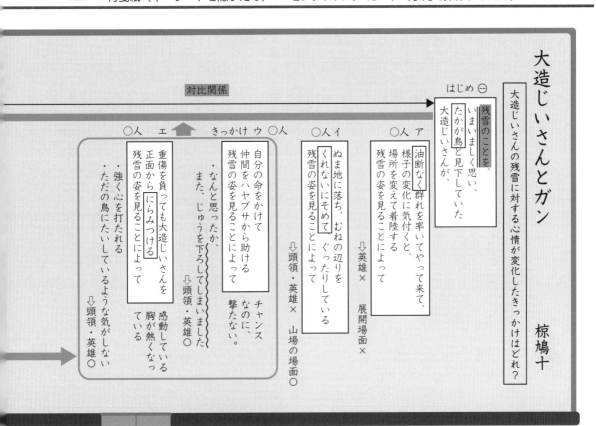

本時の展開　第二次　第4時

目標　一番心に残った場面についての理由を話し合ったり、主題例について検討したりすることを通して、主題の捉え方を理解し、ノートにまとめることができる。

[本時展開のポイント]

心に残ったことの理由が中心人物の変化の図のどこに関係しているかを自覚できるように確認していくことが重要である。さらに、子供たちが残雪側で捉えているか、大造じいさん側で捉えているのかを明示的に整理していく。

[個への配慮]

㋐話の流れを思い出せるようにする。

一番心に残った場面とその理由を書くことが困難な場合、話の流れを思い出せるように、挿絵や教科書を一緒に見返したり、あらすじを伝えたりするなどの配慮をする。

㋑インタビューをして、アウトプットを促す。

主題を書くことが困難な場合、汎用性を広げて表現できるように、実生活の出来事や場面を想起できるような言葉を掛けるなどの配慮をする。

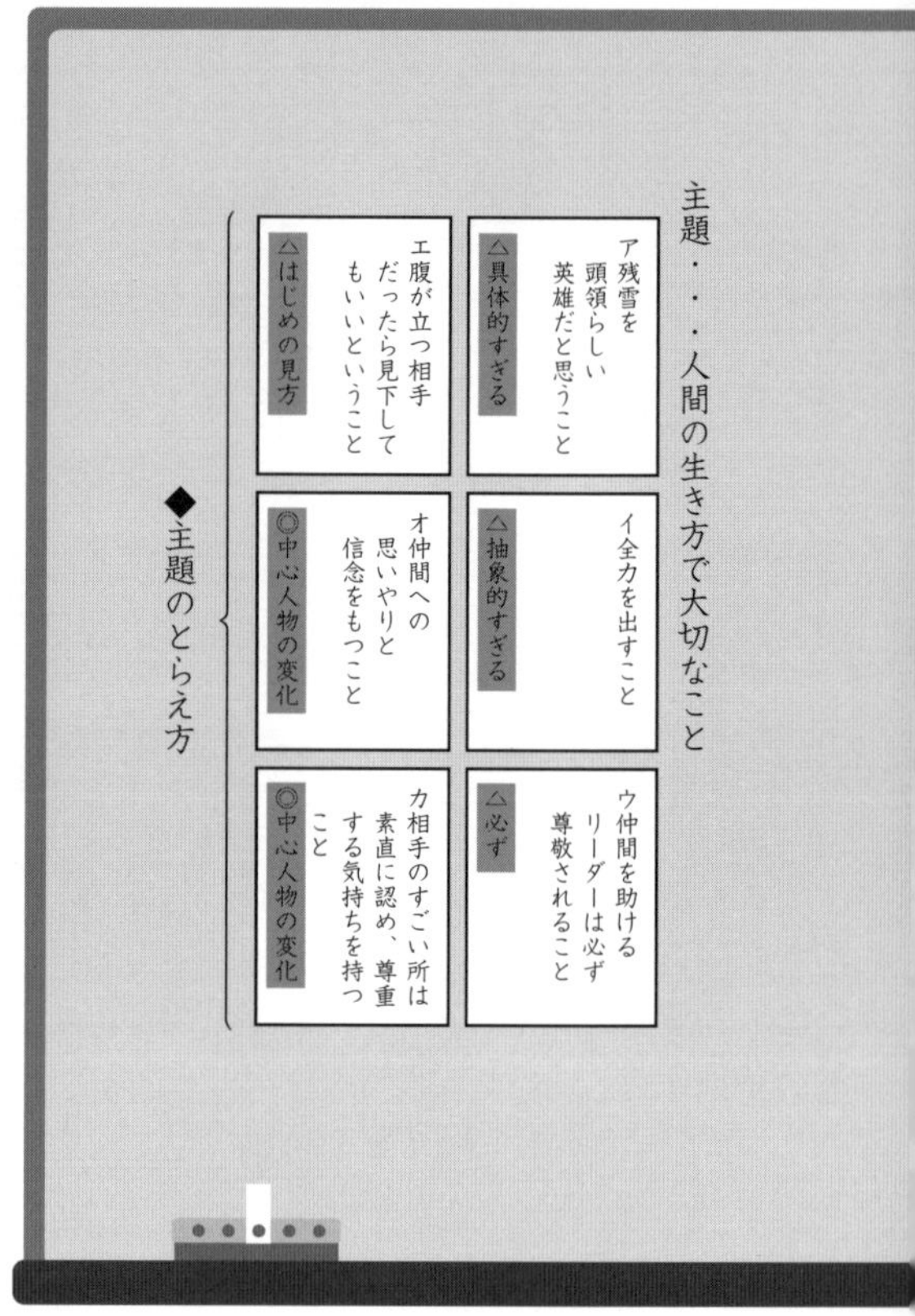

主題・・・人間の生き方で大切なこと

△具体的すぎる
イ全力を出すこと
△抽象的すぎる
ウ仲間を助けるリーダーは必ず尊敬されること

エ腹が立つ相手だったら見下してもいいということ
△はじめの見方
オ仲間への思いやりと信念をもつこと

カ相手のすごい所は素直に認め、尊重する気持ちを持つこと

◆主題のとらえ方

3　先生や友達が考えた主題を検討する

先生や友達が考えた主題は○？それとも△？

しかけ（仮定する）

子供たちが書いた初発で捉えた主題を用いることで関心を高めたい。どの主題においても、「はじめ・きっかけ・おわり」のどこにメッセージ性を強く感じたのかを検討していくなかで、主題の捉え方を指導していく。

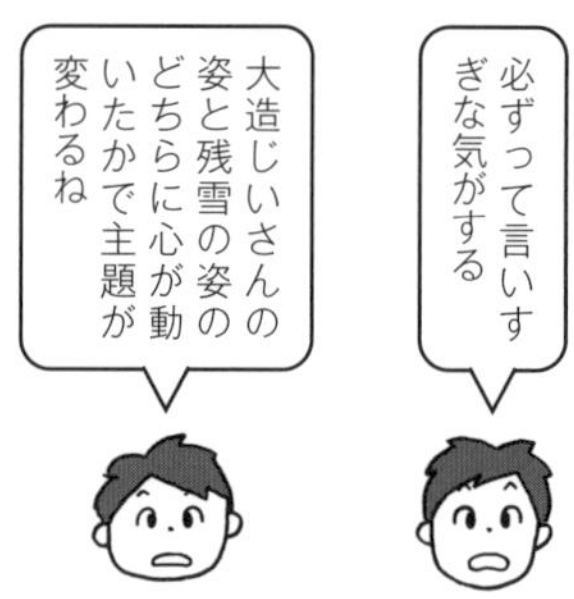

必ずって言いすぎな気がする
大造じいさんの姿と残雪の姿のどちらに心が動いたかで主題が変わるね

4　自分なりに主題をまとめる

主題をノートにまとめよう

中心人物の変化を基に、自分なりの主題をノートにまとめるよう促す。初発で捉えた主題と比較し、主題や捉えた理由が変化していることに気付かせ、自己の成長を実感させる。　配慮㋑

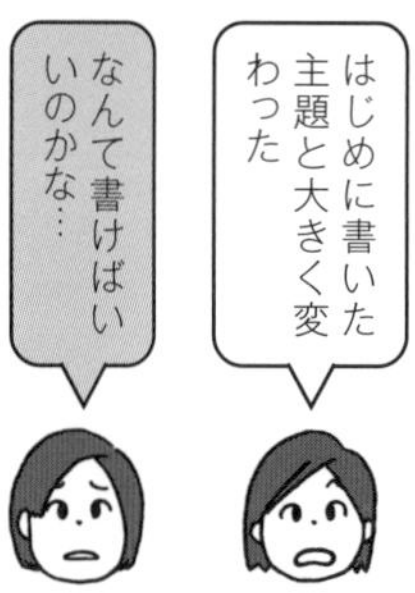

はじめに書いた主題と大きく変わった
なんて書けばいいのかな…

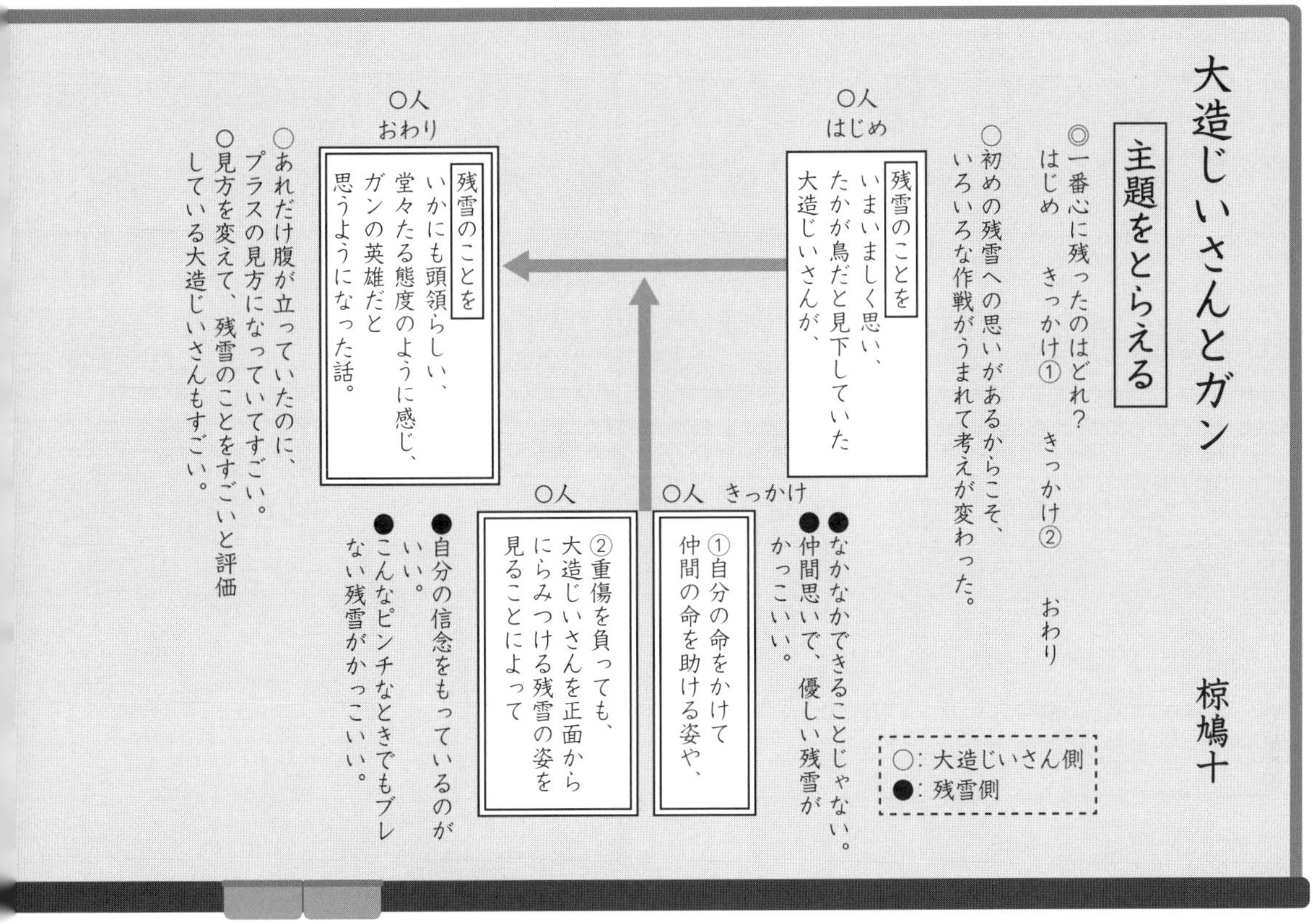

大造じいさんとガン
椋鳩十
主題をとらえる
◎一番心に残ったのはどれ？
はじめ　きっかけ①　きっかけ②　おわり
○初めの残雪への思いがあるからこそ、いろいろな作戦がうまれて考えが変わった。
○人
はじめ
残雪のことを
いまいましく思い、たかが鳥だと見下していた大造じいさんが、
●なかなかできることじゃない。
●仲間思いで、優しい残雪がかっこいい。
○人　きっかけ
①自分の命をかけて仲間の命を助ける姿や、
○人
②重傷を負っても、大造じいさんを正面からにらみつける残雪の姿を見ることによって
●自分の信念をもっているのがいい。
●こんなピンチなときでもブレない残雪がかっこいい。
○人
おわり
残雪のことを
いかにも頭領らしい、堂々たる態度のように感じ、ガンの英雄だと思うようになった話。
○あれだけ腹が立っていたのに、プラスの見方になっていてすごい。
○見方を変えて、残雪のことをすごいと評価している大造じいさんもすごい。
○：大造じいさん側
●：残雪側

1

学習のゴールを確認する

この作品から強く感じたことをまとめよう。今日のゴールは、主題を捉えることです

いよいよ主題を捉えるんだね

そういえば、一番はじめにも書いたな

今日のゴールを先に示し、見通しをもって学習に取り組めるようにする。主題という抽象的なことを話し合うので、途中でゴールがぶれないように気を付ける。

2

学習課題について話し合う

『はじめ』『きっかけ』『終わり』のなかで一番心に残った場面はどれかな？

やっぱり、きっかけ場面だな

きっかけと終わりの場面がいいなあと思うな

どこが心に残ったかな……

Which型課題

前時の中心人物の変化の図を用いる。作品から強く感じ取ったことを具体的に話し合うことが、抽象度を上げた3の話し合いに生きてくる。二つ選びたいという子供がいれば、共感的に受け止めていく。配慮ア

本時の展開 第三次 第1時

目標 これまで並行読書してきた椋鳩十作品の紹介カードを作る活動を通して、本単元で学習してきた論理的な読み方を想起し、自覚的に活用することができる。

本時展開のポイント

作品紹介カードを作ることのよさを共有し、子供たちに活動の意味をもたせた上で、取り組ませたい。本時までに、観点ごとに下書きをさせておくと、スムーズに活動ができる。

個への配慮

㋐具体的な場面を想定して言葉掛けする。

作品カードづくりのよさを考えることが困難な場合、完成後の活動をイメージできるように、活用できそうな具体的な場面を想定して言葉掛けするなどの配慮をする。

㋑安心感をもって取り組めるようにする。

不安から作品紹介カードづくりをするのが困難な場合、安心して取り組むことができるように、同じ本を読んだ友達と感想を交流したり、途中経過を見合う時間を設定したりするなどの配慮をする。

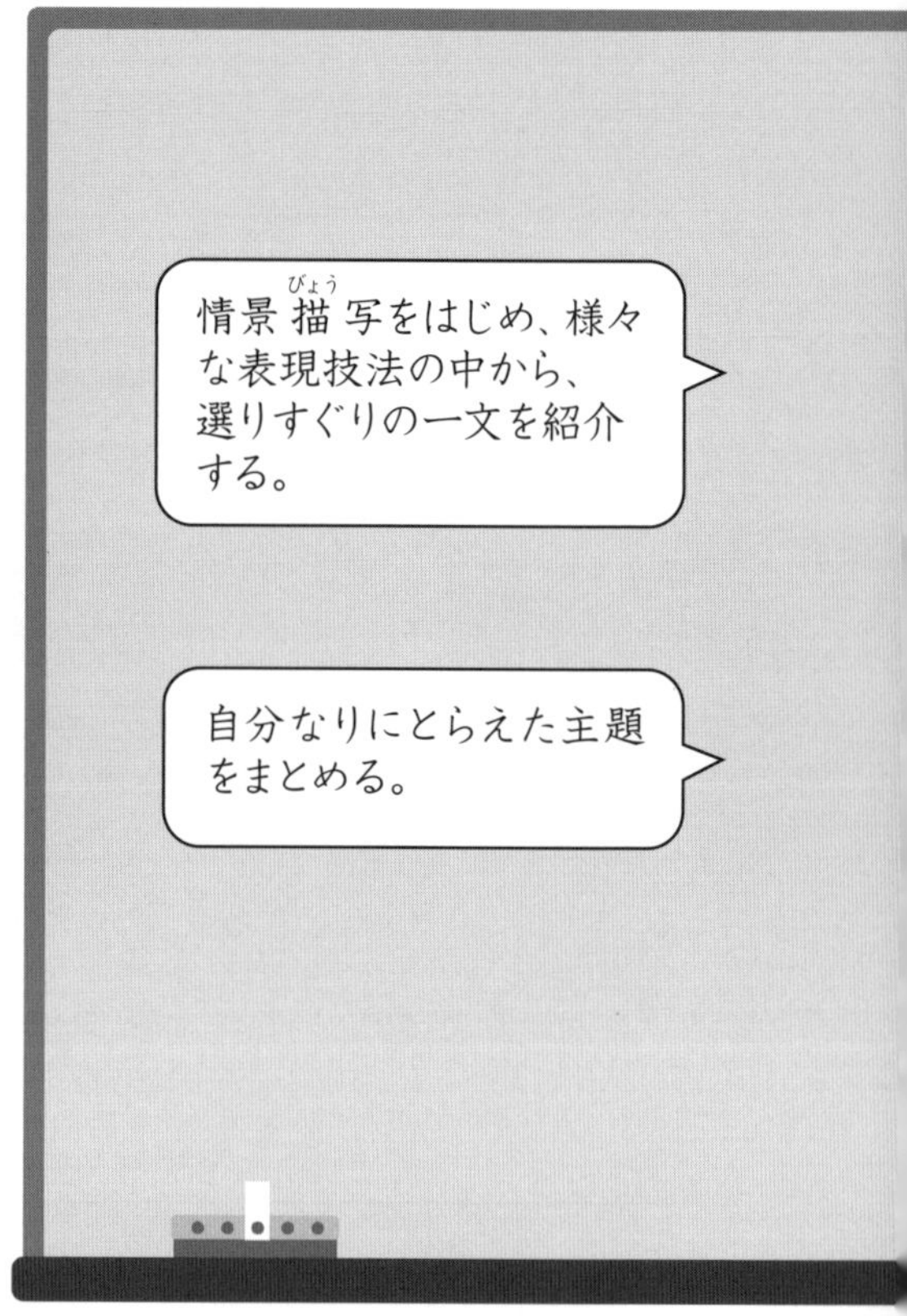

情景描(びょう)写をはじめ、様々な表現技法の中から、選りすぐりの一文を紹介する。

3 作品紹介カードづくりをする

物語の魅力が伝わるように作っていこう!

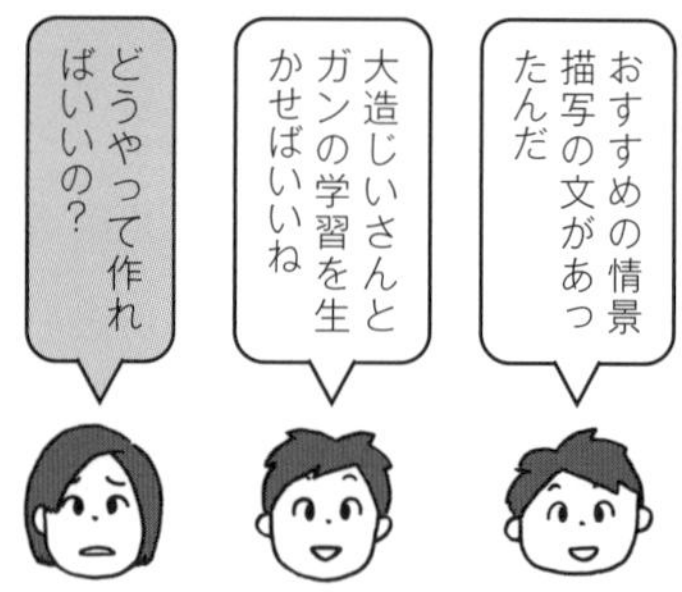

おすすめの情景描写の文があったんだ
大造じいさんとガンの学習を生かせばいいね
どうやって作ればいいの?

これまでの並行読書でメモしてきたことを振り返らせる。子供たちの実態に応じて、事前に観点ごとに下書きをさせておくのもよい。この時間に動き出せるようにしておくことが大事である。

配慮㋑

4 友達の作品のよいところを見付ける

友達の作品のよいところを見付けよう

同じ作品を読んだのに、そんな風に捉えたんだね
そんな表現があるんだね

友達が作った作品に触れる時間を設定し、よさを見付けたり、考えを広げたりできるようにしていく。

準備物　・画用紙（人数分）　・作品紹介カードの見本

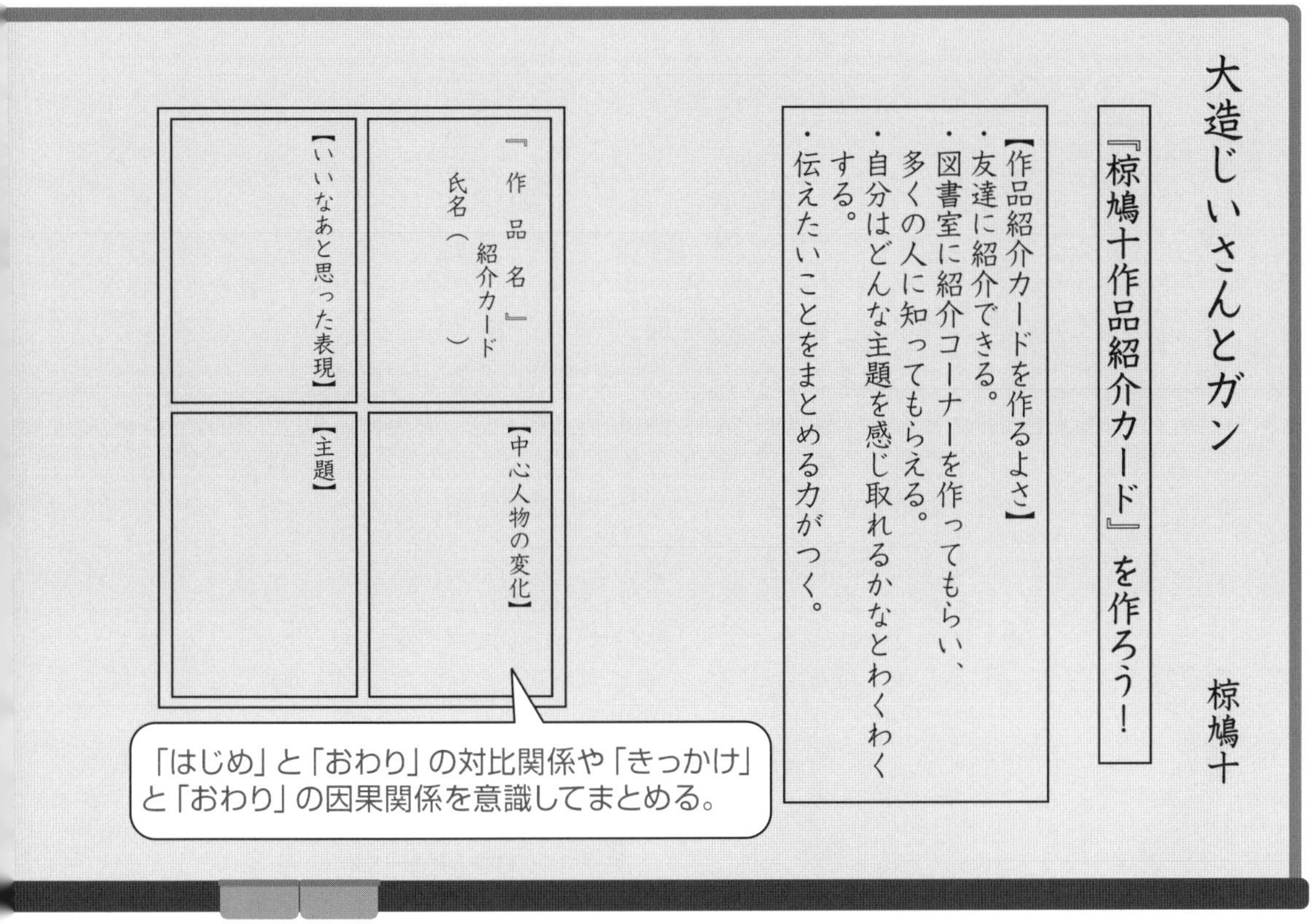

・友達に紹介できる。
・図書室に紹介コーナーを作ってもらい、
多くの人に知ってもらえる。
・自分はどんな主題を感じ取れるかなとわくわく

1 教師の作品紹介カードを見て、イメージをもつ

作品紹介カードを作っていこう！

面白そうだね
こんな感じにまとめていくんだね

教師が事前に作成しておいた見本を提示し、イメージをもたせる。

なお、子供たちの実態に応じて、本時にこだわらず、単元の適切なタイミングで提示することも考えられる。

2 作品紹介カードづくりをすることのよさを共有する

作品紹介カードを作ると、どんなよいことがあるかな？

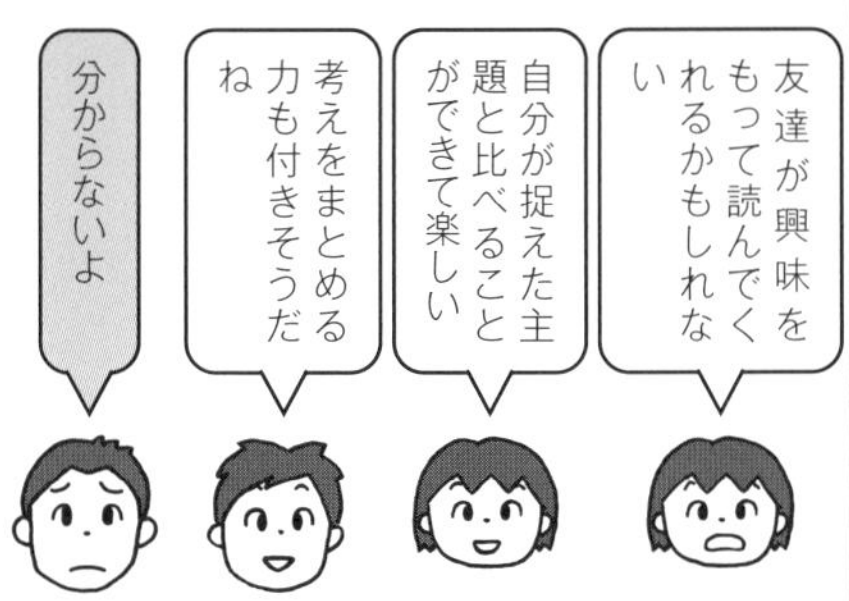

友達が興味をもって読んでくれるかもしれない
自分が捉えた主題と比べることができて楽しい
考えをまとめる力も付きそうだね
分からないよ

目的意識をもって取り組むことができるように全員で共有してから取り組ませる。配慮ア

「見立てる」「言葉の意味が分かること」の授業デザイン

（光村図書５年）

✓ 教材の特性

筆者の考えが「初め」と「終わり」に述べられている典型的な双括型の文章である。「終わり」では、「中」の内容をうけて、言葉の意味を「点」ではなく「面」として理解することが大切であると、「初め」よりも広く深く述べられている。「中」では、「言葉の意味には広がりがあるという事例」と「言葉の意味の広がりにははんいがあるという事例」が述べられている。さらに、後者の事例については、「広げて使いすぎた事例」と「どこまで広げて使うかは言語によって異なるという事例」の２つがより具体的に挙げられている。今後様々な場面で多くの言葉を学んでいく子供たちにとって、言葉やものの見方を見直すきっかけとなる内容の教材である。

終わり		中									初め
⑫	⑪	⑩	⑨	⑧	⑦	⑥	⑤	④	③	②	①
・普段使っている言葉や、ものの見方を見直すことにもつながる。	●筆者の主張 ・言葉の意味には広がりがあり、はんいを理解する必要がある（「点」→「面」）	言葉の意味のはんいについての事例② 一つの言葉をどのはんいまで広げて使うかは、言語によって異なる。 ◆母語ではない言語を学ぶとき ・英語→韓国語、中国語			言葉の意味のはんいについての事例① 言葉の意味のはんいを広げて使いすぎた。 ◆母語を学ぶとき ・日本語			言葉の意味の広がりについての事例 言葉の意味には広がりがある。 ・「コップ」の意味 →色・形・大きさ・使い方などさまざまな特徴がある			●話題提示 ●筆者の主張

✓ 身に付けさせたい力

・文章全体の構成を捉えて要旨を把握し、自分の考えをまとめる力

・筆者の論の述べ方に対して、自分の考えをまとめる力

✓ 授業づくりの工夫

焦点化	視覚化	共有化
○「双括型の文章の特徴」「原因と結果の関係性」「要旨のまとめ方」など、指導内容を明確にし、論理的な読み方を指導していく。 ○主張と事例の整合性を捉える学習では、キーワードを絞って、つながりを捉えていけるようにする。	○主張と事例とのつながりを理解しやすいように、キーワードを強調したり、図に書き加えたりしていく。 ○全体構造を捉えるための提示物を継続して用いて、論理的な読みの指導へつなげやすくする。	○重要なことは、ペアで確認したり、再話させたりすることで、全員の理解をはかっていく。 ○ネームマグネットを用いてズレを共有化することで、対話の必然性を生むようにしていく。

単元目標・評価規準

目標

目標：双括型の文章構成や原因と結果など情報と情報との関係について理解した上で、要旨や論の進め方を捉えることができる。

知識・技能	思考・判断・表現	主体的に学習に取り組む態度
○原因と結果など情報と情報との関係について理解している。 (2)ア	○「読むこと」において、事例と主張の関係について記述を基に押さえ、文章全体の構成を捉えて要旨を把握したり、論の進め方について考えたりしている。 C(1)ア・ウ	○粘り強く、要旨や論の進め方について考え、学習の見通しをもって、自分の考えを文章にまとめようとしている。

単元計画（全7時間）

次	時	学習活動	指導上の留意点
一	1	**「見立てる」を読み、要旨を捉えよう。**	
		○「初め」と「終わり」の順序について話し合う。	・「初め」と「終わり」のセンテンスカードを提示し、適している順序を問うなかで、双括型の特徴に気付くことができるようにしていく。
	2	○要旨を 100 文字以内にまとめる。	・要旨をまとめる上で必要なキーワードを共有できるようにする。
二	1	**「言葉の意味が分かること」を読み、要旨を捉えよう。**	
		○「初め」と「終わり」を読み、筆者の主張について話し合う。	・双括型について理解し、「中」の必要性を引き出すために、「初め」と「終わり」のみを提示する。
	2	○事例と主張の関係について話し合う。	・事例の順序について話し合うなかで、事例に小見出しをつけ、事例と主張の整合性を確認するよう促す。
	3	○筆者独特の比喩的表現の効果について話し合う。	・筆者独特の比喩的な表現である「点」「面」が何を表しているか理解できるように、教科書の図と関係付けて説明させていく。
	4	○要旨を 100 字以内にまとめる。	・全員が要旨をまとめることができるように、キーワードを全員で共有し、要旨をまとめる大枠を確認するようにする。
三	1	**筆者の主張や論の進め方について話し合い、自分の考えをまとめよう。**	
		○筆者の主張や論の進め方について話し合う。 ○自分の考えをまとめる。	・筆者の主張や論の進め方に対して、「わかりやすさ」「納得度」などの観点を与えた上で、説明文を評価していくよう促す。

✓ 教材分析

双括型の本教材では、より深まりのある「終わり」の主張を基にまとめていくことができる。

ウ　事例の順序

2つの事例があり、「日本」→「世界各地」という順序で述べられており、身近なものから遠いものを述べていく筆者の工夫が読み取れる。

エ　事例と主張の整合性

事例の内容が筆者の主張を支えるものになっているかについて、関係性に着目できるようにしていく。

事例①②が[6]段落の赤字部分の主張を支えており、[3]段落の傍線部が「終わり」の傍線部の主張を支えている。

中		終わり
事例①（日本）	事例②（世界各地）	筆者の主張
ぼ」「ざる」「たたみ」「かきね」「しょうじ」「油あげ」など、日本各地で名前を集めると、約三十種類にもなる。それぞれの土地の生活と、より関わりの深いものに見立てられた結果ともいえる。	[5]ウあや取りは、世界各地で行われている。写真Bは、アラスカの西部で「かもめ」とよばれている形である。しかし、カナダでは、同じ形に対し、真ん中にあるトンネルのような部分が家の出入り口に見立てられ、「ログハウス」（丸太を組んでつくった家）などという名前がつけられている。	[6]見立てるという行為は、[想像力]に支えられている。そして、[想像力]は、わたしたちを育んでくれたア自然や生活と深く関わっているのだ。

◆教材分析のポイント【双括型の特徴】

本教材は、筆者の主張が「はじめ」と「おわり」に述べられている典型的な双括型の文章である。双括型の構成かどうかを判断する際は「はじめ」と「おわり」に着目し、同じ意味を表す文（言葉）を見付けることが大切である。本文では「見立てる」や「想像力」というキーワードが共通して用いられている。したがって、本文において筆者が最も伝えたいことは、「初め」と「終わり」を読めば大方理解できる。しかし、両サイドの主張を読むだけでは、読者が納得したり共感したりすることは難しい。そこで事例の内容について理解し、事例と主張の関係性を正確に捉えていくことが重要になる。本教材を見ると、「中」で語られた「見立てる行為と地域の自然や生活との関連性」が「初め」には見当たらないが「終わり」の記述には追加されている。双括型においては、「終わり」の記述に「中」の内容を反映させることが多いという説明文のセオリーを学ぶのに適した教材といえる。

指導内容

ア 双括型

筆者の考えが「初め」と「終わり」に述べられている典型的な双括型の文章構成となっている。

「初め」の「見立てる」という語句には、カギ括弧をつけていて、話題提示の役割を成している。「想像力」という語句は、双方にあるのだが、傍線部については、「終わり」にしか述べられていない。

つまり、結論の方が本論の内容を受けて、より深まりのある主張になっている。

イ 要旨

まとめや筆者の主張のことである。文章構成や文末表現、繰り返しの言葉、「　」（カギ括弧）で強調されている言葉などに着目して、捉えるようにする。

初め　話題の提示　筆者の主張

あやとりの例の取り上げ

名前が違う理由

見立てる　野口廣

1 わたしたちは、知らず知らずのうちに、「見立てる」という行為をしている。ここでいう「見立てる」とは、あるものを別のものとしてみるということである。たがいに関係のない二つを結び付けるとき、そこには想像力が働いている。

2 あや取りを例に考えてみよう。あや取りでは、一本のひもを輪にして結び、手や指にかける。それを、一人で、ときには二、三人で、取ったりからめたりして形を作る。そして、ひもが作り出した形に名前がつけられる。これが、見立てるということだ。あや取りで作った形と、その名前でよばれている実在するものとが結び付けられたのである。

3 この場合、同じ形に対してつけられる名前が、ちいきによってちがうことがある。その土地の自然や人々の生活のしかたなどによって、結び付けられるものがことなるからだ。

4ウ 日本でよく知られている写真Aの形は、ちいきごとにちがう名前をもっている。「あみ」「田ん

指導のポイント

■第一次・第1時

「「初め」と「終わり」の適している順序を問う」
（Which型課題）

「中」の内容に関する写真を用いて、見立てる体験をしながら内容理解を図っていく。その後、「初め」と「終わり」を提示し、どちらの順序が正しいかについて話し合う中で、双括型の特徴を捉えていけるようにする。

■第一次・第2時

「要旨要約をさせる」
（しかけ「隠す」）

教師がまとめた要旨を予想する話し合いを通して、キーとなる叙述への着目の仕方を指導し、要旨を自分なりにまとめるよう促していく。

教材分析

双括型である本教材においては、主張の深まりのある「終わり」の基にまとめていくことができる。

ウ　原因と結果（因果関係）

事例部分において、筆者が自分の考えに説得力をもたせるために間違ったという「結果」だけでなく、「原因」を説明している。この関係をしっかり捉えて読み進めていくことが重要である。

エ　語りかけの文末表現

文章全体にかけて、「〜でしょうか。」「〜どうしますか。」などと読者に語りかけるような文末表現が多用されている。読者に共感的に読み進めてもらうための筆者の工夫だといえる。

オ　事例と主張の整合性

事例の内容が筆者の主張を支えるものになっているかについて理解できるようにしていく。

言葉の意味には「広がり」がある事例を述べた後に、ことばの意味の「はんい」について述べている。段階的に説明していることが分かる箇所である。

「言葉の意味に広がりがあること」につ

「コップ」の意味の広がりについて

コップのような形をしていても、花びんとして作られたものがあるかもしれません。スープを入れる皿にも、コップに似たものがありそうです。そう考えると、使い方も理解してもらわなければなりません。

4 ここから分かるように、「コップ」という一つの言葉が指すものの中にも、色や形、大きさ、使い方など、さまざまな特徴をもったものがふくまれます。つまり「コップ」の意味には広がりがあるのです。また、その広がりは、「皿」「わん」「湯のみ」「グラス」「カップ」といった他の食器や、「花びん」のような他の似たものを指す言葉との関係で決まってくるのです。

言葉の意味のはんいを広げすぎたこと（事例①）

日本語

5 一つの言葉がどこまで使えるのか、全ての事物を見て、確かめることはできません。だから、小さな子どもは、かぎられた例をもとに言葉の意味のはんいを自分で考え、使っていきます。これは、簡単なことではありません。そのため、うまくいかなくて、よくおもしろいまちがいをします。

6 あるとき、こんな言いまちがいに出会いました。

「歯でくちびるをふんじゃった。」

この子は、「歯でくちびるをかんじゃった。」と言いたかったのです。それなのに、どうしてこんな言いまちがいをしたのでしょうか。

7 よく考えてみると、「ふむ」も「かむ」も、「あるものを上からおしつける動作」なので、似た意味の言葉であるといえます。おそらく、この子は、「かむ」という言葉を知らず、その代わりに、似た場面で覚えた「ふむ」を使ったのでしょう。つまり、この言いまちがいの原因は、自分が覚えた言葉を、別の場面で使おうとしてうまくいかなかったことといえます。言葉の意味のはんいを広げて使いすぎたのです。

8 同じことは、母語ではない言語を学ぶときにも起こります。

（Which型課題）（しかけ「仮定する」）

「点」や「面」を用いた書きぶりについて評価させていく。ただし、「点」や「面」が事例において何を示しているかを確認していくことは欠かせない。

■第二次・第4時

「要旨要約をさせる」

双括型の特徴や筆者の主張をふまえて、キーワードを共有した後、100文字以内で要旨をまとめるように指示をする。

■第三次・第1時

「説明文に点数を付けるようにする」

筆者の主張や論の進め方について、「わかりやすさ」「納得度」などの観点を与え、説明文を評価するよう促す。

◆教材分析のポイント その①【双括型の特徴と筆者の主張】

言葉の意味が分かるとは、その言葉の「広がりや範囲」を理解することであり、そうした理解が言葉やものの見方を見直すことにつながるという主張が、プレ教材『見立てる』と同様に、双括型で示されている。「終わり」の主張にはやはり『見立てる』と同様に、「中」の事例に支えられた「点と面」という概念が追加され、言葉の意味の「広がり」を理解することの価値を感じられるよう工夫されている。

◆教材分析のポイント その②【事例の順序の妥当性】

筆者の主張を支えるために、複数の事例が用いられている。その際筆者は、読者の思考の流れに即した順序で事例を配列している。まずは「コップ」の事例で言葉の意味の「広がり」を実感させ、次の段階では、子どもによる「ふむ」という言葉の誤用を挙げ、「広がり」に対する理解の必要性を説く。最後は、母語の守備範囲の違い（システムの違い）としてズレが生まれる事例を挙げて、身近な事例から驚きの事例へと視点を広げ、納得度を増している。

指導内容

ア 双括型

筆者の考えが「初め」と「終わり」に述べられている典型的な双括型の文章構成となっている。ただし、結論の方が「中」の内容を受けて、より深まりのあるものとなっている。

「初め」の主張を受けて、②段落からは、言葉の意味の広がりについて説明している。読者に疑問を生じさせ、それを説明していく筆者の工夫である。「終わり」では、言葉の意味には「はんい」があることを、中の説明を受けて主張している。

イ 要旨

まとめや筆者の考えのことである。文章構成や文末表現、繰り返しの言葉、「」（カギ）で強調されている言葉などに着目して、捉えるようにする。

話題の提示
筆者の主張

いての事例

言葉の意味が分かること　今井むつみ

① 知らない言葉に出会ったとき、あなたはどうしますか。国語辞典を引いたり、人にきいたりするでしょう。そして、「言葉の意味が分かった。」と思うかもしれません。しかし、このとき本当に言葉の意味が分かったのでしょうか。「言葉の意味が分かる」ことは、あなたが思う以上におく深いことです。なぜなら、言葉の意味には広がりがあるからです。このことを知っておくことは、言葉を学ぶときに役立ち、ふだん使っている言葉やものの見方を見直すことにもつながります。

② それでは、言葉の意味に広がりがあるとは、どういうことなのでしょうか。小さな子どもに言葉を教える例をもとに考えてみましょう。

③ あなたが、小さな子どもに「コップ」の意味を教えるとしたらどうしますか。言葉でくわしく説明しても、子どもはその説明に出てくる言葉を知らないかもしれません。「実物を見せればいい。」と思う人もいるでしょう。しかし、コップには、色や形、大きさなど、さまざまなものがあります。持ち手の付いた小さい赤いコップと、持ち手のない大きなガラスのコップ、どちらをコップとして見せればよいでしょうか。また、

指導のポイント

■第一次・第1時

「双括型の文章構成から筆者の主張を捉えられるようにする」
（しかけ「限定する」）

「初め」と「終わり」のみを提示し、筆者の主張を先に確認する。筆者の主張を捉えた上で、「中」を予想する活動を設定し、興味・関心をもたせていく。

■第二次・第2時

「事例と主張の整合性を捉えていけるようにする」
（しかけ「仮定する」）

「中」の事例の順序の意図について問い、論の展開の工夫や主張とのつながりに気付かせていくようにする。

■第二次・第3時

「筆者独特の比喩的な表現の効果を捉えていけるようにする」

教材分析

筆者の主張

12 さらに、言葉の意味を「面」として考えることは、ふだん使っている言葉や、ものの見方を見直すことにもつながります。あなたは、これまでに、「かむ」と「ふむ」が似た意味の言葉だと思ったことはありましたか。どうしてスープは「食べる」ではなく、「飲む」というのか、考えたことがありましたか。これらの例は、知らず知らずのうちに使い分けている言葉を見直すきっかけとなります。そして、わたしたちが自然だと思っているものの見方が、決して当たり前ではないことにも気づかせてくれます。みなさんは、これからも、さまざまな場面で言葉を学んでいきます。また、外国語の学習にもちょうせんするでしょう。そんなとき、「言葉の意味は面である」ということについて、考えてみてほしいのです。

指導内容

カ 比喩的な表現

「点」や「面」という筆者独特な言い回しが特徴である。これらの言葉が何を例えているのかを正確に捉えることが重要である。また、この書きぶりの意図や効果についても考え、筆者の工夫を捉えていきたい。

言葉の意味のはんいは、言語によってことなること（事例②）

英語

「朝食にスープを食べました。」

これは、アメリカ人の留学生が言った言葉です。日本語では、スープは「飲む」と表現することが多いため、日本語を母語とする人が聞くと、やや不自然に聞こえます。子どもとはちがい、この留学生は、「飲む」という言葉を知らなかったわけではありません。それでは、どうしてこのような表現をしたのでしょうか。

9 それは、英語と同じ感覚で「食べる」という言葉を使ったことが原因です。英語では、ものを食べる動作を「eat」という言葉で表しますが、これをスープに対しても使うため、「スープを食べる」という表現をしたのでしょう。日本語の「食べる」と、英語の「eat」は似た意味の言葉ですが、意味のはんいがちがうのです。「食べる」と「eat」以外の言葉にも、こういったちがいはあります。

韓国語・中国語

10 さらに、日本語と英語だけでなく、世界中のどの言語についても同様のちがいがあります。下の図を見てみましょう。それぞれの動作をどのように言い表すでしょうか。日本語では、「持つ」「かかえる」「せおう」など、いくつかの言葉で言い表します。韓国語でも、日本語と同様に、いくつかの言葉で言い表しますが、分け方はちがいます。そして、中国語では、これらを全てちがう言葉で、細かく言い分けるのです。このように、一つの言葉をどのはんいまで広げて使うかは、言語によってことなるのです。

11 わたしたちが新しく言葉を覚えるときには、物や様子、動作と言葉とを、一対一で結び付けてしまいがちです。これは、言葉の意味を「点」として考えているといえます。しかし、言葉の意味には広がりがあり、言葉を適切に使うためには、そのはんいを理解する必要があります。つまり、母語でも外国語でも、言葉を学んでいくときには、言葉の意味を「面」として理解することが大切になるのです。

指導のポイント

本時の展開　第一次　第1時

目標 「初め」と「終わり」の段落の正しい順序について話し合うことを通して、双括型の特徴やよさに気付き、ノートにまとめることができる。

［ 本時展開のポイント ］

「初め」と「終わり」の主張の文に着目させるとき、「同じ言葉はどれ？」と問うのではなく、「同じ意味の文（言葉）はどれ？」と問い、双括型に気付かせていく。

［ 個への配慮 ］

㋐ミニカードを配布し、手元で動かして考えるよう促す。

同じ意味の言葉に着目することが困難な場合、順序立てたり比較したりしやすいように、二つの段落のミニカードを配布し、手元で動かせるように配慮をする。

㋑インタビューをして考えを引き出す。

双括型の特徴やよさを書くことが困難な場合、自分の考えを自覚できるように、インタビューをして聞きとった言葉を教師が下書きをするなどの配慮をする。

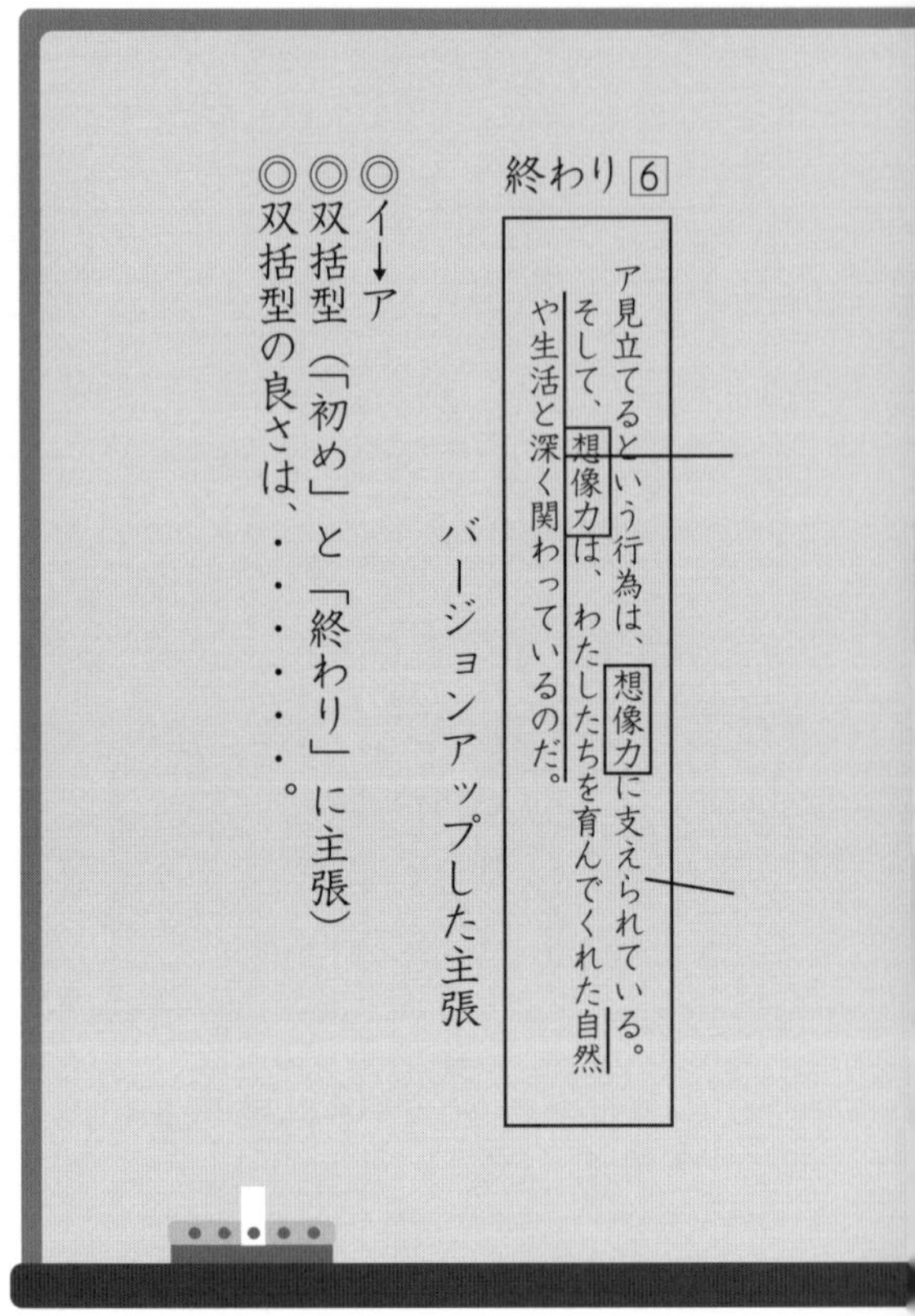

終わり 6
ア見立てるという行為は、想像力に支えられている。
そして、想像力は、わたしたちを育んでくれた自然や生活と深く関わっているのだ。
バージョンアップした主張
◎イ→ア
◎双括型（「初め」と「終わり」に主張）
◎双括型の良さは、・・・・・・。

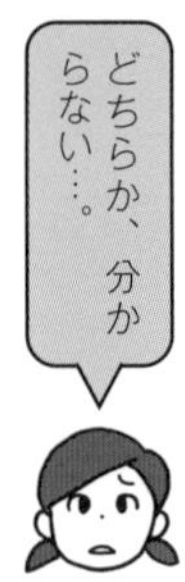

どちらか、分からない…。

在に気付いた子供の発言を受けて、似ている表現を確認していく。 配慮㋐

3 主張の文の役割について話し合う

「初め」で主張しているなら、「終わり」の主張は必要なさそうだね？

「終わり」にも主張があると、印象に残るね。

中の説明を受けてバージョンアップしているよ。

しかけ（仮定する）

「初め」の主張の役割に気づいた子どもの発言を受けて、「終わり」における主張の必要性を問う。中の事例の内容が書き加えられていることに気付かせる。

4 学習のまとめをノートに書く

双括型の特徴やよさをノートに書こう

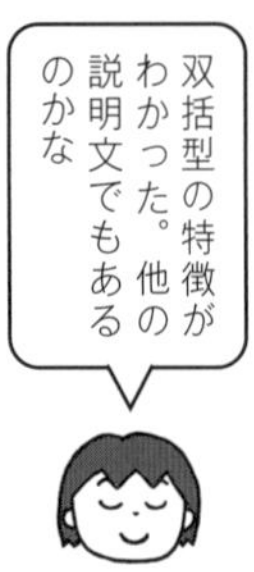

双括型の特徴がわかった。他の説明文でもあるのかな

何て書いたらよいのかな？

双括型という用語を教えたあと、自分の言葉で双括型の特徴やよさをまとめさせていく。 配慮㋑

準備物
・本文の拡大紙（初め・終わり） 4-01、02　・配布用教材文（中）
・あやとりの挿絵（A・B）　・９枚の写真や挿絵

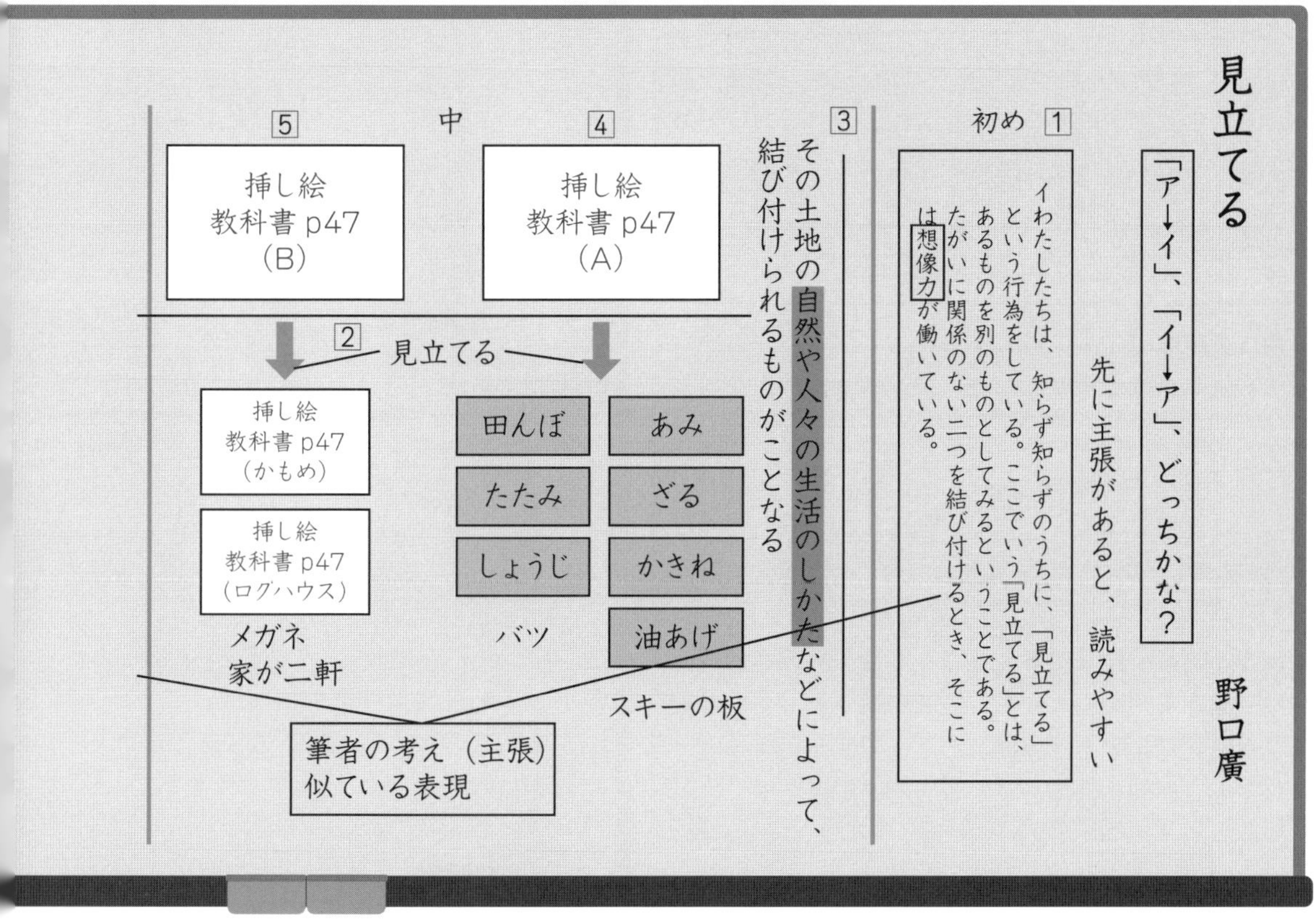

1 あや取りの挿絵をもとに見立てる体験をしたり、音読したりして「中」のイメージをつかむ

みんなは、何に見えるかな？

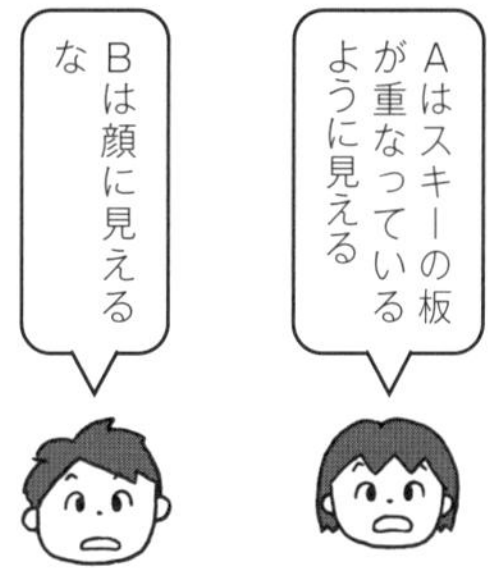

Aはスキーの板が重なっているように見える
Bは顔に見えるな

しかけ（図解する）

7枚の写真を提示し、これらがあや取りのある形の名前であることを伝える。その上で、挿絵Aを提示する。次に、Bは何に見えるかを交流した後、このような別の物として見る行為を「見立てる」ということの定義付けを行う。

2 学習課題について話し合う

ア→イ、イ→ア、どっちかな？

アもイも似た意味の文があるよ
イには、話題提示の文もあるよ

Which型課題

「中」の音読後、「初め」と「終わり」がないことに子どもが気付いたタイミングで、アとイの段落を提示する。

アとイの主張の文の存

本時の展開 第一次 第2時

目標 教師がまとめた要旨を予想する話し合いを通して、キーとなる叙述への着目の仕方を理解し、要旨を自分なりにまとめることができる。

[本時展開のポイント]

「言葉の意味が分かること」においても、要旨を自分なりにまとめることができるように、プレ教材で経験させておくことが重要である。ただし、初めての活動の場合、一人で書けるように文や言葉への着目の仕方を丁寧に指導したい。

[個への配慮]

ア「初め」と「終わり」で繰り返されている言葉を伝える。

注目する言葉を見付けることが困難な場合、繰り返されている言葉に着目しやすいように、「初め」か「終わり」のどちらか一つの言葉を伝えるなどの配慮をする。

イ補足させたり、書き換えてよいことを伝えたりする。

書き始めを躊躇して書き進めることが困難な場合、安心して取り組めるように、教師が途中まで書いた例文を渡して補足するよう促したり、何度か書き換えてよいことを個別に伝えたりするなどの配慮をする。

★◎要旨をまとめるときのポイント！
・筆者の主張を中心にまとめる。
・双括型の場合、バージョンアップした主張を基にする。
・文字数に応じて、補足していく。

3 要旨を自分なりにまとめる

自分なりに要旨をまとめてみよう

よし、やってみるぞ！
うまく、書けるかな
どうやって書けばいいのかな

要旨要約

要旨をまとめる際、キーとなる叙述を整理した板書を参考にするよう言葉掛けする。何度か書き直しが予想されるが、根気強く取り組む前向きな姿を称賛し、温かい雰囲気づくりを行う。

配慮イ

4 学習をまとめ、次時からの活動を知る

要旨をまとめるときのポイントを確認しよう 次の説明文でも、要旨をまとめてみよう

何段落とつながっていたのかな？
どの言葉とどの言葉がつながっていたのかな？

まとめ・振り返り

教師がまとめた要旨なども活用しながら要旨のまとめ方を明示的に確認し、今後の学習でも活用できるように意識づける。

時間があれば、子どもたちがまとめた要旨を紹介したい。

準備物
・本文の拡大紙（初め・終わり） 4-01、02　・教師がまとめた要旨の拡大紙
・字数制限したプリント　・未完成の要旨（個別の配慮）

見立てる

野口廣

要旨を百文字以内でまとめる。

要旨・・・筆者が伝えたいことの中心
（内容の中心・考えの中心）

初め　1

中　2～5　事例

終わり　6　見立てるという行為は、想像力に支えられている。そして、想像力は、わたしたちを育んでくれた自然や生活と深く関わっているのだ。

見立てる　あるものを別のものとして見るということ

想像力　わたしたちを育んでくれた自然や生活と深く関わっている。

教師がまとめた要旨（裏向けで提示）

1

学習のゴールや目的をつかむ

百文字以内で、要旨を自分なりにまとめよう。要旨をまとめると、どんなよいことがありそう?

初めてやる活動だね

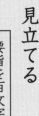

筆者の考えを誰かに伝えるときに役立ちそうだね

前の時間に筆者の考えを確認したね

学習のゴールを先に示すことで、見通しをもって活動できるようにする。ここでは、要旨の用語の意味を丁寧に指導していきたい。

2

教師がまとめた要旨のキーワードを予想する

要旨に入れた方がよいと思う言葉を四角で囲もう

「見立てる」と「想像力」は入ってそう

「自然や生活」も入ってそう

わからないよ…

しかけ（隠す）
提示した教材文を基に、要旨に欠かせない言葉を確認していく。子どもたちの活動への関心を高める。

配慮ア

本時の展開　第二次　第1時

目標　「初め」と「終わり」の同じ意味の言葉について話し合うことを通して、「中」の内容に興味・関心をもつことができる。

[本時展開のポイント]

筆者の主張を捉えたうえで、「中」の内容を予想していき、次時から「中」を詳細に読んでいく問題意識を醸成できるようにする。

[個への配慮]

㋐注目させたい文を太線にしたプリントを配る。

細部を見ることができず、「初め」と「終わり」における共通点を見付けることが困難な場合、比較しやすいように、注目させたい文を太線にして強調しておく。

㋑指で押さえながら読むように促す。

文章を目で追いながら範読を聞くことが困難な場合、自分がどこを読んでいるかが分かるように、教科書の文を指で押さえながら読むように促す。

◆「終わり」にしかない表現

◎筆者の主張
・言葉の意味には広がりがある
・はんいを理解する必要がある
・「点」ではなく、「面」
・ふだん使っている言葉やものの見方を見直すことにもつながる

3 「事例」の必要性について話し合う

筆者の主張を捉えることができたから、「中」は必要なさそうだね？

言葉の意味には広がりがあることの説明が「中」に書いてあったらいいな
言葉のはんいのことが「初め」と「終わり」だけだとよくわからないな
「点」や「面」って何のことか、「中」に書いてあったらいいなあ

しかけ（仮定する）

主張を確認した上で、ゆさぶり発問をする。「初め」と「終わり」における理解があいまいな表現を共有し、「中」の内容に興味・関心をもたせていく。

4 「中」を音読し、内容を確認する

予想が合っているか、確かめてみよう

音読

「中」を読む必然性をもたせた上で音読させていく。さらに、予想を確かめる中で、次時では、「中」の事例をくわしく読んでいくという問題意識を醸成する。　配慮㋑

準備物 ・本文の拡大紙（初め・終わり） 4-03、04 ・配布用教材文（初め・終わり）

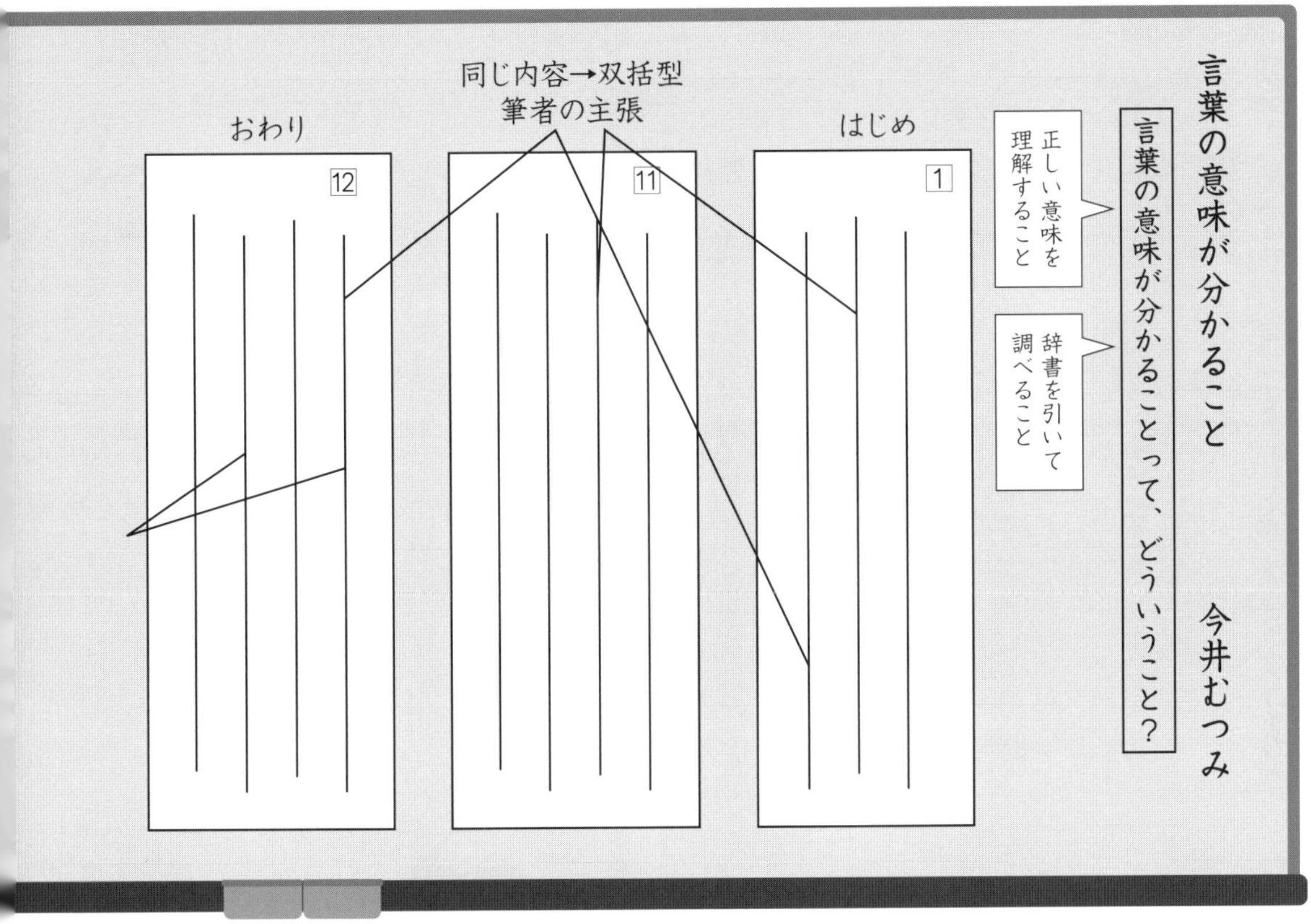

1 題名を読み、題名の意味を予想する

「言葉の意味が分かること」ってどういうことかな？

正しい意味を理解することだと思う

辞書を引かないと正しく意味を理解できないっていうことかな

題名の意味を予想させ、本文の内容や筆者の主張に興味をもたせるようにする。

2 「初め」と「終わり」を読み、筆者の主張を捉える

「初め」と「終わり」の同じ意味の言葉を探そう

言葉の意味には広がりがあるみたいだよ

言葉やものの見方を直すことにもつながるみたい

終わりには、「はんい」「点」「面」のことが書いてあるね

どれだろう…？

しかけ（限定する）

まず、「初め」だけを提示してつぶやき読み行う。その中で、筆者の主張を確認していく。さらに、「終わり」を提示して、同じ意味の言葉に線を引かせていく。「終わり」にしかない主張点も確認していく。

配慮ア

本時の展開　第二次　第2時

目標　一番興味をもった事例について話し合う活動を通して、事例と主張の整合性に気付き、述べ方の工夫をノートに書くことができる。

[本時展開のポイント]

事例の順序の意図について考えることで、事例と主張のつながりを捉えていけるようにする。「中」の意味段落に小見出しをつけることで、視覚的な理解につなげていく。

[個への配慮]

㋐側で問いかけて、感想を引き出していく。

一番興味をもった事例を選ぶことが困難な場合、自分の感じていることを自覚できるように、側で驚いたことやおもしろいと思ったことについて問いかけ、感想を引き出していくようにする。

㋑タブレット等で撮影した板書を渡す。

筆者の書きぶりの工夫について自分の考えを書くことが困難な場合、学習したことを振り返りやすくするために、板書をタブレットで撮影し、ヒントになる箇所に印をつけるなどの配慮をする。

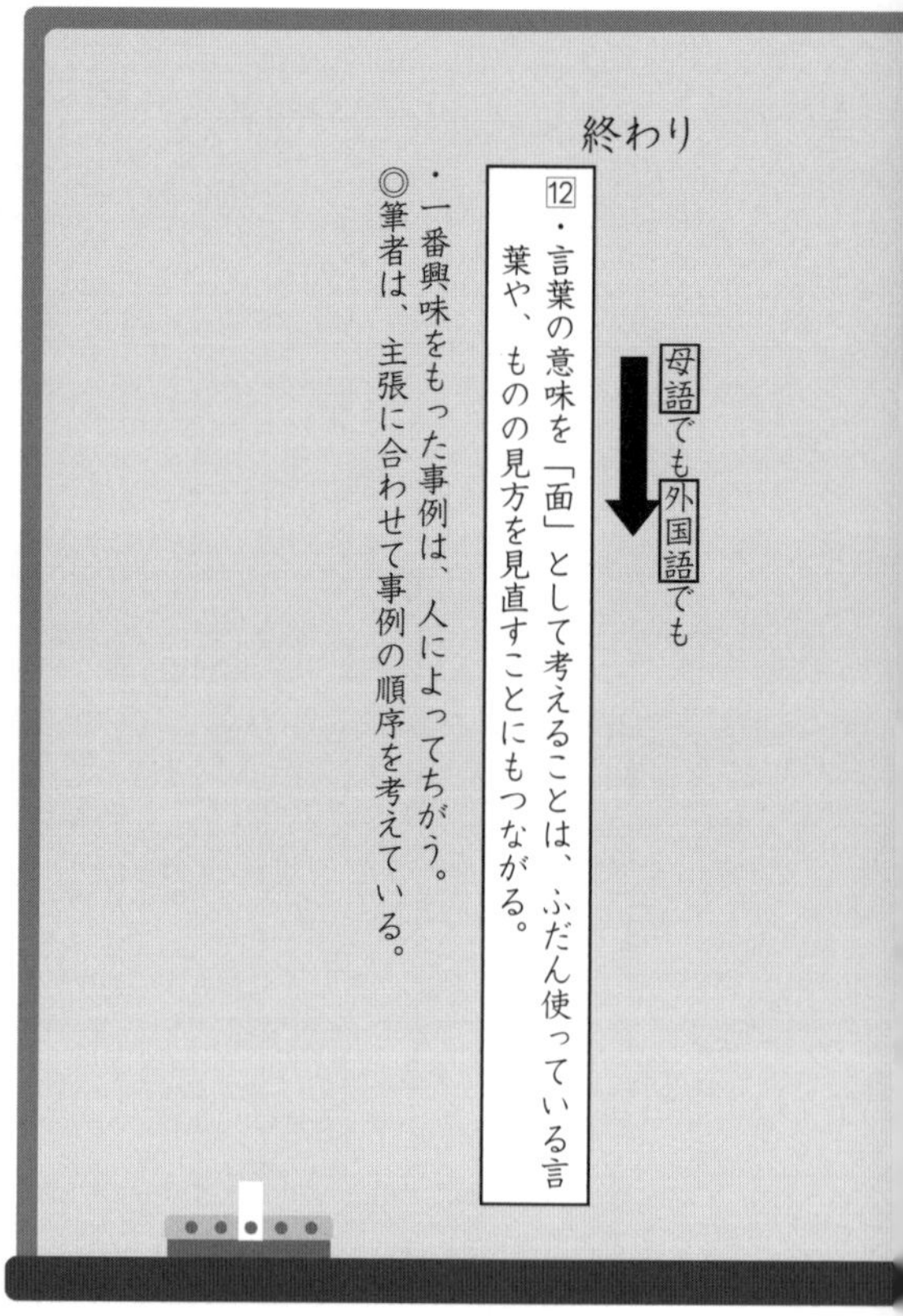

3 事例の順序の意図について話し合う

多くの人が興味をもつ順に事例の順番を変えた方がいいよね？

しかけ（仮定する）

既習の説明文と関連付け、事例の順序の意図について焦点化していく。事例の順序を話し合うなかで、「中」の意味段落に小見出しをつけて、中の構造を整理していくようにする。

主張でも「広がり」・「はんい」の順で書いているよ。
「終わり」でも、母語でも外国語でもって、事例の順番に合わせて書いているよ。

4 事例と主張の整合性についてまとめる

筆者はどんな工夫をしていたかな？

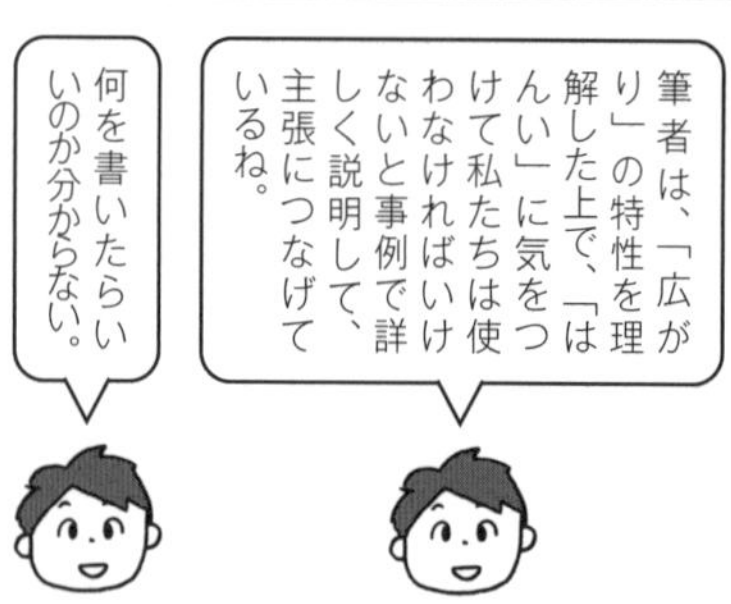

筆者は、「広がり」の特性を理解した上で、「はんい」に気をつけて私たちは使わなければいけないと事例で詳しく説明して、主張につなげているね。
何を書いたらいいのか分からない。

まとめ・ふりかえり

事例の役割や主張とのつながりを明示的にまとめ、筆者の書きぶりの工夫について自分なりにノートにまとめるように指示をする。

さらに、「点」や「面」の独特な表現に触れ、次時への問題意識を醸成する。

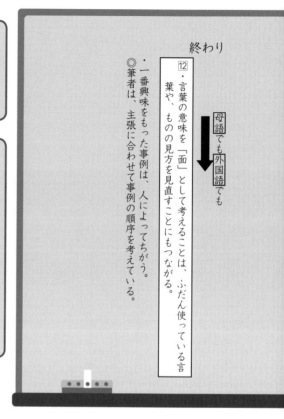

準備物
・絵、図
・「初め」と「終わり」の拡大紙と配布用プリント（主張に関するキーワードを抜粋） 4-05、06

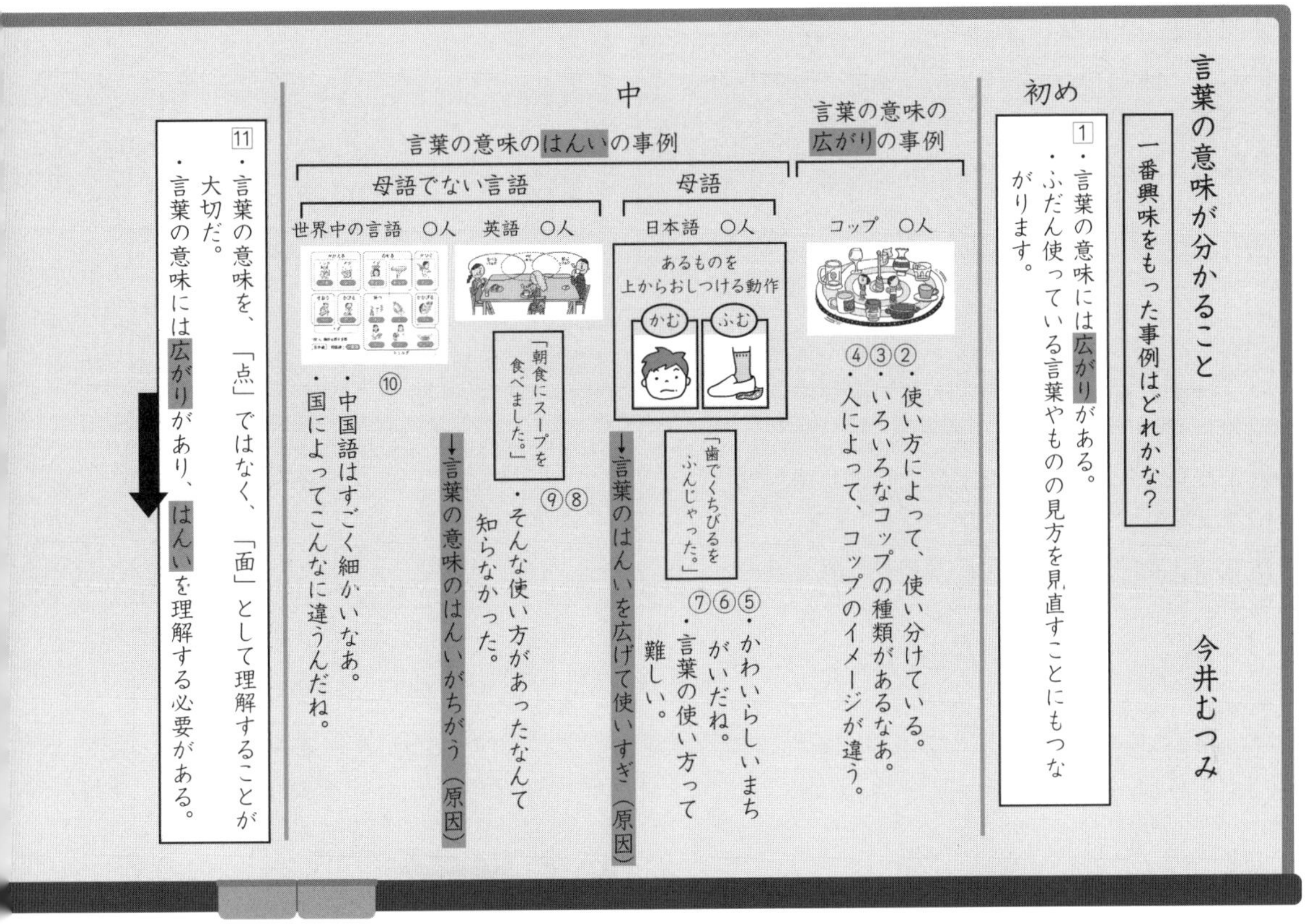

②・使い方によって、使い分けている。
③・いろいろなコップの種類があるなあ。

⑤・かわいらしいまちがいだね。
⑥⑦・言葉の使い方って難しい。

母語でない言語

⑧⑨・そんな使い方があったなんて知らなかった。

世界中の言語 ○人
⑩・中国語はすごく細かいなあ。
・国によってこんなに違うんだね。

1 事例の順序について話し合う

どんな順番だったかな？

コップの事例が一番初めだよ。
教科書を見ながらでもいいなら、安心だな。

しかけ（順序をかえる）

双括型の文章構造を確認した上で、事例の順序をかえて図や絵を提示する。正しい順序に整えるなかで、話題を事例に絞っていく。

2 「中」の内容について話し合う

一番興味をもった事例はどれかな？

中国語が日本語と違って細かく分かれていることにびっくりしたよ。
コップのイメージって人によって違うね。
どれだろう…。選べないよ。

Which型課題

読者として素朴に感じたことを交流していくなかで、内容理解をしていく。言い間違いの事例については、その原因を叙述から確認するようにする。

配慮ア

本時の展開　第二次　第3時

目標 事例の資料を基に「点」や「面」の捉え方について話し合うことを通して、独特な比喩表現を用いて主張する効果に気付き、ノートにまとめることができる。

本時展開のポイント

「点」や「面」という表現が何を表しているのかについて理解しやすいように、事例の資料を用いて視覚的に整理し、内容を確認していくようにする。

個への配慮

㋐手元で使えるプリントを渡し、見方を教える。

図の中の「面」を見つけることが困難な場合、「面」という見方ができるように、手元で確認できるプリントを渡し、「面」という見方を教えるようにしていく。

㋑仮定した言葉に置き換えた文章をまとめたプリントを配布する。

ゆさぶり発問について考えることが困難な場合、問われていることを確認しやすいように、ゆさぶり発問で仮定した言葉に置き換えた文章をまとめたプリントを配布するようにする。

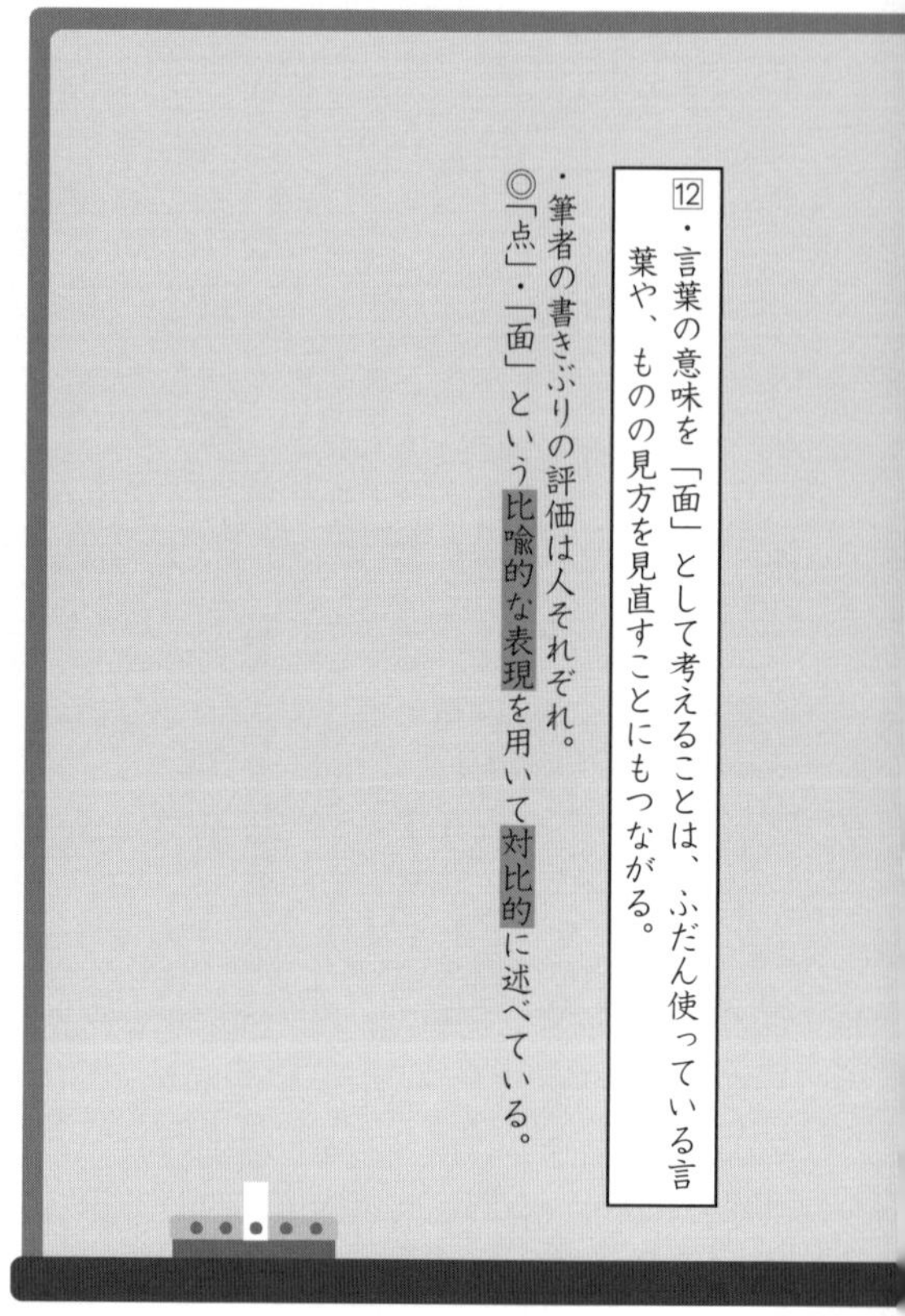

12 ・言葉の意味を「面」として考えることは、ふだん使っている言葉や、ものの見方を見直すことにもつながる。
・筆者の書きぶりの評価は人それぞれ。
◎「点」・「面」という比喩的な表現を用いて対比的に述べている。

3 独特な比喩的表現の効果について話し合う

「面」は、「広がり」や「はんい」のことなんだね。だったら、「広がり」や「はんい」と直接書いたらいいと思わない？

「点」と比べるためにも「面」という言葉を選んだんじゃないかな。「面」を強調するために

どういうことか、よく分からないな…

しかけ（仮定する）

「面」という独特の比喩的表現で主張している筆者の意図を考えるよう促す。「点」との対比による強調の効果や、一つの言葉に二つの観点が込められていることに気付かせたい。　配慮㋑

4 独特な比喩的な表現の効果についてまとめる

「点」・「面」という表現をした筆者の意図をノートに書こう

シンプルだけど印象に残るね

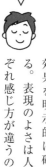

「点」について述べることで、「面」のことを強調できるね

まとめ・振り返り

まとめでは、「点」・「面」の比喩的な表現の効果を明示的に確認する。表現のよさは人それぞれ感じ方が違うので、ここでは筆者の意図を捉えることがポイントである。

準備物
・中のセンテンスカード　・絵、図
・「初め」と「終わり」の拡大紙（前時に用いたもの）　4-05、06
・「面」という言葉を別の言葉に置き換えた補助プリント　4-07

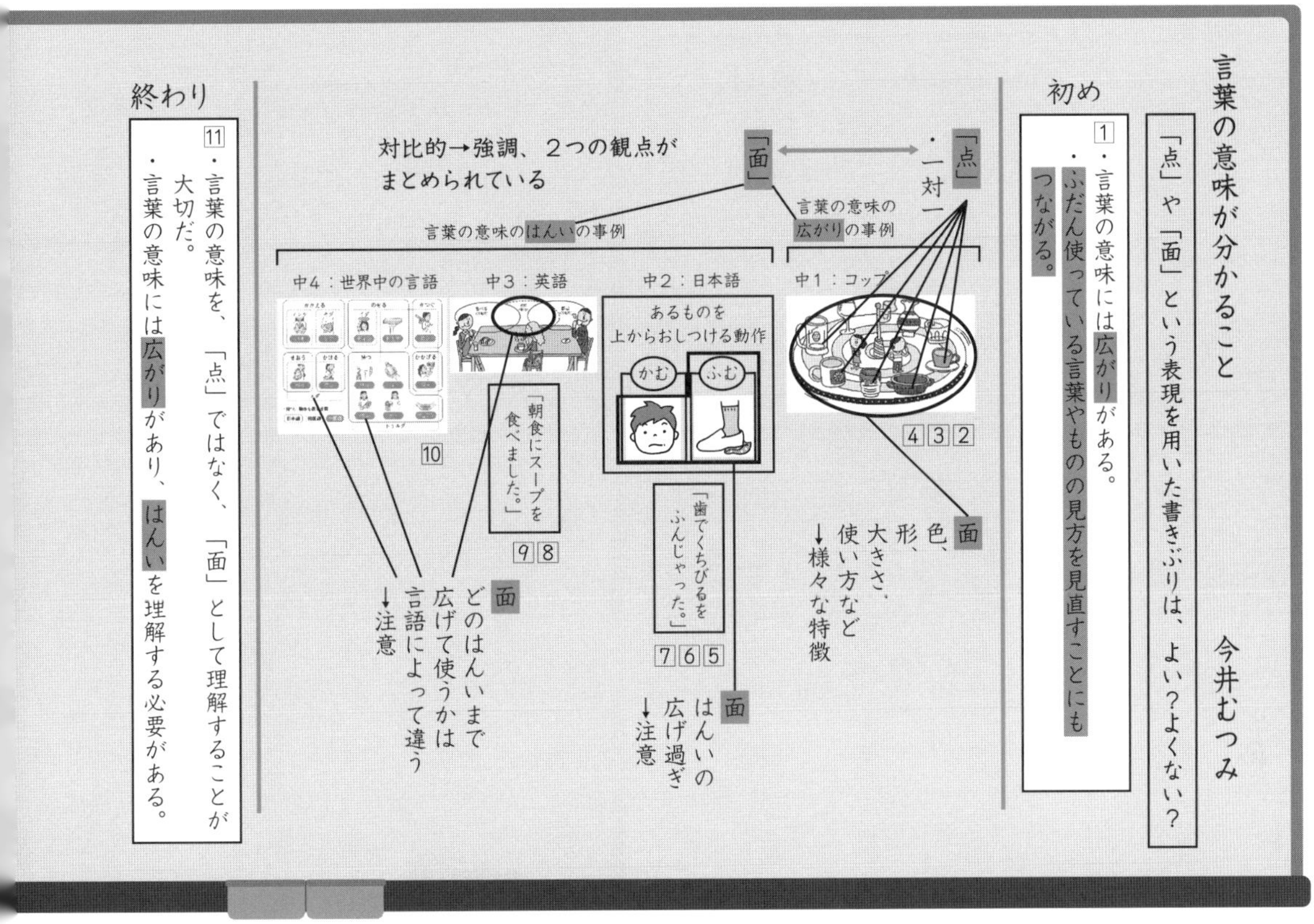

1 空欄を想像しながら読む

ここには何が入るか考えながら音読しよう

「面」が大切だと筆者は考えているよね
「点」と「面」って、何のことなのか、いまいちピンとこないんだよね

しかけ（隠す）

「初め」と「終わり」の抜粋した主張文を音読する。その際、「点」・「面」の語句を隠し、筆者独特の書きぶりに焦点を当てる。

2 筆者の書きぶりについて話し合う

「点」や「面」という表現を用いた書きぶりはよい？よくない？

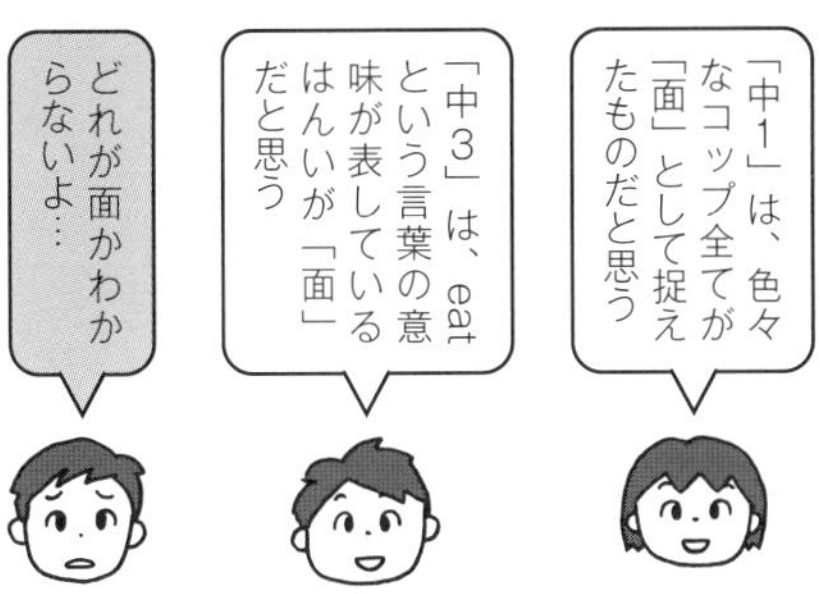

「中1」は、色々なコップ全てが「面」として捉えたものだと思う
「中3」は、eatという言葉の意味が表しているはんいが「面」だと思う
どれが面かわからないよ…

Which型課題

各意味段落の事例を表している資料を用いて、「面」についての説明を捉えることができるようにしたり、「点」についてコップの事例の絵をもとに説明するよう促し、イメージをもたせていく。

このように、評価をするためには、内容確認が欠かせない。配慮ア

本時の展開　第二次　第4時

目標　双括型の特徴や筆者の主張をふまえた上で、要旨を100文字以内でまとめることができる。

[本時展開のポイント]

主張と事例とのつながりを前時までに正確に捉えてきた。「見立てる」で学習した要旨をまとめるときのポイントを確認した後、子どもたちに任せて書かせるようにする。

[個への配慮]

㋐書き始めの言葉の見本を提示する

スムーズに書き始めることが困難な場合、安心して書き始めることができるように、書き始めの言葉の見本を提示し、真似するように促していく。

㋑数人の子の要旨要約文を紹介していく

まとめ上げた要旨のイメージをもつことが困難な場合、書きぶりのイメージがもてるように、数人の子の要旨要約文を紹介していく配慮をする。

12 ・言葉の意味を「面」として考えることは、ふだん使っている言葉や、ものの見方を見直すことにもつながる。

3 要旨を自分なりにまとめる

要旨を百文字以内でまとめてみよう

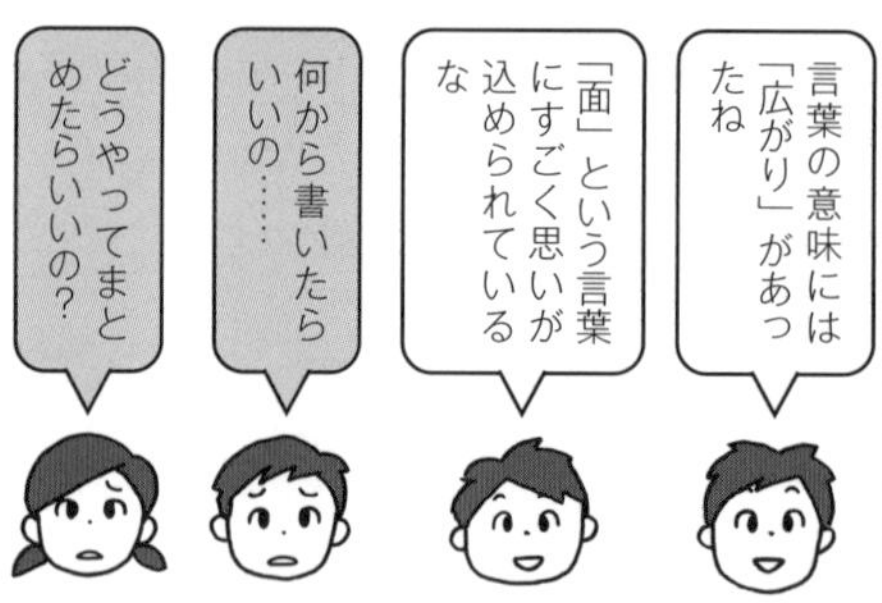

言葉の意味には「広がり」があったね
「面」という言葉にすごく思いが込められているな
何から書いたらいいの……
どうやってまとめたらいいの?

要旨要約

ここからの活動は、子供たちに任せていくようにする。机間指導を行い、粘り強く取り組む姿勢やそれぞれの書きぶりを称賛して価値付けを行っていくようにする。

配慮㋐㋑

準備物
・「初め」と「終わり」の拡大紙（前時に用いたもの）　4-05、06
・100 文字要約シート

言葉の意味が分かること　今井むつみ

要旨を百文字以内でまとめよう！

長い文章でも書いた人の考えを理解できるようになる。

シンプルにまとめる力がつく。

要旨を捉えることができると、自分の考えも伝えやすそう。

要旨・・・筆者が伝えたいことの中心
（内容の中心・考えの中心）

◎要旨をまとめるときのポイント！
・筆者の主張を中心にまとめる。
・双括型の場合、バージョンアップした主張をもとにする。
・文字数に応じて、補足していく。

はじめ

1
・言葉の意味には広がりがある。
・ふだん使っている言葉やものの見方を見直すことにもつながる。

2～10　事例

おわり

11
・言葉の意味を、「点」ではなく、「面」として理解することが大切だ。
・言葉の意味には広がりがあり、はんいを理解する必要がある。

1 要旨をまとめることのよさについて話し合う

要旨をまとめることのよさって何かな？

長い文章でも大事なことがつかめる

相手の意見に対して自分の考えを伝えることができる

要旨をまとめることについてのよさを話し合うことで、活動の意味を子供たちにもたせるようにしていく。

2 要旨をまとめるときのポイントやキーワードを確認する

「見立てる」のときに学習した要旨をまとめるときのポイントを覚えているかな？

ノートにまとめている

大事なキーワードを使ってまとめたらよかったね

双括型のときは、バージョンアップした主張を基にすればよかったね

ノートを見返し、見立てるの学習を振り返らせるようにしていく。
要旨をまとめる上で絶対にはずせないキーワードを一緒に確認することで、これからまとめる要旨の大枠を捉えていけるようにする。

本時の展開　第三次　第1時

目標　筆者の主張や論の進め方について話し合うことを通して、見方や考え方を整理したり、広げたりして、最後に自分の考えをノートにまとめることができる。

[本時展開のポイント]

ネームマグネットを用いて、それぞれの立場のズレを視覚的に認識させることで、対話の必然性を生むようにしていく。

[個への配慮]

㋐ノートを一緒に見返したり、写真を見せたりする

自分の考えをノートに書くことが困難な場合、これまでの学習を想起できるように、ノートを一緒に見返したり、板書の写真を見せたりするなどの配慮をする。

㋑インタビューをして考えを引き出したり、下書きメモをとったりする

自分の考えをまとめることが困難な場合、頭の中を整理できるように、点数の理由をインタビューして考えを引き出し、教師が下書きメモをとったりするなどの配慮をする。

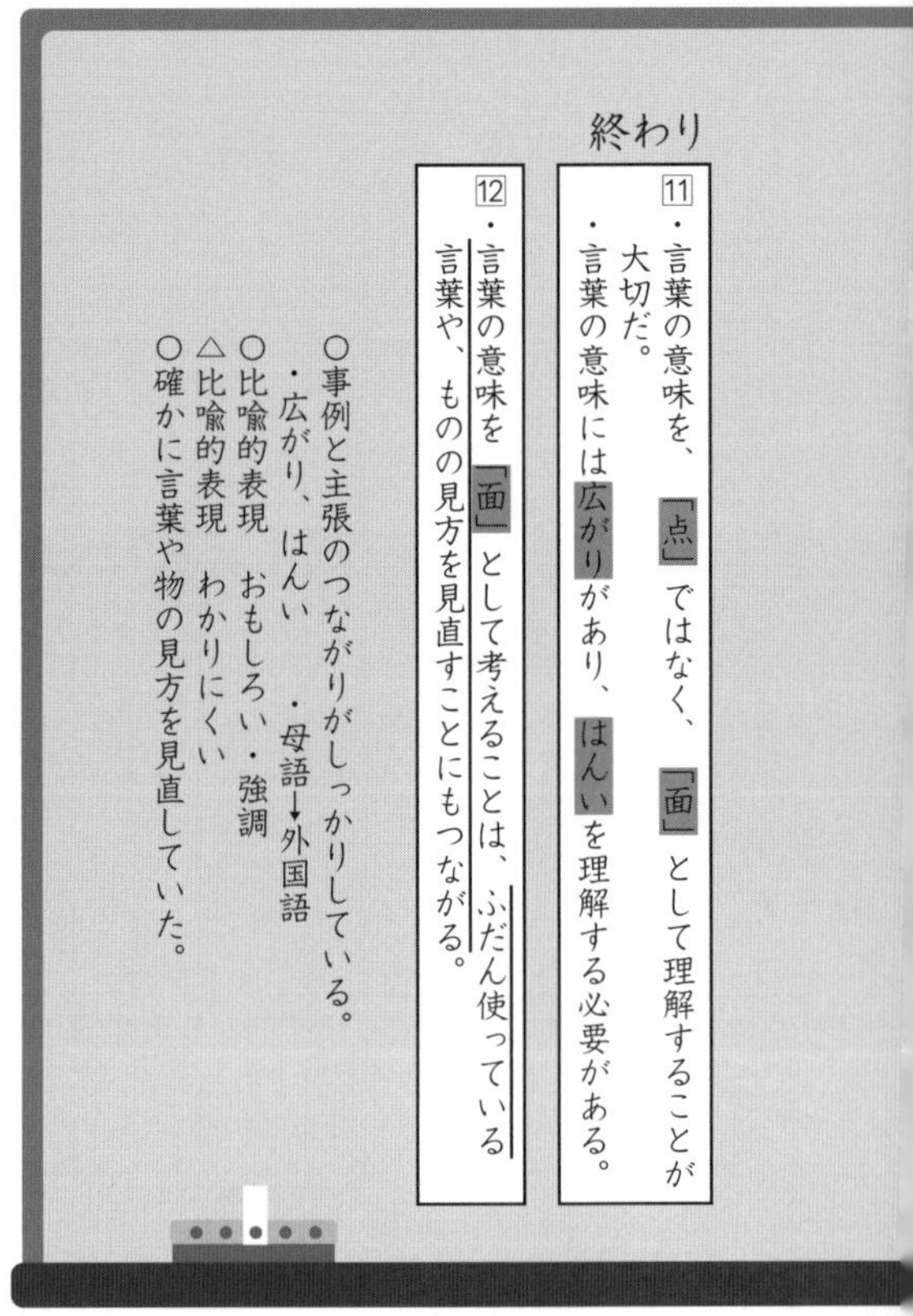

○比喩的表現　おもしろい・強調
△比喩的表現　わかりにくい
○確かに言葉や物の見方を見直していた。

3 自分の考えをノートにまとめる

話し合いを受けて、何点になったかな？理由も含めてノートに書こう

共有したよさや考えを基に、再度自分の考えをノートにまとめるよう促す。同じ観点に着目していても、人ぞれぞれ感じ方や考え方が違うことのおもしろさも共有するようにしていく。

配慮㋑

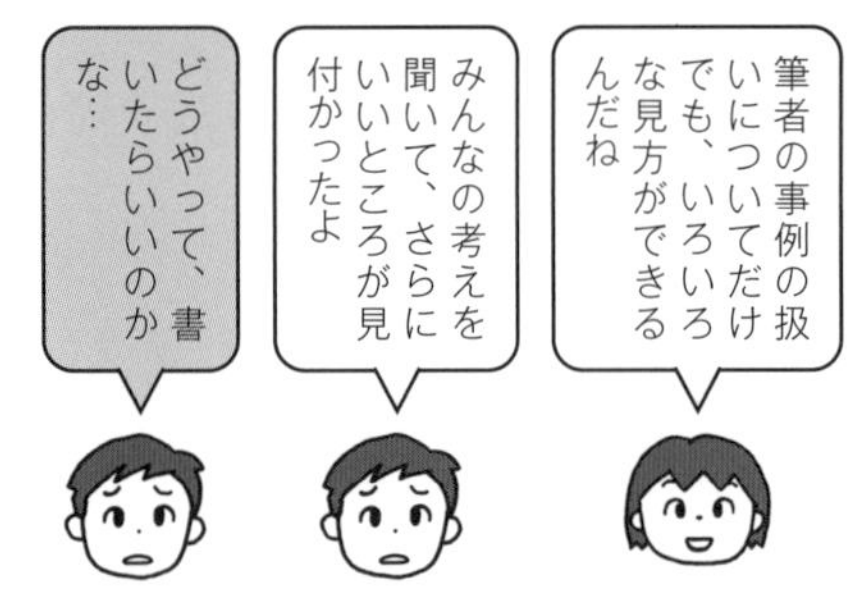

筆者の事例の扱いについてだけでも、いろいろな見方ができるんだね
みんなの考えを聞いて、さらにいいところが見付かったよ
どうやって、書いたらいいのかな…

準備物
・絵、図　・中の要点カード　4-08〜11
・「初め」と「終わり」の拡大紙（前時に用いたもの）　4-05、06
・ネームマグネット

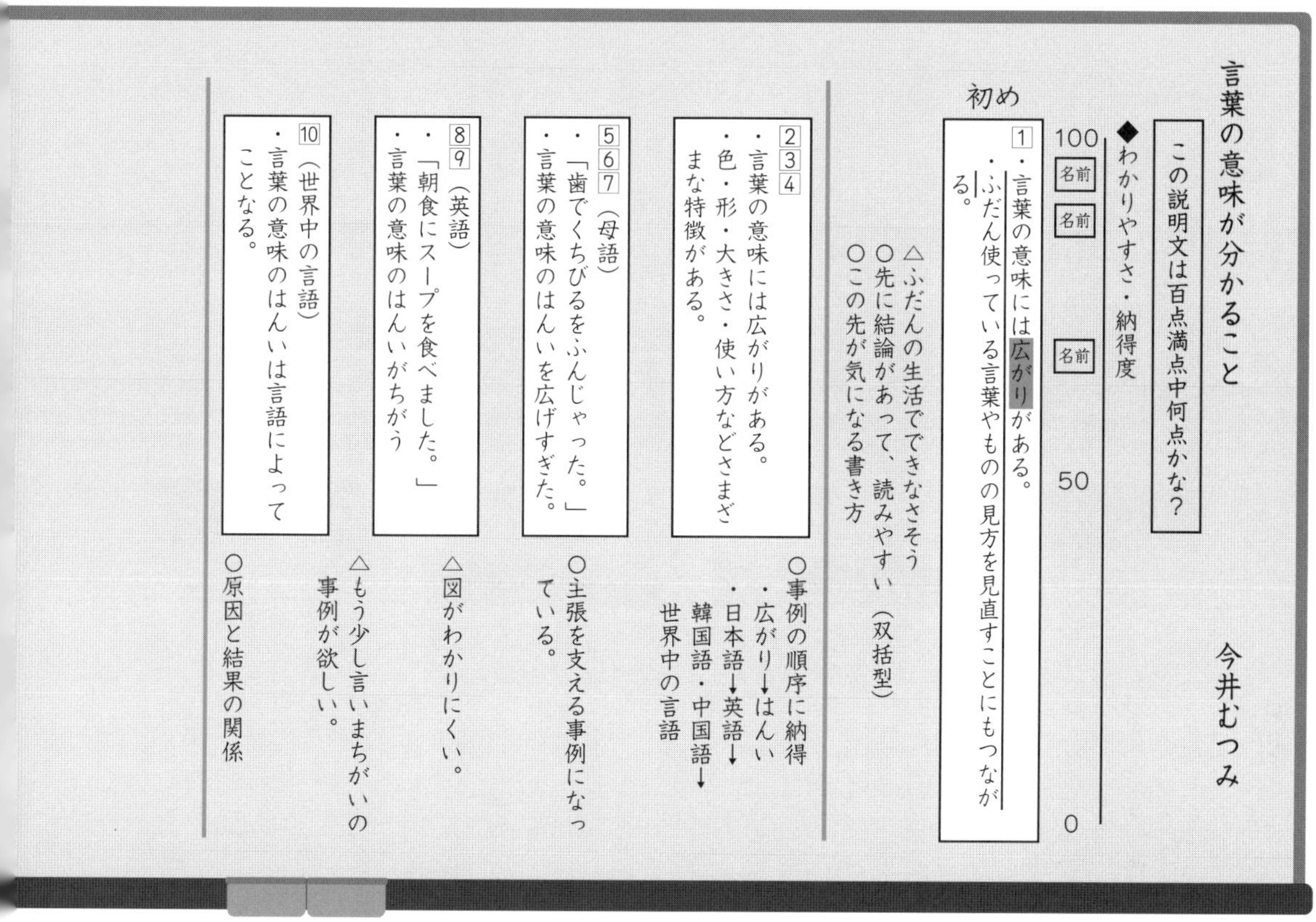

△ふだんの生活でできなさそう
○先に結論があって、読みやすい（双括型）
○この先が気になる書き方

・日本語→英語→韓国語・中国語→世界中の言語

○主張を支える事例になっている。

△図がわかりにくい。
△もう少し言いまちがいの事例が欲しい。

1 前時に書いた要旨を交流する

前の時間にみんなが書いた要旨を紹介するよ

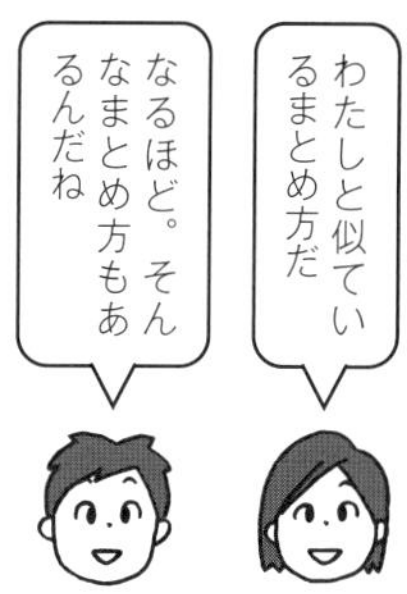

わたしと似ているまとめ方だ
なるほど。そんなまとめ方もあるんだね

子供たちが書いた要旨を紹介し、学びの空気づくりをするとともに、筆者の伝えたいことを確認していく。

2 説明文の評価について、話し合う

この説明文は百点満点中何点かな？

90点だよ。事例の順序は分かりやすいんだけど…。「面」の意味が捉えにくいな
80点だよ。主張と事例が分かりやすくつながっていたからね。でも、もっと他の言葉の事例もあると分かりやすくなると思った
何点だろう

筆者の主張や論の述べ方に対して、「わかりやすさ」や「納得度」などの観点で、この説明文を評価していくよう促す。

話し合いでは、見方を広げていけるように、子供たちの意見をつないでいくようにする。

肯定的な意見と否定的な意見を区別して板書で整理していくようにする。

配慮ア

「固有種が教えてくれること」の授業デザイン

（光村図書５年）

教材観

様々な統計資料を効果的に使った説明文である。動植物の「固有種」を調べることが生物の進化や日本列島の成り立ちを知ることにつながるという主張1、だからこそ固有種を守らねばならないという主張2が述べられている。典型的な双括型の文章構造は筆者の主張をくりかえし明確に伝え、本論もまた理路整然と整理されている。文章と資料を結び付けて読む力と全体構造を的確に捉える力を同時に求められる教材である。

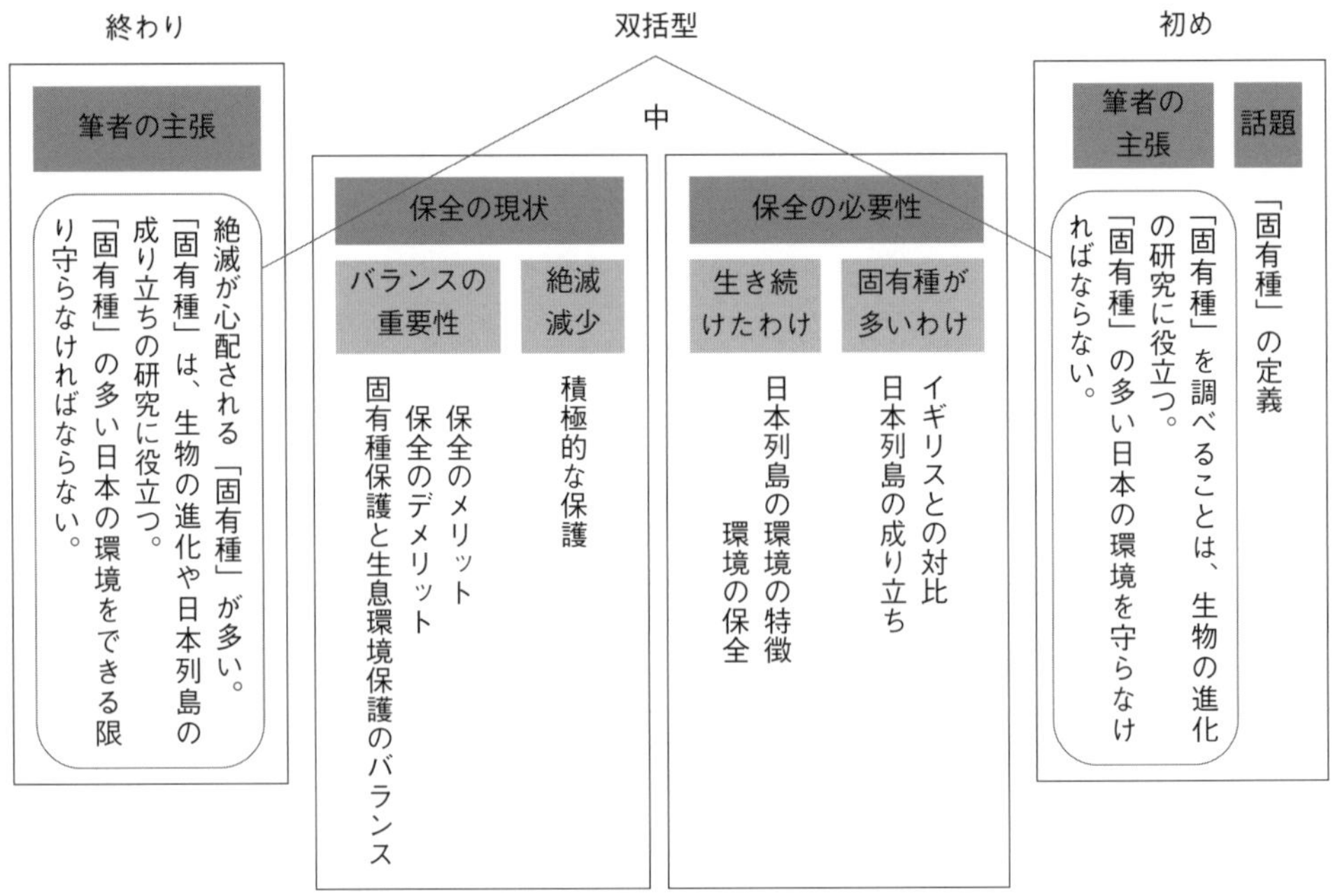

身に付けさせたい力

・文章と図表などを結び付けながら必要な情報を見つけ、論の進め方の工夫を読み取る力
・文章全体の構成を捉えて要旨を把握する力

授業づくりの工夫

焦点化	視覚化	共有化
○「はじめ」と「おわり」だけに限定して比較し、共通点（筆者の主張）を捉える。 ○要旨要約の際、一度「中」を完全に削った上で、必要部分を拾い上げる。	○意味段落の抽象度に従って、段落カードの配置を工夫し、全体構造を図示する。 ○統計資料と本文テキストとの関係性を線で結ぶ。	○要約作業の途中で仲間の書いている文を読み歩く時間を設ける。 ○複数の統計資料を読み取る際、ジグソー法等を用いて交流する。

単元目標・評価規準

目標 統計資料と文章を結び付け、筆者の主張を的確に捉えることができる。

知識・技能

○情報と情報の関係付けの仕方、図などによる語句と語句との関係の表し方を理解し使っている。 (2)イ

思考・判断・表現

○「読むこと」において、文章と図表などを結び付け、必要な情報を見付け、論の進め方の工夫を読み取っている。 C(1)ウ

○「読むこと」において、文章全体の構成を捉えて要旨を把握している。 C(1)ア

主体的に学習に取り組む態度

○進んで文章と図表などを結び付け、情報と情報の関係付けの仕方から筆者の主張を読み取ろうとしている。

単元計画（全9時間）

次	時	学習活動	指導上の留意点
一	1	**筆者は何を主張しているのかな** ○「初め」と「終わり」を比較し、筆者の主張を捉える。	○題名「固有種が教えてくれること」への回答を常に念頭に置かせる。
二	1	**筆者はどのような工夫をしているのかな** ○段落に小見出しをつけ、全体構造を把握する。	○「中」を大きく二つに分け、さらに細かい関係を図示させる。
	2	○統計資料と文章の関係を捉える。	○本文テキストに線を引かせ、資料とつなげる。
	3	○統計資料の数を制限するならば、どれを削るかを検討する中で、それぞれの価値・効果について話し合う。	○資料の価値を比較する中で、それぞれの資料の本質に気付かせる。
	4	○ 100 文字で要旨要約を行う。	○要旨に入れたい要素を列挙させ、優先順位について話し合わせ、書くための足場をつくる。
三	1	**統計資料を用いて文章を書いてみよう** 【統計資料の読み方（情報）】 ○教科書に記載されている統計資料の内容理解とそこから考えられることを話し合う。	○統計資料から読み取った情報に対してどのような考察が可能なのか、多様なバリエーションがあるという経験を積ませる。
	2	【グラフや表を用いて書く】 ○教科書の文例「社会は、くらしやすい方向に向かっている」に用いられている工夫を発見する。	○統計資料の読解とそこからの考察をいかに表現するのか、モデルを丁寧に分析し、次時の活動の足場をつくる。
	3	○図表を用いて文章を書く。	○統計資料持ち込み自由。引用元明確化の徹底を確認する。
	4	○書いた文章を発表・交流し、単元の振り返りを書く。	○再度、本文「固有種が教えてくれること」を振り返らせることで、より深い理解が可能になる。

教材分析

エ　対比

日本の固有種の多さを際立たせるために、同じ島国であるイギリスと比べている。

オ　非連続型テキスト

本文には多くの図や表、写真などの資料が示されている。自由に資料とテキストの間を往還する「非連続的」な読み方が必要になる。また、資料は筆者の主張を支えるために用いられるため、資料のどこに焦点を当て、どのような考えを導き出すかは筆者に委ねられている。

中

固有種保全の必要性

固有種が日本に多いわけ

イギリスとの対比

3　（エ）日本に固有種が多いことは、同じように大陸に近いところにある島国イギリスと比べるとよく分かります。ユーラシア大陸をはさんで東に日本列島、西にイギリス諸島があります。それぞれの国の陸地にすむ陸生ほ乳類の種の数を比べてみましょう。日本には、アマミノクロウサギをはじめ、百七種がいて、そのうち半数近くの四十八種が固有種です。一方のイギリスには、ハリネズミ、ヨーロッパヤマネコなど四十二種がいますが、固有種はゼロ。イギリスにすんでいるほ乳類は、全て対岸のユーラシア大陸と同じ種なのです。

日本列島の成り立ち

4　日本に固有種が多いわけは、日本列島の成り立ちに関係があります。日本列島は、はるか昔、大陸と陸続きでした。このとき、多くの動物が、大陸からわたってきたとされています。その後、日本列島は、長い年月をかけて大陸から切りはなされていきます。野生生物の分布をもとにすると、日本列島は北から北海道、本土（本州・四国・九州）、南西諸島の三つのちいきに分けられますが、それは、大陸から切りはなされて島になった時期が、それぞれのちいきでことなるためです。

5　（オ）資料2を見てください。アマミノクロウサギの生息する南西諸島は更新世前期に大陸から切りはなされて島になりました。アマミノクロウサギは、そのずっと以前に大陸からわたってきた古い種です。大陸では、その後もっと進化したウサギが栄えたためにほろび、アマミノクロウサギは、南西諸島の奄美大島と徳之島でだけ生き残ったというわけです。このように、他のちいきと分断されることによって、固有種は生まれるのです。同じように、本土にはニホンザルなど、種に更新世中期のものが生き残り、固有種になっています。

■第一次　第1～2時

「文章構成を図解させる」

（しかけ「図解する」）

「初め」「中」「終わり」の三段構成とともに、「中」を大きく二つに分け、文の流れをつかむよう指示する。さらに本文の論理展開を捉えるために、各段落に小見出しをつけるよう促す。

（ウ・エ・カ・キ）

■第二次　第3時

「図表の効果を話し合わせる」

（しかけ「仮定する」）

図表と本文テキストの関係を詳細に比較する。また、

・図表を増やすなら

・図表を減らすなら

という発問を投げ掛けて、図表の効果について考えさせる。

（オ）

◆教材分析のポイント　その①　【題名との関係】

本文の題名は「固有種が教えてくれること」となっている。この問いに対して「固有種は生物の進化や日本列島の成り立ちを教えてくれる」という回答が与えられている。③段落から⑦段落まではこの題名への回答で成立している。⑧〜⑨段落は、そのための「保全の必要性と実際」について語られている。

指導内容

ア　話題提示

一般的なウサギから特殊なウサギに着目することで「固有種」に焦点化している。

イ　譲歩構文

たしかに　X
しかし　Y
だから　Z

今回、筆者の主張のために採用されている論理展開。

ウ　双括型

「日本の豊かな環境をできる限り残していきたい」という筆者の主張が「はじめ」と「おわり」に二度明記されている。

初め

話題提示

固有種が教えてくれること　　今泉忠明

1　ア ウサギといえば、耳が長くてぴょんぴょんはねる、鳴かない動物―そう考える人が多いのではないでしょうか。イ しかし、アマミノクロウサギという種はちがいます。耳は約五センチメートルと短く、ジャンプ力は弱く、そのうえ「ピシー」という高い声で鳴くのです。このウサギは、日本だけに生息しています。このような、**特定の国やちいきにしかいない動植物のことを「固有種」**といいます。

筆者の主張

2　固有種には、古い時代から生き続けている種が多くいます。アマミノクロウサギも、およそ三百万年以上前からほぼそのままのすがたで生きてきたとされる、めずらしいウサギです。このウサギと比べることで「耳が長い」「ぴょんぴょんはねる」「鳴かない」というふつうのウサギの特徴が、長い進化の過程で手に入れられたものなのだということが分かります。固有種と他の種とを比べることは、生物の進化の研究にとても役立つのです。ウ **日本には、固有種がたくさん生息するゆたかな環境があります。わたしは、この固有種たちがすむ日本の環境を、できるだけ残していきたいと考えています。**

◆教材分析のポイント　その②　【非連続型テキストの価値】

本単元は説明文に非連続型テキストを効果的に用いる方法について考えることが主要な学習テーマとなっている。特に「統計資料の読み方」と「グラフや表を用いて書こう」といった「情報に関する学び」と「書くことに関する学び」がセットで提供されている。本文における資料6・7といった統計資料は特に読み取りが難しく、適切な学習が必要である。

指導のポイント

■**第一次　第1時**

「文を限定して考え、予想するようにする」　（しかけ「限定する」）

「初め」と「終わり」だけを見比べ、共通点（筆者の主張）を捉えられるよう、着目すべき文を限定する。

その後、本文読解への意欲を高めるために「中」の部分の内容を予想させる。　（ア・イ・ウ）

「中と結論の紐づけ」

「中」で示されているキーワードが、「終わり」にどう反映されているのかを明らかにし、説明文全体を俯瞰する。　（ク）

教材分析

キ　反例の挿入

保全によって絶滅が危惧された動物が増えた例に対して、増えすぎたことでくじょせざるをえなかった反例を対比的に挿入し、「できる限り」のバランスの重要性を示している。

ク　結論

「中」の事例で述べられたキーワードが集結し、全体が反映されたものとして示されている。

中		終わり
固有種保全の現状		筆者の主張
保全におけるバランスの重要性		
保全のメリット	保全のデメリット	

9 この問題が分かってから、固有種などを天然記念物に指定したり、「絶滅危惧種」などとランク分けしたりして、積極的な保護が行われてきました。例えばニホンカモシカは、らんかくによって一時は絶滅したのではないかとされ、「まぼろしの動物」とよばれるほどに減少しました。しかし、一九五五年に特別天然記念物として保護されるようになると再び増加し、現在は全国に十万頭以上にまで増えました。保護したことがよい結果を生んだのです。

10 しかし、いいことばかりは続きませんでした。ニホンカモシカは、生息場所である天然林が減少するのにともなって、植林地に現れ、幼木の芽を食べるようになりました。それがきらわれ、特別天然記念物にもかかわらず、ちいきによっては害獣としてくじょされるようになったのです。**固有種の保護は、その生息環境の保護とバランスが重要なのです。**

11 今、絶滅が心配されている固有種が数多くいます。絶滅してしまうと、その動物には二度と会うことができなくなります。数万から数百万年もの間生き続けてきた固有種は、**生物の進化や日本列島の成り立ちの生き証人としてきちょうな存在です。**また、**日本列島のゆたかで多様な自然環境が守られていることのあかしでもあります。その固有種は、この日本でしか生きていくことができません。**ですから、わたしたちは、**固有種がすむ日本の環境をできる限り残していかなければなりません。**それが、日本にくらすわたしたちの責任なのではないでしょうか。

■第三次　第3時

「図表を用いた文章を書かせる」　（共有化）

・目的にあう資料選び
・説明の順序
・資料と文章の対応
・資料の読み取りと自らの意見の分離

をポイントに挙げ、プレゼンテーションに取り組ませる。　（オ）

■第三次　第4時

「単元の振り返り」　（メタ認知）

本文に続く、「統計資料の読み方」と「グラフや表を用いて書こう」を総合して、資料と説明文の関係性について振り返らせる。

指導内容

カ　事例のまとめ
二つの具体的事例
・保全の必要性
・保全の現状
の末尾にはそれぞれのまとめが記され、論理展開がより明確になっている。

固有種が日本に多いわけ
日本列島の成り立ち

6 北海道が大陸とはなれたのは、完新世とよばれるひかく的新しい時代です。ですから、本土に比べて固有種が少なく、ヨーロッパまで分布しているヒグマなど、大陸と同じ種がたくさんすんでいます。イギリスは、さらに新しい時代に大陸から分かれたために、固有種がいないのです。

固有種保全の必要性
日本で生き続けてきたわけ

7 このようなことから、日本列島には数百万年前に出現したものをはじめ、さまざまな時代から生き続けているほ乳類が見られ、そのほぼ半数が固有種なのです。では、このさまざまな動物たちが何万年も生き続けることができたのはなぜでしょう。それは、日本列島が南北に長いため、寒いちいきからあたたかいちいきまでの気候的なちがいが大きく、地形的にも、平地から標高三千メートルをこす山岳地帯まで変化に富んでいるからです。そのおかげで、さまざまな動物たちがくらせる、ゆたかで多様な環境が形づくられたのです。日本にやって来た動物たちは、それぞれ自分に合った場所を選んだことで生きぬくことができたのでしょう。そして、その場所は、今日まで長く保たれてきました。[カ]**固有種が生き続けていくためには、このゆたかな環境が保全される必要があるのです。**

固有種の絶滅・減少

8 では、現状はどうでしょうか。明治時代以降、人間の活動が活発になり、森林のばっさいや外来種の侵入が進みました。それによって、動物たちのすむ場所が消失するという問題が起こり、すでに絶滅したほ乳類もいます。最もよく知られているのは、本州・四国・九州に生息し、一九〇五年に記録されたものを最後に消息を絶ったニホンオオカミでしょう。二〇一二年には、ニホンカワウソの絶滅が宣言されました。ニホンリスも数が減少しており、すでに九州では全滅したのではないかともいわれています。自然の作用ではなく、人間の活動によって、固有種が減ってきているのです。

指導のポイント

■第二次　第4時
「要旨要約させる」　**(百文字要約)**
題名「固有種が教えてくれること」とは何かを問い、百文字要約に取り組ませる。　(ク)

■第三次　第1時
「統計資料の読み方を確認する」　**(ズレへの焦点化)**
どのような資料を用いて、どのように見せるかによって主張したいことを支えることができるか考えさせる。　(オ)

■第三次　第2時
「課題意識をもって資料を読むようにする」　**(ジグソー法)**
課題に沿って資料を読み、資料から分かることをグループで検討する。　(オ)

本時の展開　第一次　第1時

目標 限定されたテキストを比べることを通して、筆者の主張を的確に捉えると同時に、「はじめ」と「おわり」のズレから「中」を予想することができる。

［本時展開のポイント］

本文が明らかな双括型のため、「初め」と「終わり」の共通点をとることで、容易に筆者の主張が読み取れる。その上で、「中」を予想してから確認する形で本文と出合う。単元冒頭から文章構成を把握する。

［個への配慮］

㋐キーワードが太線で記されているシートを用意する

「初め」「終わり」の文章比較の際、何に注目すべきかが分からない場合、共通点を見付けやすくするために、予めキーワードが太線になっている（場合によっては鍵となる文が太線になっているもの）シートを用意する。

㋑音読確認時にふりがなの入ったテキストを用意する

読むことで精いっぱいになる場合、予想を確かめる取組に焦点化できるよう、①読み仮名②スリット③段落分けがされた本文を用意する。

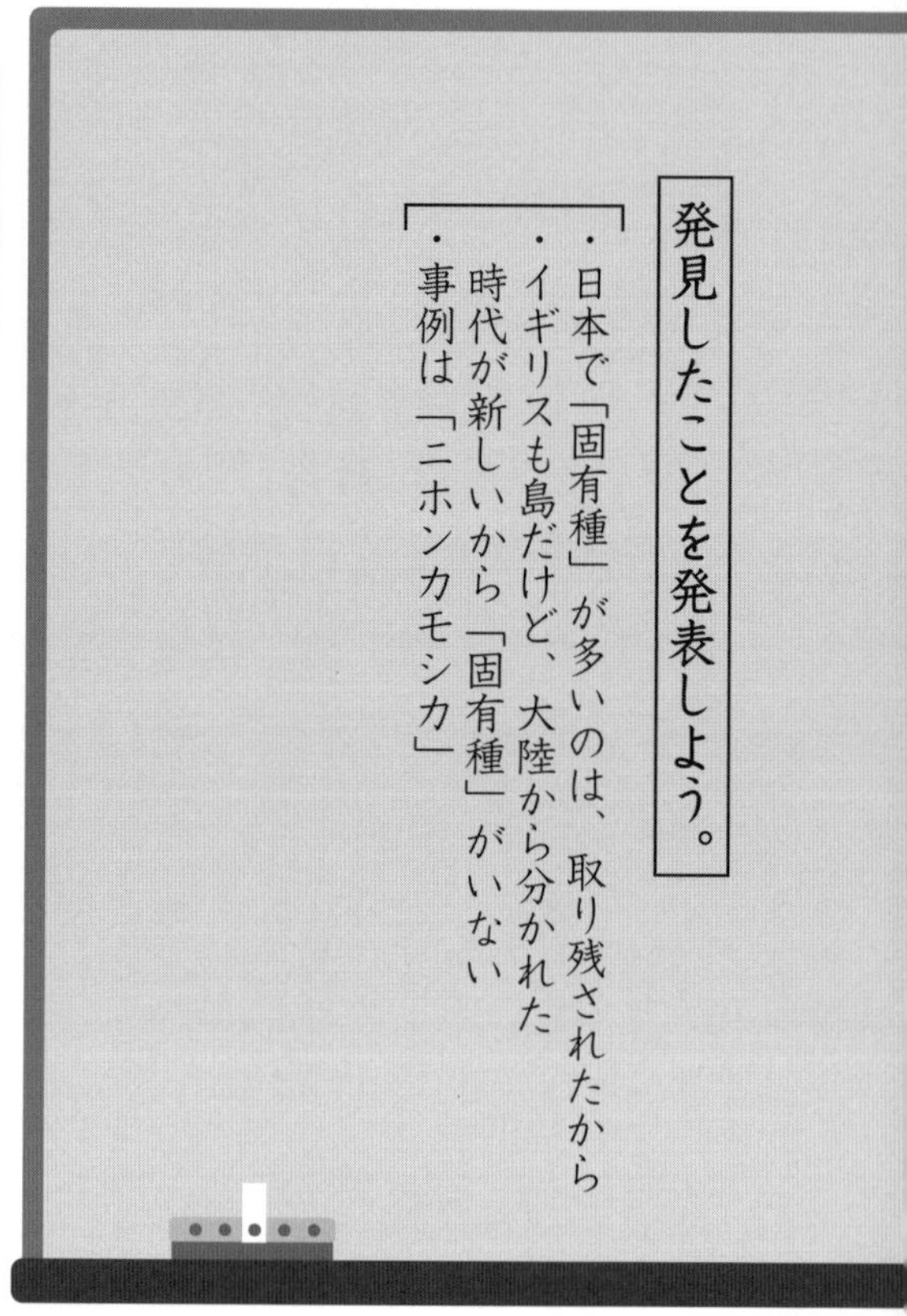

発見したことを発表しよう。
・日本で「固有種」が多いのは、取り残されたから
・イギリスも島だけど、大陸から分かれた時代が新しいから「固有種」がいない
・事例は「ニホンカモシカ」

用語を○で囲み、視覚化する。

3 「中」の内容を想像する

「中」にはどのような事例が並んでいるかな？

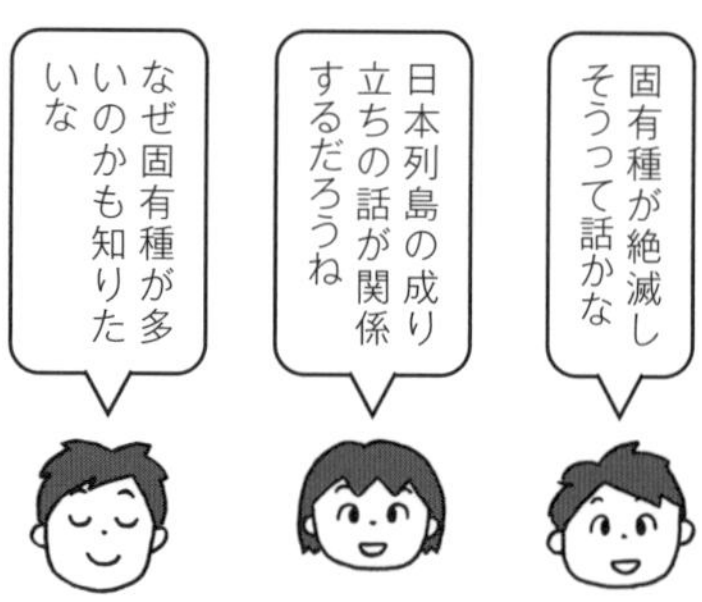

固有種が絶滅しそうって話かな
日本列島の成り立ちの話が関係するだろうね
なぜ固有種が多いのかも知りたいな

予想する

「初め」にはなくて「終わり」にあるキーワードに着目させる。また、筆者の主張を支える事例を想像させる。

4 音読で「中」の内容を確認する

予想が本当かどうか確かめてみよう

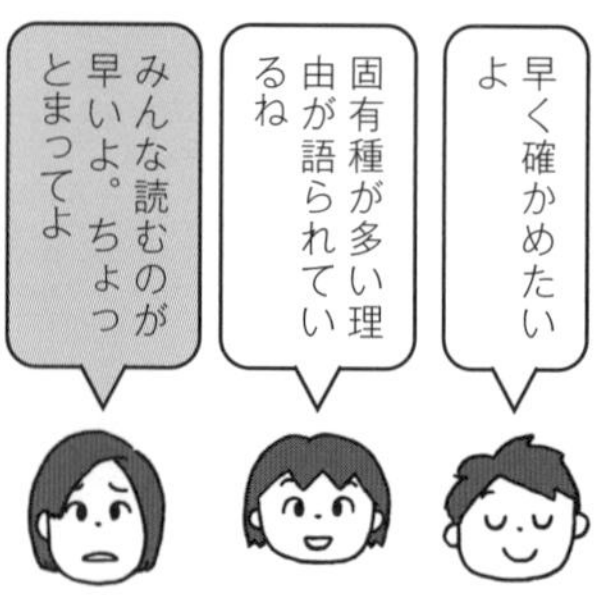

早く確かめたいよ
固有種が多い理由が語られているね
みんな読むのが早いよ。ちょっとまってよ

確認のための音読

十分に「中」の事例を予想することで、読解への欲求を高める。読み終えた後は、新たな発見を確認する。

配慮㋑

準備物
・「初め」と「終わり」のテキスト 5-01、02
・テキストカード（手元で線を引く）

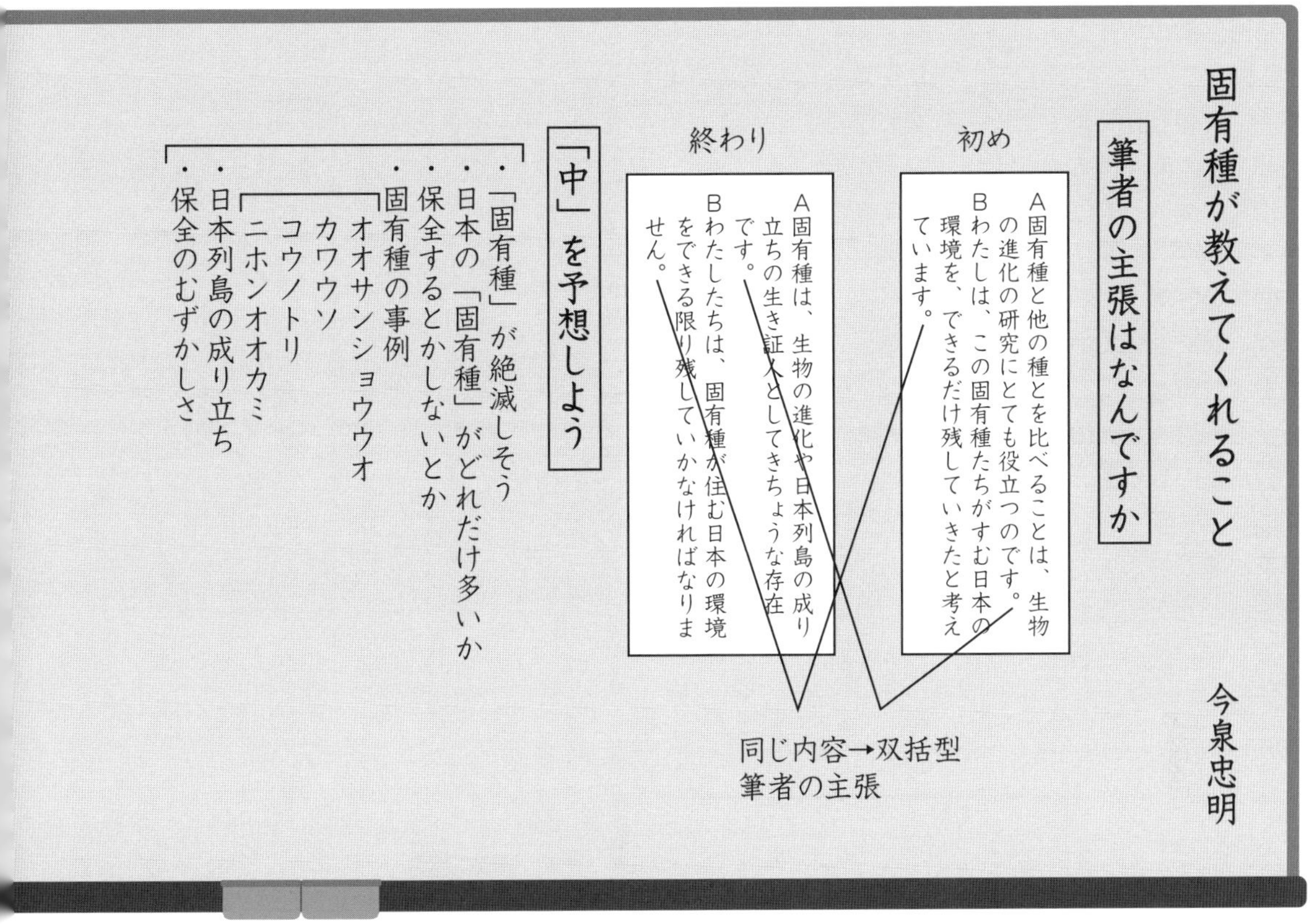

固有種が教えてくれること
今泉忠明
筆者の主張はなんですか
初め
A固有種と他の種とを比べることは、生物の進化の研究にとても役立つのです。
Bわたしは、この固有種たちがすむ日本の環境を、できるだけ残していきたいと考えています。
終わり
A固有種は、生物の進化や日本列島の成り立ちの生き証人としてきちょうな存在です。
Bわたしたちは、固有種が住む日本の環境をできる限り残していかなければなりません。
同じ内容→双括型
筆者の主張
「中」を予想しよう
・「固有種」が絶滅しそう
・日本の「固有種」がどれだけ多いか
・保全するとかしないとか
・固有種の事例
オオサンショウウオ
カワウソ
コウノトリ
ニホンオオカミ
・日本列島の成り立ち
・保全のむずかしさ

1 筆者の主張を捉える

「初め」と「終わり」の共通点は何だろう？

ほとんど同じことを言っている部分があるね

そこが、筆者の主張なんじゃないかな

板書だけじゃ比べにくいなあ

しかけ（限定する）

「初め」と「終わり」のテキストを比較し、共通点を探すよう指示する。複数の共通点が見付かる中、筆者の主張の中心をつかませる。配慮ア

2 文の構成について話し合う

どちらが「初め」でどちらが「終わり」？

こっちには話題提示があるよ

こっちは「絶滅」とか「日本列島の成り立ち」とか特別なキーワードがあるよ

Which型課題

「『固有種』の多い日本の環境を守ろう」という主張で本文をサンドイッチする双括型の文章構成。判断基準は主に次の二つである。

・話題提示の有無
・情報量の違い

「終わり」にしかない

本時の展開　第二次　第1時

目標　「中」の各段落に小見出しを付ける活動を通して、それぞれの段落の特色や抽象度を捉え、本論の文章構造を視覚的に整理することができる。

[本時展開のポイント]

・小見出しを付ける際には、活動が単調にならないよう、選択肢から選んだり、選択肢をまとめたり、オリジナルでつくるなどの変化をつける。
・段落構成を整理して理解できるよう図示する。

[個への配慮]

㋐選択肢を記したカードを用意する
選択肢を頭にとどめられない場合、選択肢を把握しながら本文を読めるよう、常に選択肢を視界に入れられる小型の選択肢カードを用意する。

㋑小見出しをつける際の板書を写真で撮り配付する
選択肢から選んだり、まとめたりする活動の中で、板書の取り方に困難を感じる場合、思考に集中できるよう、その部分の板書を写真で撮り配付することを伝えておく。

保全の必要性		保全の現状	
固有種多い理	生き続けた理由	絶滅減少	バランスの重要性
・日本列島の成り立ち 南西諸島・本土・北海道	・多様な環境 ・日本の環境保全の必要性	・ニホンオオカミ（絶滅） ・ニホンカモシカ（保全）	・保全のメリット ・保全のデメリット ・生息環境の保護とのバランス

2 段落を分類し、「中」の構造を捉える

二つに分けるとどこで分かれるかな。さらに二つに分けるとどこで分かれるかな？

まずは、7と8の間かな

理論から現状に移っているからね

それぞれを分類していくと、頭が整理されていくね

しかけ（図解する）
意味段落としてのブロックのかたまりを捉えさせる。前半では「固有種の重要性」について、後半では「保護の現状」について述べている。美しく整った論理展開であることを子供たちが実感できるよう図に整理する。

3 学習を振り返る

内容と構造についての理解を書こう

固有種がいるから分かることがあるんだね。保全もなかなか難しいんだな

やっぱり説明文はきれいな形をしているね

振り返り
内容理解と構造理解に分けて、思考が整理されてきた様子を書くよう指示する。

準備物
・テキストシート（選択肢） 5-03～09
・ワークシート（段落分類用　枠線のみ）

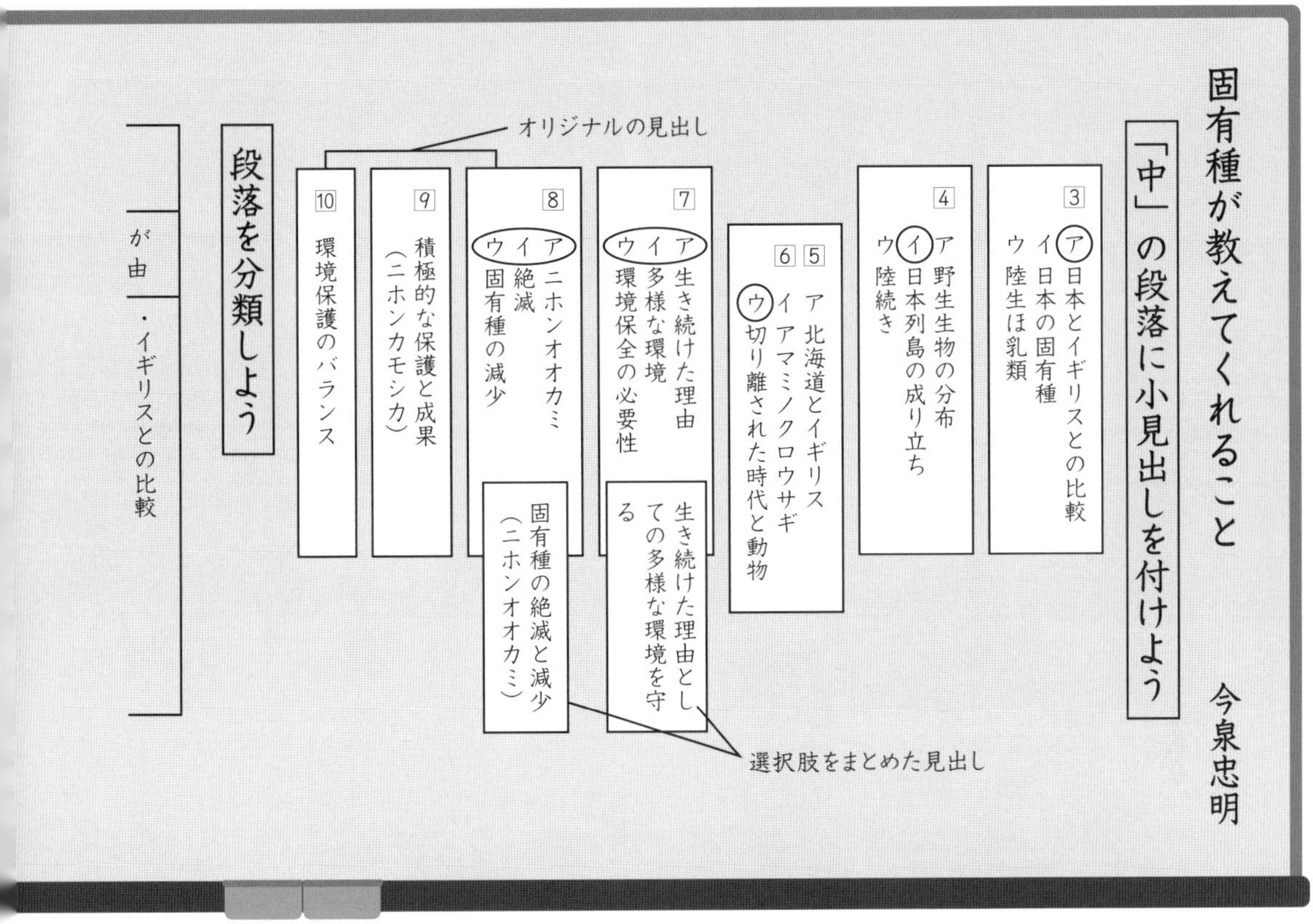

1 各段落に小見出しを付ける

どの小見出しが適当かな?

固有種が教えてくれることなんだから、日本列島の成り立ちが分かるってことだよね
選択肢があれば、なんとか選べるね
選択肢が黒板に貼ってあるだけだと、本文を読みながら忘れちゃうよ
あれ？これ、どの選択肢もあっている気がする。選べないなあ
じゃ、まとめてつくり直そう
これどうやってノートに書くの？

しかけ（選択肢をつくる）

長い説明文において、全ての段落に小見出しを付ける活動は時間と労力を必要とする。小見出しの付け方のモデルとして、選択肢を設ける。

7・8段落ではすべての選択肢に正しい内容を置いた。子供も選択に迷うだろう。そうすることで、選択肢をまとめた小見出しを考えるよう促す。

場面に応じて、オリジナルで名付ける経験も積ませる。　配慮アイ

✓ 本時の展開　第二次　第2時

目標 資料１～４と本文の関係を線で結ぶことを通して、対応関係を捉え、その上で各資料が本文の何を補足しているのかという意図を捉えることができる。

本時展開のポイント

・図表とテキストを並列で配置し、対応関係を捉えやすくする。
・対応関係以外にも図表が担っている役割への気付きを書き込み、非連続型テキストの価値を実感する。
・まずは③段落の資料1における情報のズレ（図表にあってテキストにない情報）に着目する。資料１でのズレの意図をさぐる活動をその後の資料にも転用する。

個への配慮

㋐キーワードが強調されたワークシートを用意する

テキストの量が多過ぎて取り組めない場合、何に注目すればよいのかが分かるよう、キーワードが太字になっているワークシートを選択できるよう準備する。

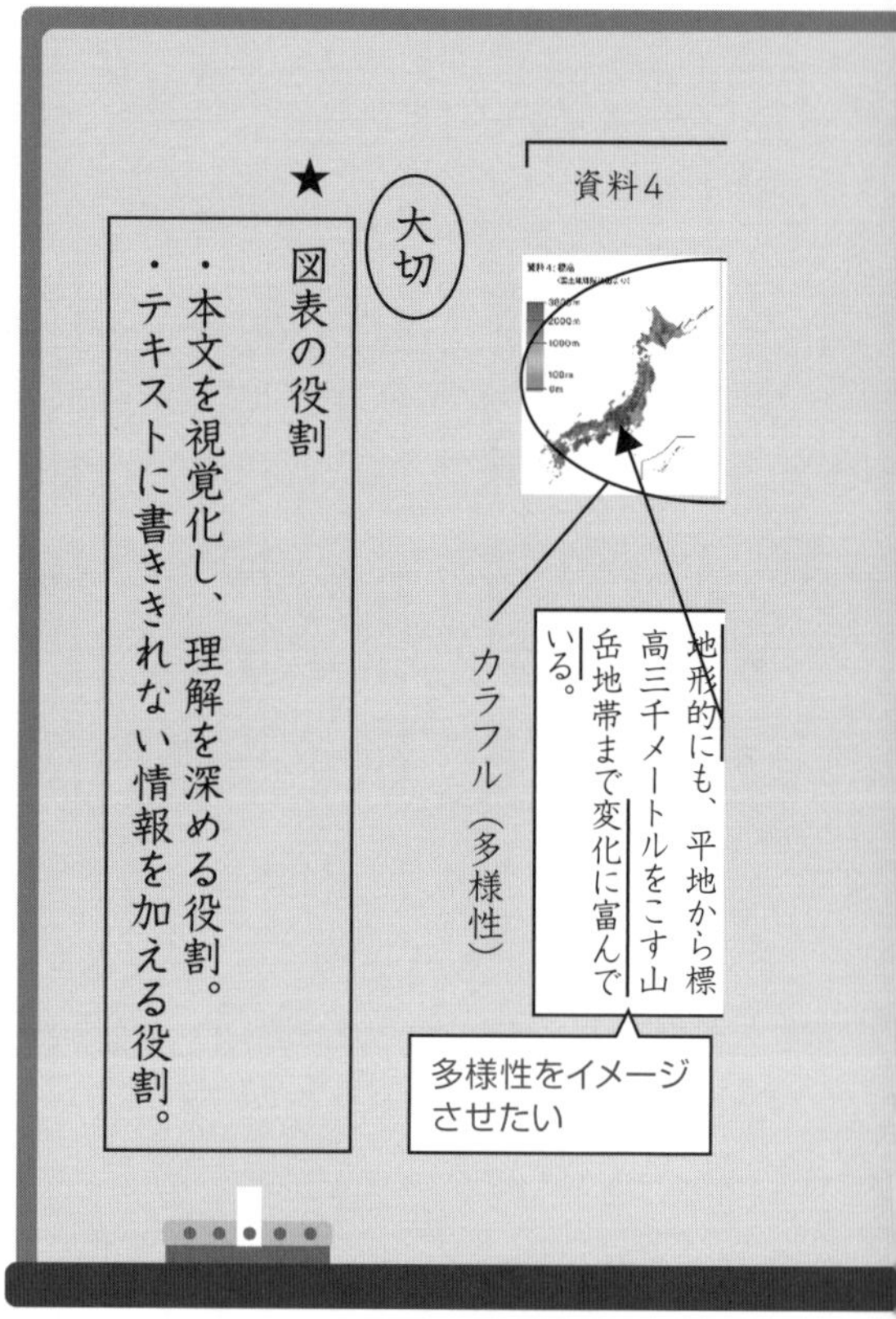

資料４
地形的にも、平地から標高三千メートルをこす山岳地帯まで変化に富んでいる。
カラフル（多様性）
多様性をイメージさせたい
大切
★
図表の役割
・本文を視覚化し、理解を深める役割。
・テキストに書ききれない情報を加える役割。

3

③段落の図表の意図を読み取る

どうして本文にはない情報が書かれているのだろう

表では、文に書ききれない情報も伝えているよ

確かに、面積あたりの密度で示すと信ぴょう性が高いよね。そうやって本文理解につながる情報を補足しているのか

図表の価値を論じる

地図・表ともに対比を表しているため、日本とイギリスの共通点と相違点が見えてくる。また、本文には書ききれない情報が図表で補足されていることへの気付きを待つ。

同様の分析を資料２～４でも繰り返す。

4

学習を振り返る

図表の役割とはなんだろう

図表って本文をイメージや数字で支えているんだね

イメージだけではなく、より詳しい情報も付け足しているよね

振り返り

図表がただ、本文の分かりやすさを支えているだけでなく、語りきれない情報も示していることを押さえる。

準備物
・大判プリント 5-10～12
・ワークシート（図表とテキストを並列したもの）

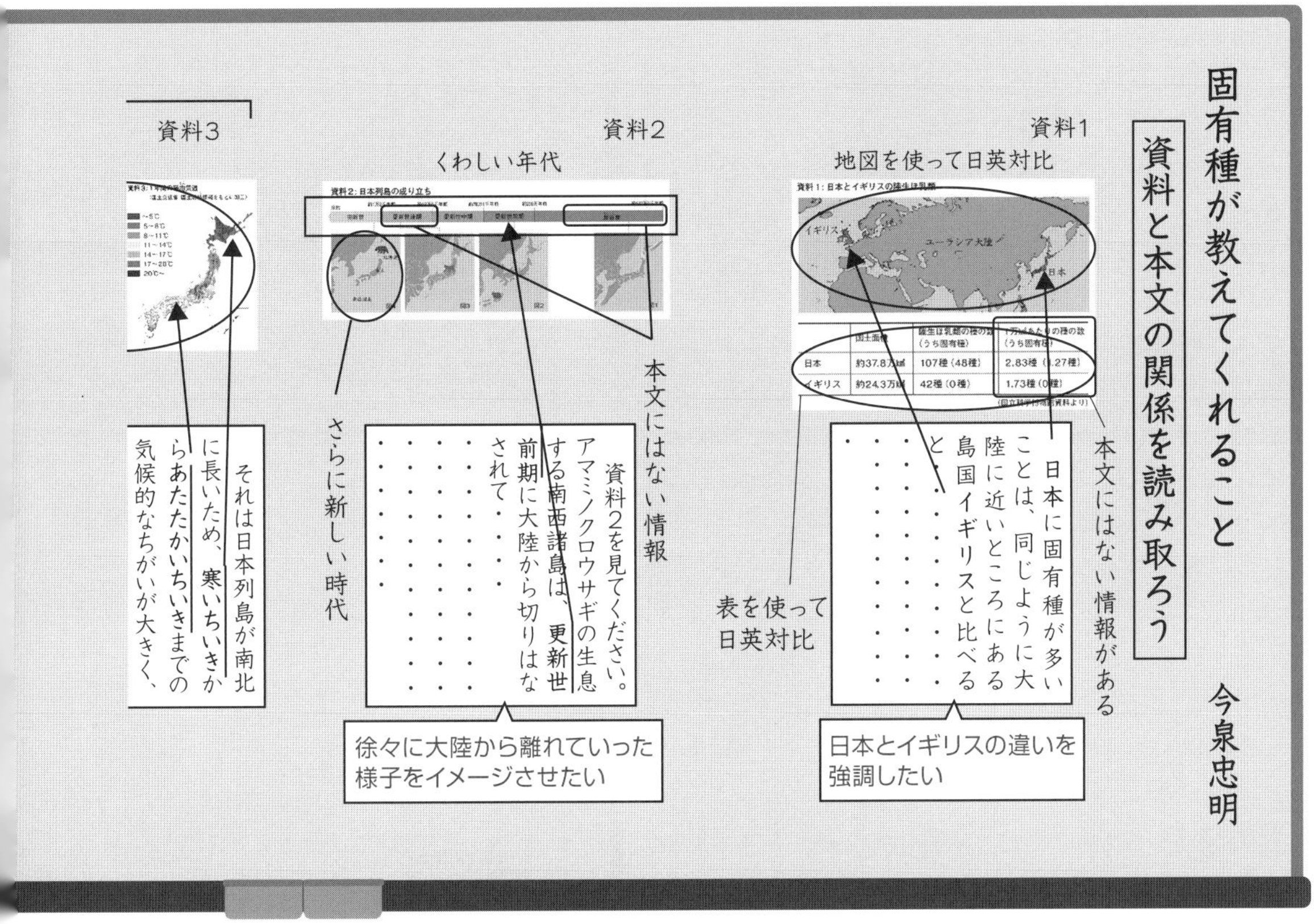

1

3段落を図表なしの本文で読む

イメージをメモしてみよう

イギリスってどこにあるんだったっけ。西と東も間違えてしまいそう
数字の対応がややこしいな

図表がない場合の体験

日本の固有種の多さをイギリスと比較する場面において、図表なしで読んだ際、どのようにイメージできるかをメモさせる。うまくいかない子供が多い中、図表の存在価値を語らせる。

2

ワークシートを用いて、3段落の図表とテキストを結ぶ

図表とテキストの関係を線で結ぼう

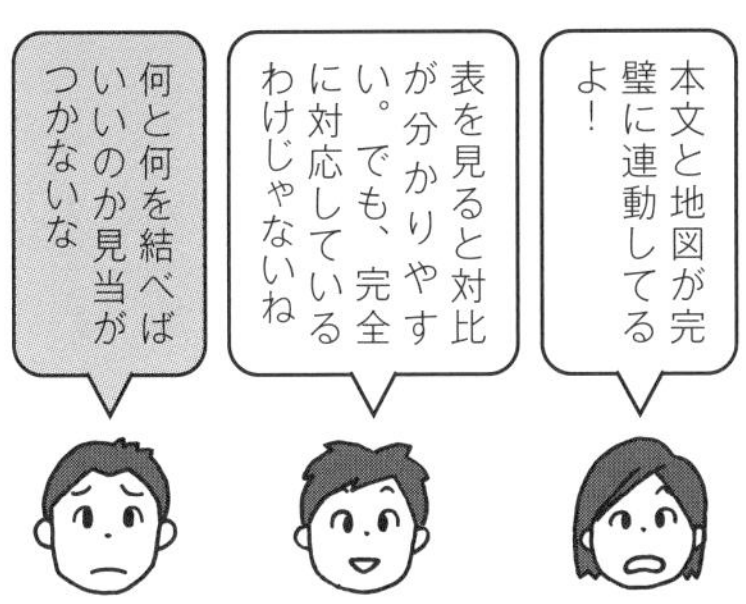

本文と地図が完璧に連動してるよ！
表を見ると対比が分かりやすい。でも、完全に対応しているわけじゃないね
何と何を結べばいいのか見当がつかないな

共通点を視覚化する作業

図表とテキストを線で結ぶことで、本文だけでは分かりにくい対比関係が明確になることを伝えると同時に、情報のズレにも気付かせる。 **配慮ア**

本時の展開　第二次　第3時

目標　筆者の視点で資料を追加してみたり限定してみたりする取組を通して、それぞれの資料の価値を捉え、筆者の工夫やねらいを理解することができる。

[本時展開のポイント]

・前時に引き続き、図表とテキストが示す情報のズレから図表を用いる価値を捉える

・図表の数を減らすならばどれを減らし、どれを残すのかについて話し合い、それぞれの資料の価値を話し合う。

[個への配慮]

ア資料6・7が重ね合わさったグラフを配布する

グラフを読むことが難しい場合、気付きやすくするために、時間軸に沿ってグラフを重ね合わせたものを選択できるよう準備する。

イ前時の板書写真を配布し、資料全体を比較できるようにする

二コマにわたっての資料価値の分析が困難な場合、一覧できるように、前時の板書を配ったり。それぞれの図表の価値が強調されたものを配り、比較しやすいよう準備する。

「・資料6 7はグラフがないと説明しにくいので残したい。

筆者が掲載したかった資料は大量にあったはず。

↓悩みぬいて選んだはず。

★

ふりかえり

本文で用いられている七つの資料は、限られた紙面の中で、読者に伝えたいことを的確に伝えるために、悩みぬいた末に用いられている。

3 筆者視点で資料の限定を想像する

もしも資料を二セットしか使えないとしたら、どれを残す?

増やしたいぐらいなのに、減らすとなると選びにくいなあ

オオカミとかカワウソは備考欄でもいいかもね

全部の資料の意図を見直したいな

資料減少に伴う優先順位

図表がなければ分かりにくい内容への優先順位を話し合うことになる。クラスとして揃える必要はなく、子供たちが図表の価値を自らの言葉で話せるよう配慮する。

配慮イ

4 学習を振り返る

筆者が、本文にふさわしい資料を選ぶことについての気付きを書こう。

見せたい資料は七つどころじゃないはずだから困っただろうね

二つにしぼるときしぼりきれなかったのと同じかもしれないね

振り返り

資料掲載に伴う工夫や悩みを体感させた後、本文の筆者の意図によりそうよう促す。

準備物
・大判プリント
・ワークシート（前時と同様のもの）

固有種が教えてくれること

今泉忠明

資料と本文の関係を読み取ろう

ニホンリスの写真がない

資料5
教科書p143 写真（ニホンオオカミの剥製）
教科書p143 写真（ニホンカワウソ）

最もよく知られているのは、本州・四国・九州に生息し・・・・・・ニホンリスも・・・・・・

知識の補足

資料6

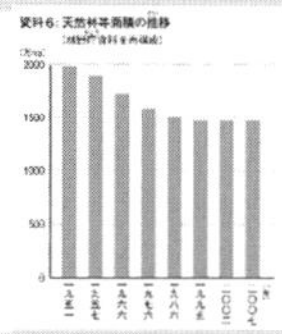

資料7

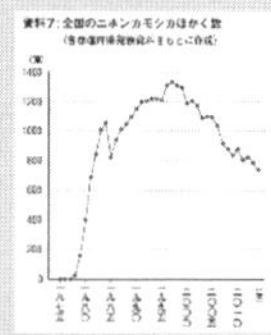

しかし、いいことばかりは続きませんでした。ニホンカモシカは・・・・・・・・・・・・・・・・・・・・・・・・・・・・・。

生息環境の保護とバランスについて考えさせたい。

◎資料を追加するならば・・
・アマミノクロウサギの写真
・イギリスの風景写真
・絶滅した動物の個体数変化のグラフ
・ニホンカモシカの生息数のグラフ　ほか

◎資料を二つに限定するならば・・
・資料1は日本の固有種が多いことを分かりやすく示してくれているので残したい
・資料2はなぜ固有種が多いかを視覚的に示してくれているのでぜひ残したい
・資料5は備考にのせてはどうか

1 前時同様に、資料5～7の価値を話し合う

資料から分かる新たな発見はあるかな

グラフをどう読めばいいのか分からないな

時間軸がそろってないのがややこしい

本当だ。林が減ってきたらカモシカが駆除される様子が分かるね

グラフの読み取り
絶滅危惧種の写真は不足している。また、資料6・7では、天然林等の面積が一定量減少した際にニホンカモシカの捕獲数が跳ね上がっている事実をグラフから読み取る必要がある。時間軸のズレへの気付きを促す。配慮ア

2 筆者視点で資料追加を想像する

他にも付け足せるとしたら、どんな資料を追加したいかな?

アマミノクロウサギの写真はいるでしょう

ニホンカモシカのほかく数じゃなくて、生息数のグラフがあればいいんだけど

しかけ（仮定する）
より深い理解をするために必要な資料を写真・図・表といった資料のジャンルも含めて検討する。

本時の展開　第二次　第4時

目標 要旨要約のための内容整理を通して、要約文に入れたい内容の中で目的に合わせた優先順位をつけ、不要な部分を思い切って削ることができる。

[本時展開のポイント]

・100文字要約を行い、内容をシンプルに捉える。
・要約に必要な要素についてクラスで話し合うことで、何を入れるべきなのかの指針がもてる。

[個への配慮]

ア文章構成図を配布する

これまでのノートでは「初め」と「終わり」の関係と「中」の構造を分けて考察したため、全体構造が分かりにくい場合、文の構成図を俯瞰してみるために、構成図を再編集したシートの使用を選択できるように準備する。

イ途中で読み歩く際、参考にすべき子供を複数紹介する

要約作業の途中で他者の文を読み歩く活動を行う際、書きたい内容はあるがどう書き進めるか迷っている場合、イメージがもてるように、参考にすべき子供の文を紹介する。複数の子供の傾向から自分の書きぶりを見付けられるように促したい。

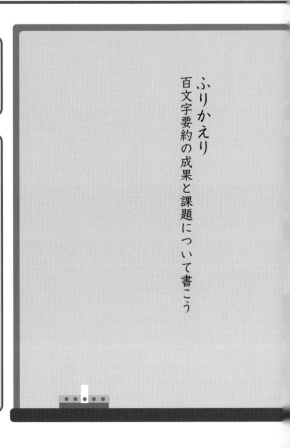

ふりかえり
百文字要約の成果と課題について書こう

3 百文字要約を行う

筆者の主張を中心に、要約しよう

要約の共有と即時評価

途中で手を止めて、仲間の書いた内容を読み歩く時間をつくる。書けた子供の分から次々と添削し即時評価する。百文字という短さの中で内容がかぶっている場合は指摘する。　配慮イ

固有種の教えて「生物の進化」と「列島の成り立ち」の二つだね

保全のこと詳しく書く余裕はないなあ

書きたいことはあるんだけど、手が進まない

4 学習を振り返る

今日の要約について、成果と課題を振り返ろう

振り返り

何を入れようとして、どういう難しさがあったか、どのような工夫をしたのかなど、メタ認知を書くよう促す。

どの事例を挿入するかかなり迷ったなあ

はじめは「守らなければならない」が二回出てきたけれど、一つにまとめて余裕がでたよ

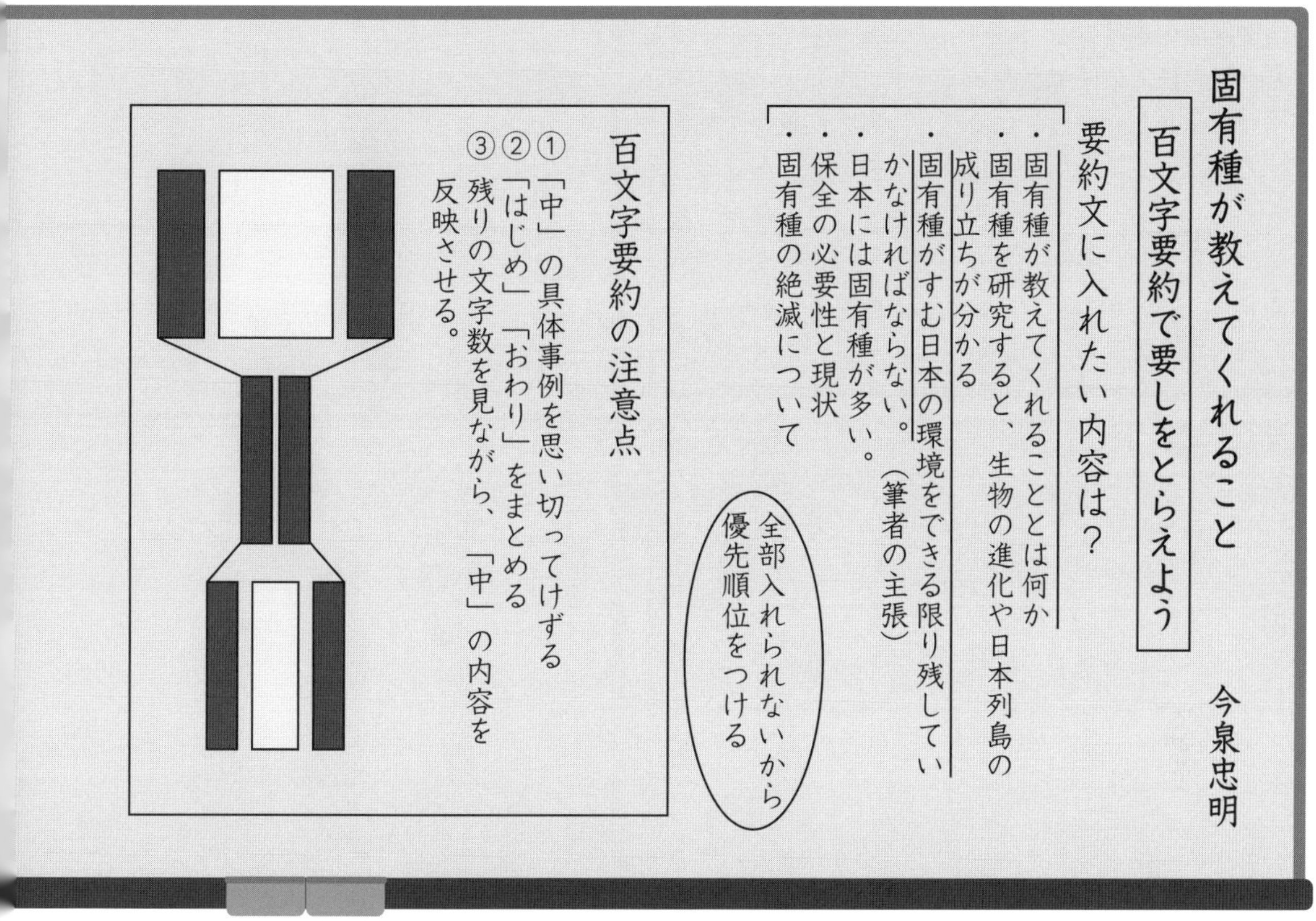

固有種が教えてくれること
今泉忠明
百文字要約で要しをとらえよう
要約文に入れたい内容は？
・固有種が教えてくれることとは何か
・固有種を研究すると、生物の進化や日本列島の成り立ちが分かる
・固有種がすむ日本の環境をできる限り残していかなければならない。（筆者の主張）
・日本には固有種が多い。
・保全の必要性と現状
・固有種の絶滅について
全部入れられないから優先順位をつける
百文字要約の注意点
①「中」の具体事例を思い切ってけずる
②「はじめ」「おわり」をまとめる
③残りの文字数を見ながら、「中」の内容を反映させる。

1 要旨要約に必要な要素を挙げる

要約文に何を入れたいかな

どこから抜き出せばいいんだろう

両サイドにある筆者の主張は必ず入れたいね

あとは、「中」の内容の一番面白いところが入ればいいんだけど

要旨の吟味

要旨要約の中に入れたいものを列挙する。すべては入れられないので優先順位をつける。「固有種が教えてくれること」と「固有種を守るためにできること」という筆者の主張をシンプルに押さえることが大切。**配慮ア**

2 百文字要約の注意点

百文字要約の方法を確認しよう

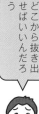

これ、前の単元でもやったね

「中」の部分は削りたくないけれど、ばっさりいこう

要約手順

思い切って「中」を全て削った後、可能な分だけ拾い直すという考え方。双括型の文の場合は、主張が二度述べられるので、一つにまとめる必要がある。

本時の展開 第三次 第1時

目標 様々な資料との出会いを通して、統計資料を読む際の着目点を理解すると同時に、調査の仕方やまとめ方によって印象が著しく異なることに気付くことができる。

[本時展開のポイント]

・統計資料読解の注意点を学ぶ

まずは、題名や目盛りに着目し、何の資料かを把握する。次に意味のある変化や二つのグラフの違いなどに着目する。なぜそうなるのかについて理由や結果を考察し、自分なりの考えをもつ。このときの考察には多様性があるし、仮説を証明するためには他の資料が必要な場合があることにも気付かせたい。

[個への配慮]

ア着目すべき場所に印が付いている資料を配布する

ズレを見付けようと思うけれど、何に着目したらよいか分からない場合、具体的に違いを感じられるよう、比較すべき場所を○で囲った資料を配布し、その違いの理由や結果を想像する活動への参加を支える。

小学生が好きな本

1位	まんが	30%
2位	アニメざっし	25%
3位	絵本	14%

市立図書館に来た小学生が好きな本

1位	まんが	25%
2位	絵本	20%
3位	ファンタジー	17%

気付き
・市立図書館に行く子の特ちょう
・人数が一〇倍くらいちがうものって比べられるのかな。

大切 調べた時期や対象を確かめる

環境を整える。 配慮ア

3 グループ間の読みを共有する

各グループで話し合った事を交流しよう

うちは、この目盛りの違いはわざとかもしれないって話し合ったよ

うちは逆に、表現したいのに失敗する場面のことを話し合ったよ

考察の共有

各グループでの考察をもち寄ることで、視点の違いや新たな発見が生まれる。場合によっては、ワールドカフェ形式（ホストを残し、席替えを繰り返す）などを用いて多様な考え方に触れる。

4 学習を振り返る

統計資料の読解と考察について理解したことや気付いたことを書こう

まず何が起こっているのかを知ることが大切だね

資料の特徴を見付けたら、なぜそうなっているのかについて考えるのはおもしろいね

振り返り

何に着目するのかという注意点をまとめると同時に、そこから先の考察の重要性について書かせる。

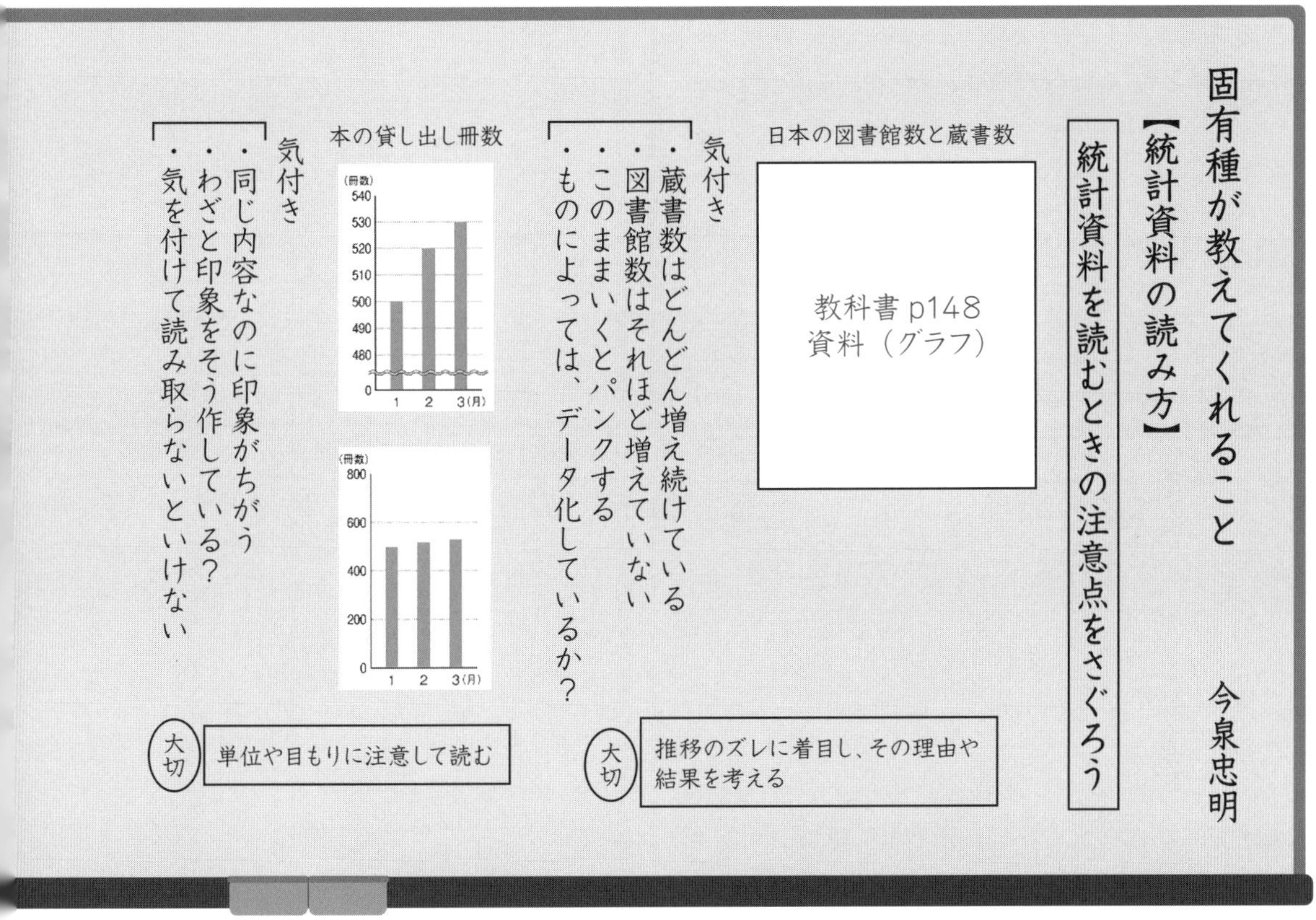

日本の図書館数と蔵書数
教科書 p148
資料（グラフ）

・蔵書数はどんどん増え続けている
・図書館数はそれほど増えていない

・ものによっては、データ化しているか？
本の貸し出し冊数

・同じ内容なのに印象がちがう

・気を付けて読み取らないといけない

単位や目もりに注意して読む

1 一つの統計資料を全員で読み、考えをもつ

このグラフから何が読み取れるかな

棒グラフと折れ線グラフの上がり具合がちょっと違うね
このままいくと、本の収納場所が満杯にならないかな

統計資料の着目点

まずは一つの資料をクラス全員で読み、何に着目すべきかをそろえる。ここでは、伸び率の差に着目し、そこから想像できることを出し合う。見方のモデルをつくることにより、次にグループで話し合う際の足場をつくる。

2 統計資料をグループで読み、考えをもつ

何がズレていますか。そこから何が読み取れるかな

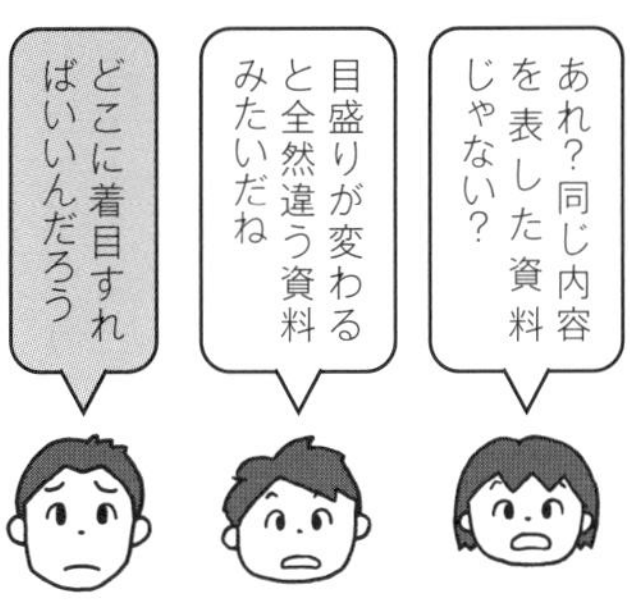

あれ？同じ内容を表した資料じゃない？
目盛りが変わると全然違う資料みたいだね
どこに着目すればいいんだろう

ズレへの焦点化

先の活動でズレに着目することを学んだので、その後の資料はズレへの焦点化を図る。そこからの考察にバリエーションを出すよう促し、分析や考察の楽しみを味わえる

本時の展開　第三次　第2時

目標 資料を様々な視点から読み解くことを通して、同じ資料でも別の結論を導けることに気付き、課題に照らして独自の考察、自分なりの論をもつことができる。

[本時展開のポイント]

・課題意識をもった統計資料の読み方

「私たちの社会が暮らしやすいか否か」という課題を常に念頭に置いて資料を読み取る。視点によっては真逆の主張を支える資料となる点に注目する。

・話し合いの型としてジグソー法を用いる

それぞれの資料に深さがあるので、同時並行で話し合いを進め、見方・考え方を持ち寄る。役割を担って話し合いに参加できる。

[個への配慮]

㋐統計資料に注目ポイントが記されたシートの配布

統計資料のどこを見ればよいのかに困っている場合に、見当が付けられるよう注目すべき箇所に印がついたシート（各資料バラバラに渡す）を手渡す。

㋑ジグソー法における「もちかえり」のポイントを本人と確認する。

専門チームの話し合いの内容の持ち帰りに不安を感じる場合、安心できるよう課題に対する○と×について教師と確認作業をした上で、共有チームに戻らせる。

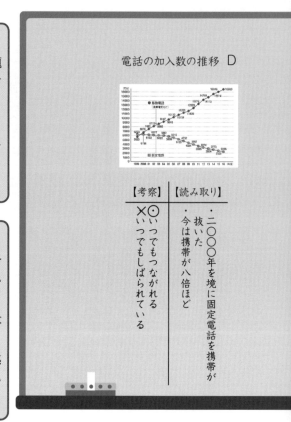

電話の加入数の推移　D

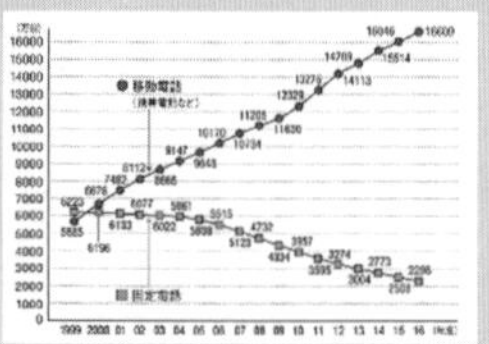

【読み取り】
・二〇〇〇年を境に固定電話を携帯が抜いた
・今は携帯が八倍ほど

【考察】
⊙いつでもつながれる
×いつでもしばられている

3　グループ間の読みを共有する

各グループで話し合った事を交流しましょう

うちのグループではこんな○×があったよ

やっぱり、どの資料も○×の視点から語れるんだね

何を持ち帰ればいいのかな

考察の共有

専門グループでの考察をもち寄ることで、視点の違いや新たな発見が生まれる。くらしやすさの側面、くらしにくさの側面両方をもち帰るよう指示を出す。またグループにもち帰って共有した内容を全体でも共有する。

配慮㋑

4　次回への計画を立てる

次回はBCDの資料のどれかを使って、自分の意見を書きます。計画を立てましょう

ぼくはBの資料を使って、くらしやすさを主張するぞ

ぼくはDを使ってくらしにくさを書いてみようかな

計画

どの資料を用いて、どのような主張を展開するのか、本時の話し合いもとに次回の準備をする。場合によっては独自資料の持ち込みも可。

準備物
・統計資料（掲示用）
・資料読解のためのワークシート

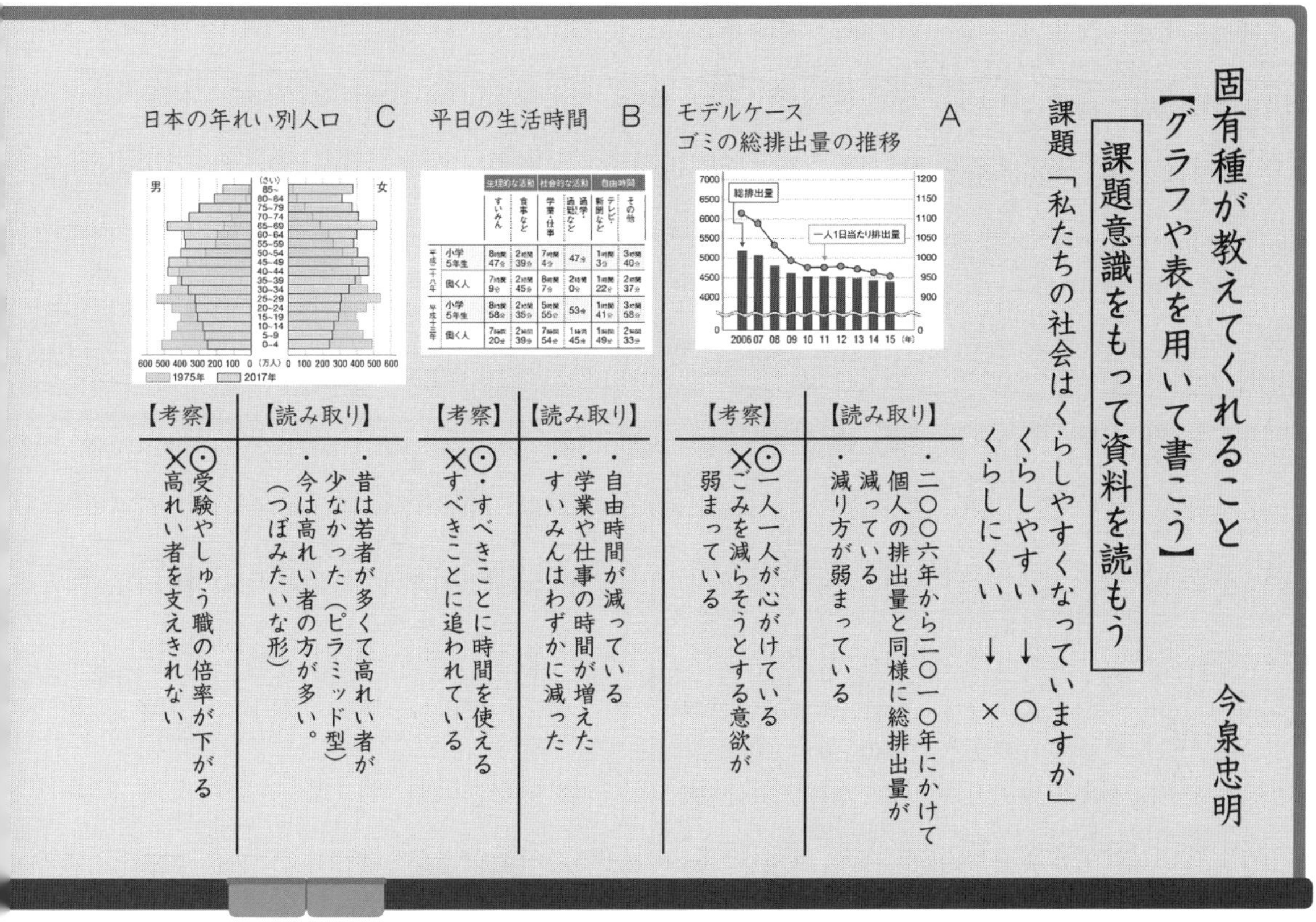

固有種が教えてくれること
【グラフや表を用いて書こう】
今泉忠明
課題意識をもって資料を読もう
課題「私たちの社会はくらしやすくなっていますか」
くらしやすい　→　○
くらしにくい　→　×
A　モデルケース
ゴミの総排出量の推移
【読み取り】
・二〇〇六年から二〇一〇年にかけて個人の排出量と同様に総排出量が減っている
・減り方が弱まっている
【考察】
⊙一人一人が心がけている
×ごみを減らそうとする意欲が弱まっている
B　平日の生活時間
【読み取り】
・自由時間が減っている
・学業や仕事の時間が増えた
・すいみんはわずかに減った
【考察】
⊙・すべきことに時間を使える
×すべきことに追われている
C　日本の年れい別人口
【読み取り】
・昔は若者が多くて高れい者が少なかった（ピラミッド型）
・今は高れい者の方が多い。（つぼみたいな形）
【考察】
⊙受験やしゅう職の倍率が下がる
×高れい者を支えきれない

1　視点をもって資料を読む

私たちの社会はくらしやすくなっていますかという視点で資料Aを読み取りましょう

きっと便利になっているはずだよ
そう思いたいけれど、本当にそうかは分からないな

統計資料

くらしやすくなったかどうかの判断は視点によって変わる。まずはAの資料に焦点を当てて考え方のモデルを共有する。①何に注目するか（読み取り）②そこから何を考えるか（考察）を分けて考える。

2　ジグソー法での資料分析を行う

三つのグループに分かれて、BCDそれぞれの資料から考えられることを挙げましょう

ジグソー法

三人組の中でBCDの三資料それぞれの担当を決め、担当ごとに集合（エキスパート活動）。話合い後に元の三人組が再び集まり、それぞれの話を共有する（ジグソー活動）。　配慮ア

時の展開　第三次　第3〜4時

目標 教科書の例文（白石君の事例）から文章展開に必要な要素を読み取ることを通して、統計資料を用いた文を書き、単元を振り返ることができる。

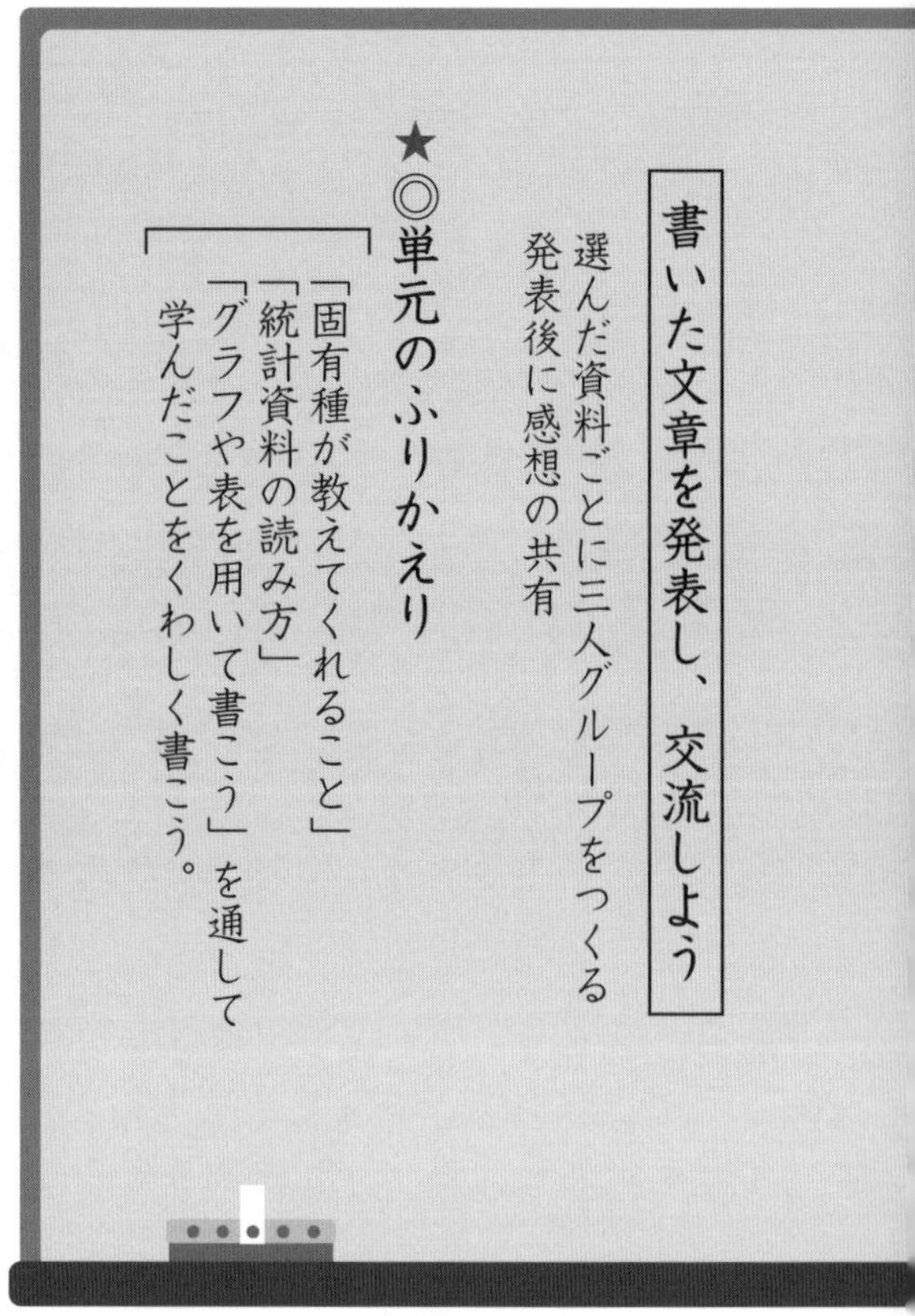

選んだ資料ごとに三人グループをつくる

★◎単元のふりかえり

[本時展開のポイント]

・統計資料を用いて文を書く際に必要な要素を教科書の例文から見いだす。
・書く作業中、他者の書きぶりを読み歩き参考にする
・少人数における発表と感想の共有
・単元の振り返り

[個への配慮]

ア文章展開の固定

自由度が高いと書きだせない場合、きっかけをつかみやすくするために、教科書で用いられた展開を踏襲するように指示する

イ書き始める段階で、本人と必要な要素を確認する

今回の作文は多種多様な展開が予想される。他者の文章が直接参考になるわけではないため、困り感を抱く場合、自分の方向性をもたせるためにどの資料を選ぶのか、どこに着目するのか、主張の行方、結論の後どのような提案をするのかといった文章作成に必要な要素を教師が直接確認したうえで、書かせる。

3 作成した文を共有する

書いた文章を友達に発表しよう

同じ資料を使っているから、自分との比較がしやすいね

お互いの発表を聞き合うと、同じような箇所で試行錯誤していたことが分かるなあ

発表と交流

同じ資料を選んだ子供同士で三人組をつくり、それぞれが作成した文を発表し合う。注目点や主張の違い、書きぶりの違いを共有し、感想を述べ合うようにする。

4 学習を振り返る

単元を通して学んだことを書こう

資料の読み方や使い方についてたくさん学んだよね

もう一度、「固有種」を読んだら、ちょっと違って見えるかもしれないよ

メタ認知

単元を通して学んだことを自覚し、もう一度「固有種が教えてくれること」の具体を見直す姿勢をもたせる。

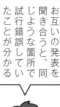

準備物 ・作文用紙やワークシートなど ・文を書くためのプリント。

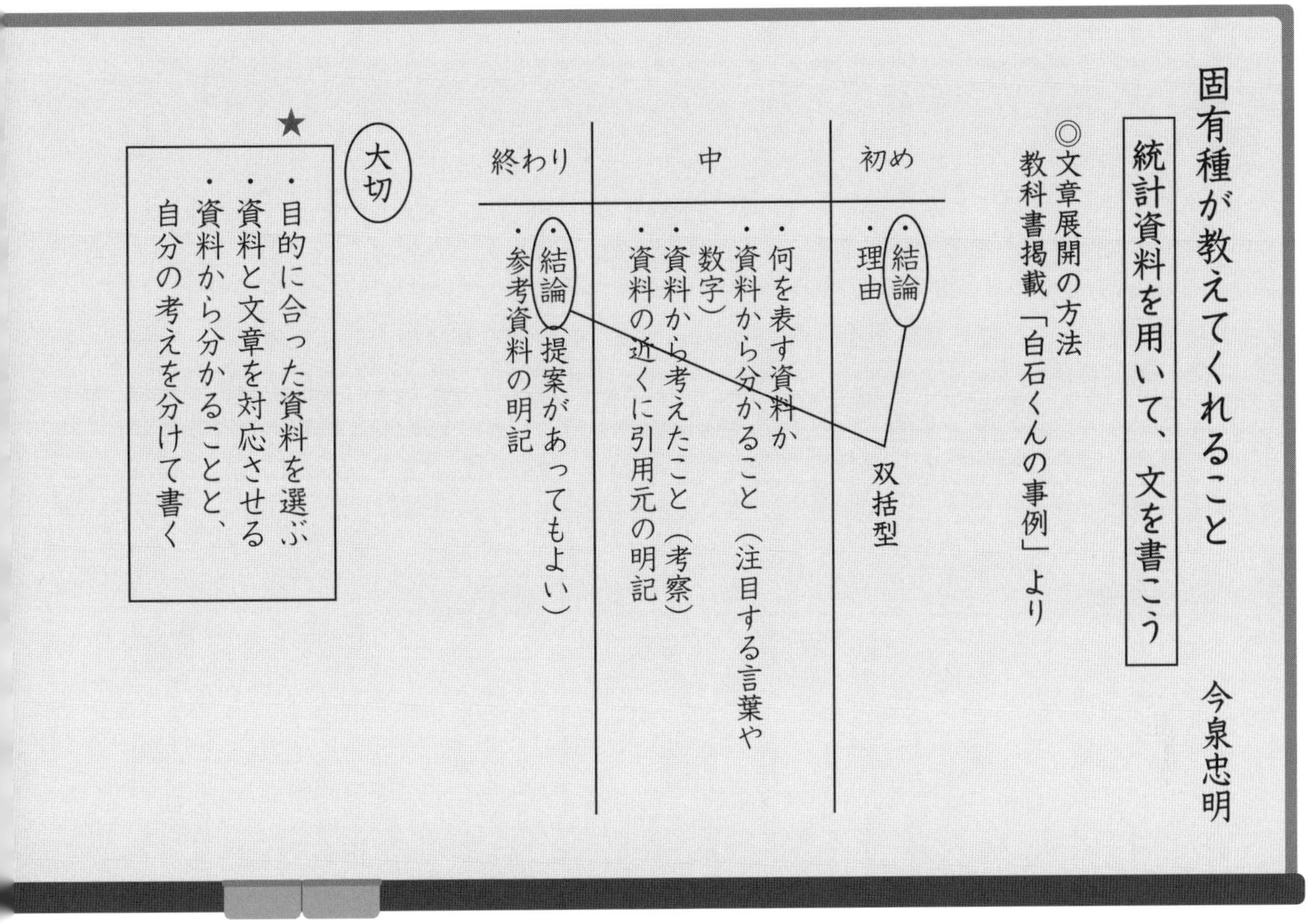

教科書掲載「白石くんの事例」より

・何を表す資料か

・資料の近くに引用元の明記

・結論（提案があってもよい）
・参考資料の明記

・目的に合った資料を選ぶ
・資料と文章を対応させる

1 例文の文章展開を捉える

教科書の事例を読んで、大事なことを見付けよう

双括型つかってるね。初めと終わりに同じ主張だ
引用をはっきりさせるってこんなに大切なんだね

文章展開の共有化

教科書に掲載されている一つの事例をもとに、文章展開のイメージをもつ。最低限必要な要素は変えないが、展開の方法に関しては独自の工夫を促す。

2 統計資料を用いて文を書く

それぞれの読み取りと考察を明確に示した分を書こう

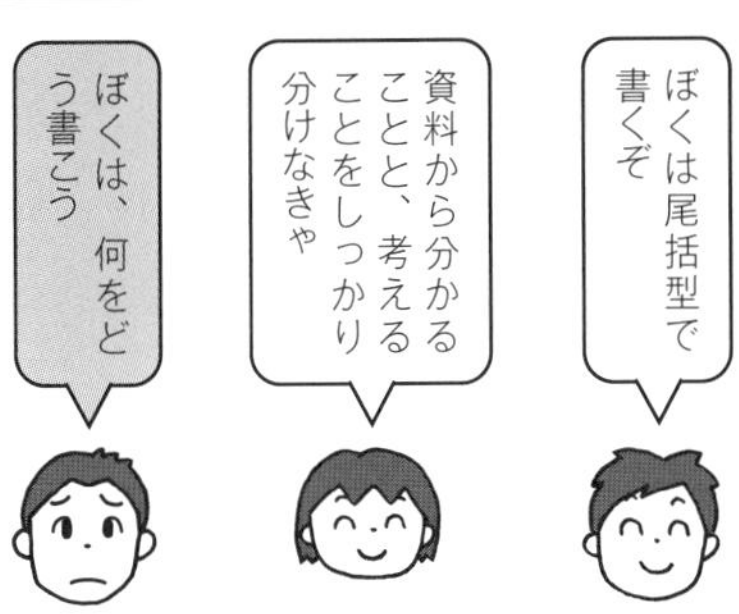

ぼくは尾括型で書くぞ
資料から分かることと、考えることをしっかり分けなきゃ
ぼくは、何をどう書こう

文作成途中段階での共有

作文作業の途中段階で、①モデルとなる子供の文例を紹介する、②立ち歩いて他者の文を参考にするといった活動を挿入し、活動への足場をつくる。

配慮アイ

「想像力のスイッチを入れよう」の授業デザイン

（光村図書５年）

教材の特性

本教材は、メディアから情報を受け取る側の努力について、「想像力のスイッチ」をキーワードに、事例を挙げながら述べられた双括型の説明的な文章である。

「初め」では、読者にとって身近な「マラソン大会」と「図」の事例を挙げて「想像力のスイッチ」を入れることの必要性を述べ、「中」では、「報道」の事例を挙げながら、「想像力のスイッチ」の具体的な入れ方を解説し、「終わり」では主張を述べ、最後の一文を比喩的な表現で締めくくっている。筆者が、どのような事例を用いることで説得力を高めようとしているのか、図や比喩的な表現を用いたのはなぜかなど、筆者の意図を考えるのに適した教材である。

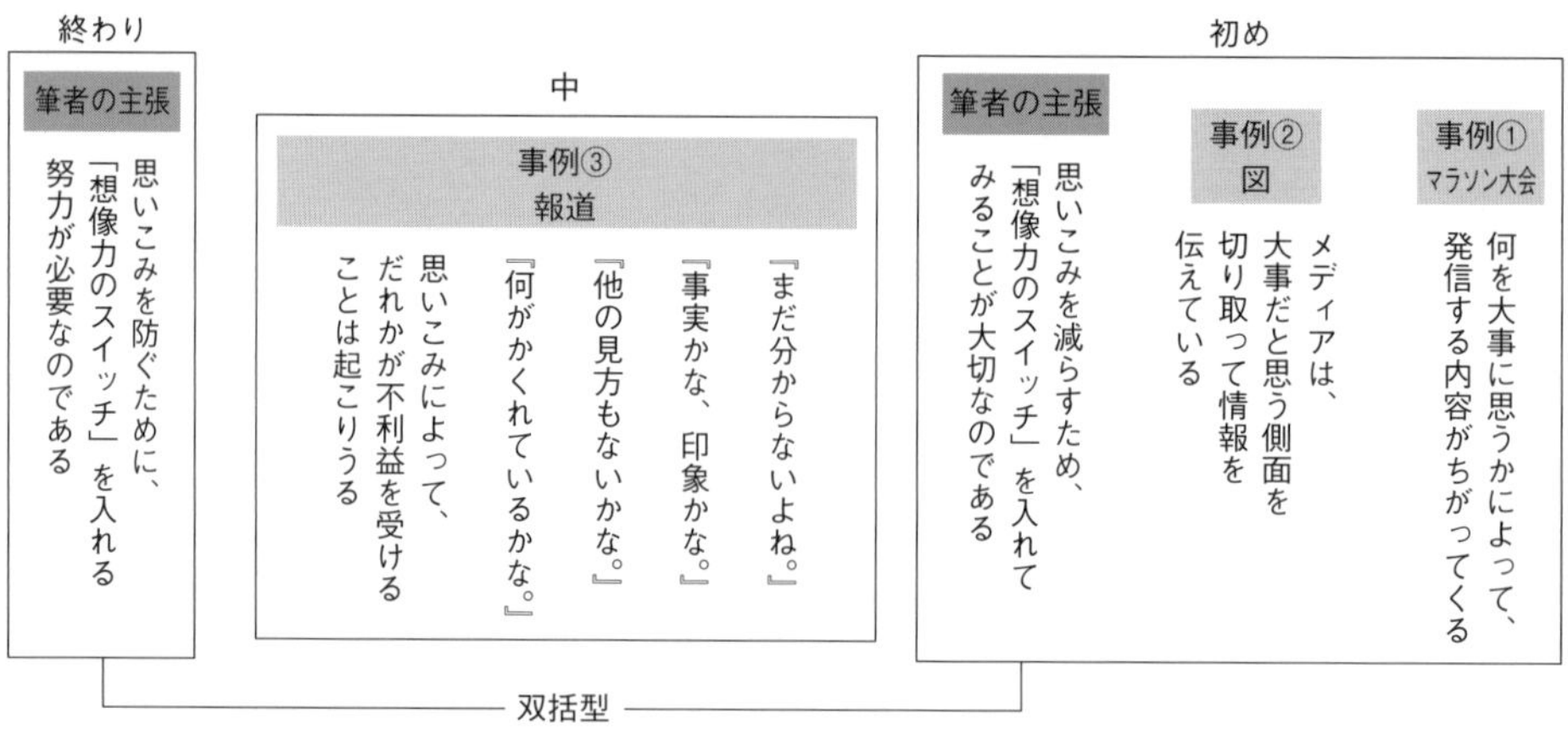
初め
事例①
マラソン大会
何を大事に思うかによって、
発信する内容がちがってくる
事例②
図
メディアは、
大事だと思う側面を
切り取って情報を
伝えている
筆者の主張
思いこみを減らすため、
「想像力のスイッチ」を入れて
みることが大切なのである
中
事例③
報道
『まだ分からないよね。』
『事実かな、印象かな。』
『他の見方もないかな。』
『何がかくれているかな。』
思いこみによって、
だれかが不利益を受ける
ことは起こりうる
終わり
筆者の主張
思いこみを防ぐために、
「想像力のスイッチ」を入れる
努力が必要なのである
双括型

身に付けさせたい力

・必要な情報を見付けたり、論の進め方を捉えたりする力
・図などによる語句と語句との関係の表し方を理解し、使う力

授業づくりの工夫

焦点化	視覚化	共有化
○単元を通して筆者の説明の工夫を追究していく、シンプルな単元構成にする。 ○「考える音読」や「Which 型課題」による、分かりやすい学習活動を設定する。	○「Which 型課題」に対する友達の考えを把握することができるよう、ネームプレートを貼ったり人数を示したりする。 ○事例と意見とを色分けして板書上に位置付けたり、子供の発言や音読に応じて、語句と語句とを線でつないだりする。	○「事例・考え分担読み」を仕組み、「事例」と「意見」の関係について、確認することができるようにする。 ○重要な考えは、ペアで再現させるなど、繰り返し取り上げることで共有を図る。

単元目標・評価規準

目標 目的に応じて必要な情報を見付け、「想像力のスイッチ」の論の進め方について考えることができる。

知識・技能

○情報と情報との関係付けの仕方、図などによる語句と語句との関係の表し方を理解し使っている。 (2)イ

思考・判断・表現等

○「読むこと」において、目的に応じて必要な情報を見付け、論の進め方について考えている。 C(1)ウ

主体的に学習に取り組む態度

○積極的に、必要な情報を見付けて論の進め方について考え、今までの学習を生かして、文章にまとめようとしている。

単元計画（全9時間）

次	時	学習活動	指導上の留意点
一	1	**今まで学習した説明文の筆者と同じように下村さんも説明の工夫をしているのかな。** ○説明の工夫を探しながら、教材文を読む。	・「つぶやき読み」を手がかりに説明の工夫を考えることができるように、板書上に読者の反応を位置付ける。
	2	○メディアの種類と特徴について整理する。	・各種メディアの特徴等について整理した上で、本文を再読し、筆者の説明の工夫を考えるよう促す。
	3	○筆者の説明の工夫について整理する。	・Which 型課題「一番の工夫はどれ？」を話し合うことで、今後の学習の見通しをもつことができるようにする。
二	1	**下村さんの説明の工夫をたしかめよう！** ○事例と意見の関係について考える。①	・「事例・考え分担読み」を仕組み、「事例」と「意見」の関係について考えることができるようにする。
	2	○事例と意見の関係について考える。②	・「報道の例・考え分担読み」を仕組み、「事例」と「意見」の関係について考えることができるようにする。
	3	○比喩表現と他段落とのつながりを考える。	・「指さし読み」で情報を整理し、比喩表現が示す内容を確かめることができるようにする。
三	1 2	**下村さんの説明の工夫について紹介する文を書こう！** ○筆者の説明の工夫を紹介カードに書く。	・本単元で学習したことを基に、筆者の説明の工夫を紹介カードに書くことができるようにする。
	3	○紹介カードを読み合い単元の学習を振り返る。	・単元の学習を振り返るよさを選択肢から選ばせ、活用を意識して紹介カードを読み合うことができるようにする。

教材分析

説明的な文章では、「終わり」にまとめとして、使われることが多いが、本教材では「初め」や「中」に使われている。

エ 図

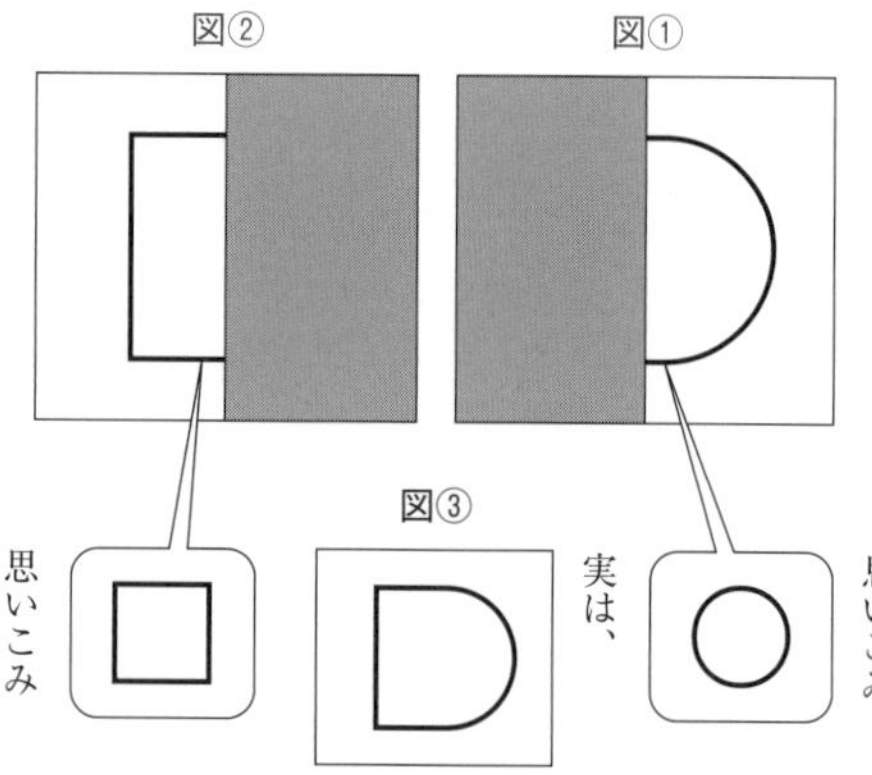

筆者は、読者が「思いこみ」を自覚することができるように、図を用いて説明をしている。

オ 事例の選択

筆者は、自分の意見に合う事例かつ、読者にとって分かりやすい事例を選択して紹介している。

〔事例〕
A 学校のマラソン大会の事例
B 図の事例
C 報道の事例
〔意見〕

初め		中		
事例B 図	筆者の主張①	事例C 報道(メディア)		
			Aさんが新しい監督になるのでは	Aさんは、にげるように出ていきました

たのではないだろうか。いっぽう、図②には、ある図形の左半分が見えている。今度は、「四角形の左半分だな。」と思うだろう。しかし、実はどちらの全体図も同じ図③の形だとすると、図①や図②から推測した「円」や「四角形」は、切り取られた情報だけから全体を判断したことによる思いこみということになる。

6 このような思いこみを減らすため、わたしたちは、あたえられた情報を事実の全てだと受け止めるのではなく、頭の中で「想像力のスイッチ」を入れてみることが大切なのである。

7 オ次のような報道を例に、具体的に考えてみよう。

サッカーの人気チームで監督が辞任することになり、Aさんが新しい監督になるのではないかと注目が集まっている。

8 ここで、まず大切なのは、結論を急がないことだ。すぐに「新監督はAさんか。」と決めつけてはいけない。世の中の出来事には、さまざまな見方がある。新しい情報を聞けば聞くほど、だんだんと多くのことが見えてきて、少しずつ事実の形が分かっていく。まずは一度落ち着いて、カ**『まだ分からないよね。』**と考える習慣をつけよう。

9 そして、いったん立ち止まったら、次は、メディアが伝えた情報について、冷静に見直してみよう。この報道の中で、

「Aさんは、報道陣をさけるためか、うら口からにげるように出ていきました。」

というレポートがあったとする。これを聞くと、あなたは、Aさんが何かをかくしているように思わないだろうか。しかし、うら口から出たのは、その方向に行く必要があったからかもしれない。こう想像してみると、「報道陣をさけるためか」というのは、

■**第一次・第2時**

「メディアの種類と特徴を知り、情報と上手くつきあえるように、表に整理するようにする」(考える音読「長所・短所分担読み」)

「ニュースを伝えるマスメディア」のページにおいてクラスの半分を「長所役」「短所役」に分け自分の担当の文だと思ったら立って読むように促す。本時の学習を通して「メディア」に対する理解に加え、下村さんの主張に対する理解が深まるように、適宜「想像力のスイッチ」を関連付けるように促す。本時の終末には本文を再読し、前時に書いた説明の工夫を見直すように促す。

■**第一次・第3時**

「筆者の説明の工夫の中で一番の工夫はどれか話し合うようにする」(Which型課題)

子供が単元を通して下村さんの説明の工夫ついて追及していくことができるように前時までに子供が書く工夫を基に選択肢を作成していることを伝える。

・題名
・図
・事例→考え
・事例の選び方
・『』(強調)
・かっこいい表現(比喩)

◆教材研究のポイント　その①【事例の選択】

五年生で学習する他の説明的な文章に比べて、事例が多く取りあげられている。本教材文は、教科書のための書き下ろしであり、筆者は、小学生の読者を想定し、読者にとって分かりやすい事例を選択していると考えられる。読者の立場で読んでいると気が付きにくい説明の工夫であるため、書き手の立場で考えることができるように指導を工夫する必要がある。

指導内容

ア 題名

この説明文を初めて読んだ読者は、まず題名を読んで、「想像力のスイッチ」って何だろうと思うであろう。そして、「想像力のスイッチを入れよう」とは、どういうことか、考えながら本文を読み進める。題名自体が、問いの役割を果たしているとも言える。

イ 語りかけの文末表現

「〜としよう」「だったとする」など、読者に語りかけるような文末表現が使われている。読者はだんだんと筆者の説明に引き込まれていく。

ウ まとめの接続語

事例をまとめる際によく使われる接続語「このように」が、3段落に使われている。既習の

（ア）想像力のスイッチを入れよう　　下村健一

事例A　マラソン大会

1 （オ）学校のマラソン大会で、あなたが十位に入ったとしよう。あなたの、前回のマラソン大会での結果は、五位だったとする。順位が下がったあなたは、こう言うだろう。
「前回より、五位も下がってしまいました。」

2 しかし、先生はこう言うかもしれない。
「でも、三十秒もタイムがちぢまっていますよ。」

3 （ウ）このように、同じ出来事でも、何を大事に思うかによって、発信する内容がずいぶんちがってくる。

問題提起

4 これは、学校や家庭での会話だけで起こることではない。わたしたちは、テレビやインターネットと、新聞など、さまざまな手段で世の中の情報を得ている。こうした手段のことを「メディア」というが、これらメディアから発信される情報もまた、事実の全ての面を伝えることはできない。それぞれのメディアは、大事だと思う側面を切り取って、情報を伝えているのである。

5 （オ）例えば、（エ）図①には、ある図形の右半分が見えている。あなたは、「これは、円の右半分だな。」と思っ

◆教材研究のポイント　その②【図】【比喩】

図や比喩表現を効果的に用いている。三つの図を順に説明することによって読者に「思いこみ」を自覚させたり、読者に印象付ける締めくくり方にしたりすることで、読者が「想像力のスイッチ」を入れようと思えるような工夫をしている。本文だけを読んでいると気が付きにくい説明の工夫であるため、図と本文とを対応させて読んだり比喩表現が表している本文中の言葉を探させたりする必要がある。

指導のポイント

■第一次・第1時

「はじめて読む人の気持ちになってつぶやきながら読んでみるようにする」

（考える音読「つぶやき読み」）

子供が、単元を通して、下村さんの説明の工夫について追究していくことができるように、「つぶやき読み」を仕組み、題名（筆者の主張）に対する理解度が、読み進めるにつれてだんだん上がっていくことを実感できるようにする。何度か教材文を読んだことのある子供には、初めて読む人の気持ちになって、つぶやくように促す。つぶやきを手がかりに説明の工夫を考える時間を設定する

（ア、イ、ウ、エ、オ）

教材分析

「大きな景色」「想像力でかべを破り」等

最終段落で、筆者は「あなたの努力は『想像力のスイッチ』を入れることだ。」と主張し、最後の一文を比喩的な表現で締めくくっている。

「想像力のスイッチ」という言葉も比喩的な表現である本文の事例や筆者の考え方を手がかりに、筆者の願いを汲み取ることができる。

事例C　報道（メディア）

別の人が選ばれた

も、頭の中に、Aさん以外の可能性を残すことである。先ほどの図でいえば、図③を想像できなくても、図①や図②で、「円」や「四角形」の反対側に別の何かがかくれているかもしれない、と考えてみることが大切なのだ。

13 結局、サッカーチームの次の監督には、別の人が選ばれた。Aさんは関係なかったのである。しかし、この期間、Aさんは多方面から注目され、Aさんに大きな仕事をたのもうとしていた会社が、「Aさんは監督になるから、いそがしくなるだろう。」と、他の人にその仕事のいらいを変更してしまうなどのことが起こった。

14 ここに例示した報道は、架空の話である。しかし、このように、オ思いこみや推測によってだれかを苦しめたり、だれかが不利益を受けたりすることは、実際に起こりうるのだ。

終わり

筆者の主張②

15 メディアは、わざとわたしたちをだましたり、あやまった思いこみをあたえたりしようとしているわけではない。少しでも早く、分かりやすく、情報を伝えようと工夫する中で、時に、思いこみにつながる表現になってしまうことがあるのだ。そんな思いこみを防ぐために、メディアの側も、情報を受け取るあなたの側も、それぞれに努力が必要なのである。

比喩

16 キあなたの努力は、「想像力のスイッチ」を入れることだ。あたえられた小さいまどから小さい景色をながめるのでなく、自分の想像力でかべを破り、大きな景色をながめて判断できる人間になってほしい。

を線で結び対応が分かるようにする。（エ、キ）

■第三次・第1・2時

「読む人に伝わる紹介カードになるようにペアでつぶやき読みをしてアドバイスをするようにする」

（考える音読「つぶやき読み」）

筆者紹介カード完成した人からペアになってつぶやき読みをするよう促す

読者に伝わりにくい箇所は必要に応じて修正するように促す

■第三次・第3時

「この学習をするとどんなよさがありそうか考えるようにする」

（しかけ「選択肢をつくる」）

本単元で学んだことを別の場面で活用することを意識できるように単元の学習を振り返るよさを選択肢として示す。

指導内容

A　何を大事に思うかによって、発信する内容がずいぶんちがってくる。

B　思いこみを減らすため、「想像力のスイッチ」を入れてみることが大切。

C　思いこみや推測によって、だれかを苦しめたりだれかが不利益を受けたりする。

これらの事例は、筆者の意見に合うものであれば、別の事例に置き換えることもできる。

カ　強調のかぎかっこ

『まだ分からないよね。』
『事実かな、印象かな。』
『他の見方もないかな。』
『何がかくれているかな。』

というように、情報を受け取る際の留意点を強調している。

情報を鵜呑みにしないために、まずは「まだ分からないよね」と結論を急がず立ち止まることが示されている。

その後、一つ一つの言葉について事実かどうか考え、他の見方もないか考え、メディアが伝えていないところについても想像力を働かせるという情報の吟味の仕方が示されている。

キ　比喩

「小さいまど」
「小さい景色」

中

Aさんは、外国での仕事をキャンセルした

レポーターがいだいた印象にすぎない可能性がある。また、いそがなければならない理由があったのかもしれないから、「にげるように」も印象だろう。

このように、想像力を働かせながら、一つ一つの言葉について、カ**『事実かな、印象かな。』**と考えてみることが大切である。このレポートから、印象が混じっている可能性のある表現を取りのぞくと、結局、確かな事実として残るのは、「Aさんは／うら口から／出ていきました」という言葉だけになる。ここには、Aさんが次の監督になると判断する材料は何もない。

10　しかし、こんな新聞記事も出たとしよう。

「Aさんは、来月から予定していた外国での仕事を、最近、キャンセルした。」

11　この表現には、印象は混じっていない。だから、これは事実として、監督就任の有力な情報であるように感じられる。だが、ここで、カ**『他の見方もないかな。』**と想像してみよう。その仕事は、相手側の都合で、急にキャンセルせざるをえなかったのかもしれない。他の見方もありうることに気づけば、この事実もまた、Aさんが次の監督にちがいないと考える決め手にはならないのである。

12　さらに大切なのは、メディアが伝えたことについて冷静に見直すだけでなく、伝えていないことについても想像力を働かせることである。メディアは、ある出来事の特定の部分にスポットライトを当てて、わたしたちに情報を伝えている。明るいスポットライトの周囲には、必ず、見えない暗がりができる。その暗がりに、カ**『何がかくれているかな。』**と想像することも大切だ。この報道の場合、Aさんにばかりスポットライトが当たっていたら、「他の人が監督になる可能性はないのか。」と想像してみよう。具体的に別の監督候補を思いうかべられなくて

指導のポイント

「選んだ人が少ない工夫は、次の時間から学習しなくてもいいよね」とゆさぶり発問を行うなど今後の学習計画を考えるきっかけとする

（ア、ウ、エ、オ、カ）

■第二次・第1・2時

「自分の担当だと思うところは、立って読ませ、それ以外のところは、座って音読するようにする」

（考える音読「事例・考え分担読み」）

クラスの半分を「事例」担当と「考え」担当に分け、自分の担当の文だと思ったら立って読むように促す。子供の動きをよく見て、曖昧な文については、後で確認する時間を設定する。

第二次第1時は「はじめ」の部分（①～⑥段落）を第二次第2時は「中」の部分（⑦～⑭段落）を取り扱う。

（オ）

■第二次・第3時

「本文と図の対応が分かるように指さしながら読むように促す」

（考える音読「指さし読み」）

比喩表現と図の対応が分かるように指さしながら音読するように促す。子供の指さし読みに合わせて、板書上の本文と図と

本時の展開　第一次　第1時

目標　「つぶやき読み」を通して、筆者が説明の工夫をしていることに気付き、今後の学習の見通しをもつことができる。

[本時展開のポイント]

子供が、単元を通して、下村さんの説明の工夫について追究していくことができるように、本時では、「つぶやき読み」を仕組み、題名に対する理解度が、読み進めるにつれてだんだん上がっていくことを実感できるようにする。

[個への配慮]

ア色分けした筆者紹介カードを渡す

共通点を見付けることが困難な場合は、考える手がかりとなるように、①説明文の要約、②説明の工夫の特色、③筆者に対する評価の3つに色分けした筆者紹介カードを渡す。

イ言葉に印を付け、後で調べるよう促す

「メディア」などの特定の言葉の意味が分からず、その言葉が気になって読み進めることが難しい場合は、安心して読み進めることができるように、分からないことを表出できたことを認めた上で、その言葉に印を付け、後で調べるように促す。どうしても気になる場合は、言葉の意味を簡単に伝えることも考えられる。

7段落以降も「つぶやき読み」をして、工夫をさがそう

○下村さんも、工夫して書いているみたい
・いつの間にか、納得させられている
・事例の後に筆者の考えが書かれている

○工夫がはっきりしていないところもある
→はっきりしたら、筆者紹介カードが書けそう

下村健一さん
多分、工夫して書いているけどまだ、はっきりしていない。

3 「なぜ分かるようになったのか」を考えながら教材文を読み、自分の考えをノートに書く

下村さんも工夫して書いているみたいだね。どこが工夫か探してみよう

事例がたくさんあるから分かりやすいんじゃないかな
つぶやきたいけど、分からない言葉があって…

筆者の説明方法の工夫だと思う部分に線を引かせたり、書き込ませたりする。教師作成の筆者紹介カードに書かれていることを参考にしてもよいことを伝える。配慮イ

4 学習を振り返り、今後の学習の見通しをもつ

下村さんも工夫して書いているようだね。今日の学習を振り返って、今後の学習計画を考えよう

はっきりした部分とはっきりしていない部分があることをまとめとして示した上で、振り返る時間を設定する。今後の見通しをもつことができるようにする。

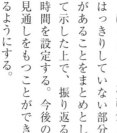

準備物 ・筆者紹介カード　・本文（拡大提示） 6-01　・図（デジタル教科書で印刷可）

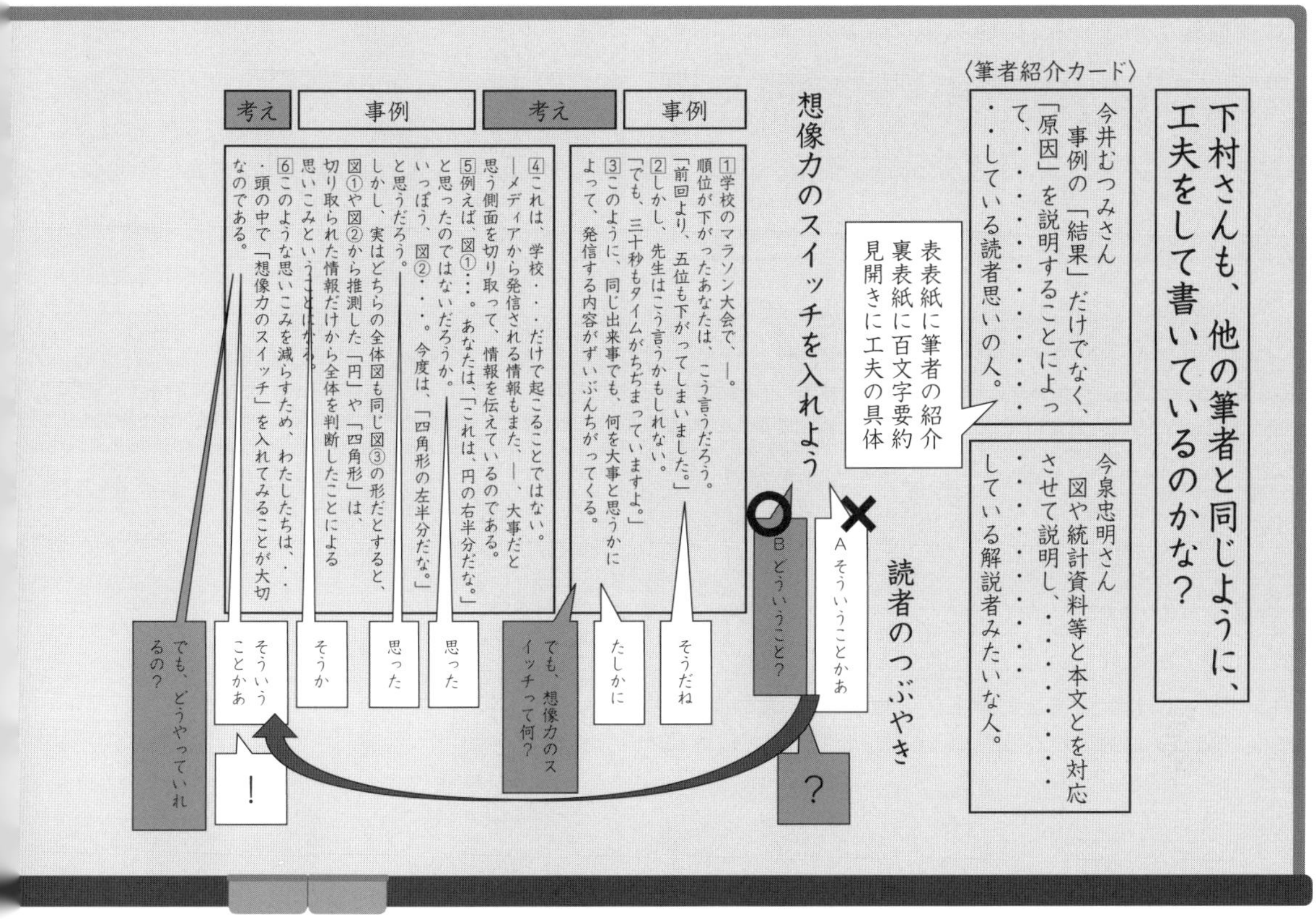

今井むつみさん

今泉忠明さん
図や統計資料等と本文とを対応させて説明し、・・・・・・・・・・・・していいる解説者みたいな人。
表表紙に筆者の紹介
裏表紙に百文字要約
見開きに工夫の具体

A そういうことかぁ
B どういうこと？

そういうことかぁ
でも、どうやっていれるの？

1 説明文の筆者の共通点を考える

これまでの説明文の筆者と今回の説明文の筆者の共通点は何だろう？

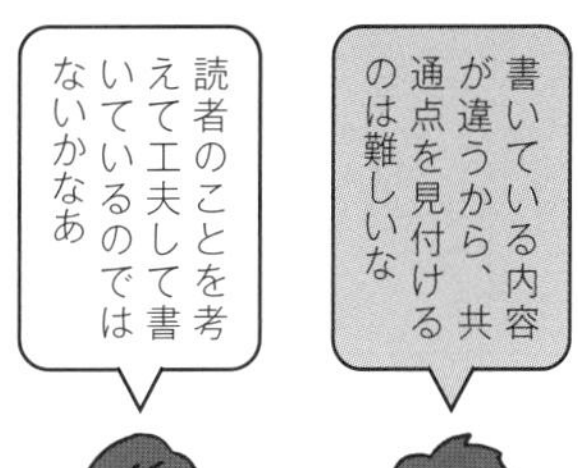

書いている内容が違うから、共通点を見付けるのは難しいな
読者のことを考えて工夫して書いているのではないかなあ

教師の作った筆者紹介カードを掲示し、これまでの説明文の筆者との共通点を問う。今回も説明の工夫があるのではないかという見通しをもちはじめたところで、学習課題を提示する。　配慮ア

2 教材文を読む

はじめて読む人の気持ちになって、つぶやきながら読んでみよう

考える音読（つぶやき読み）
題名についてのつぶやきは選択させる。子供がつぶやきやすいところまで音読し、思ったことをつぶやかせる。つぶやきを板書上に示し、読者の理解度が変容したことに気付けるようにする。

本時の展開 第一次 第2時

目標 学習課題について話し合うことを通して、各種メディアの特徴を捉え、前時に書いた下村さんの工夫を見直すことができる。

[本時展開のポイント]

本時の学習を通して、メディアに対する理解に加え、下村さんの主張に対する理解が深まることが期待される。適宜、本ページと本文とを関連させる問い返しを行う。

[個への配慮]

ア手がかりになる言葉に印を付けたプリントを渡す

自信がもてず活動にスムーズに取り組めない場合は、言葉に着目して考えやすいように、「得意」「優れている」などの手がかりとなる言葉に印を付けたプリントを渡す。

イ教師用タブレットで撮影した画像を渡す

板書を見ながら考えることが困難な場合は、どう付き合うかに焦点化して考えることができるように、教師用タブレットで板書を撮影して、板書の画像を渡す。

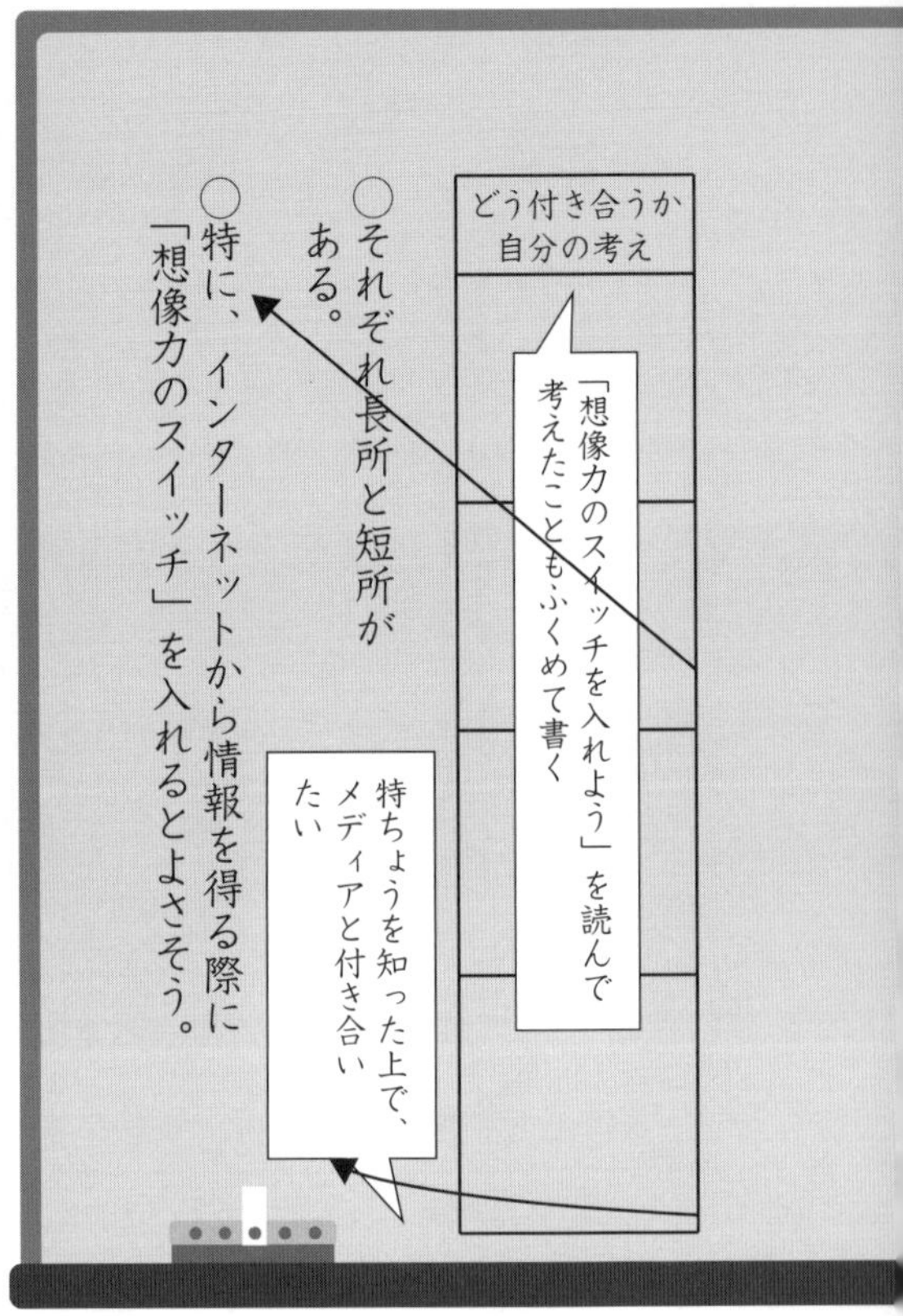

特ちょうを知った上で、メディアと付き合いたい
○それぞれ長所と短所がある。

3 「想像力のスイッチ」とも関連させて、自分の考えを書く

このページと「想像力のスイッチ」は関係付けて読む必要はないよね

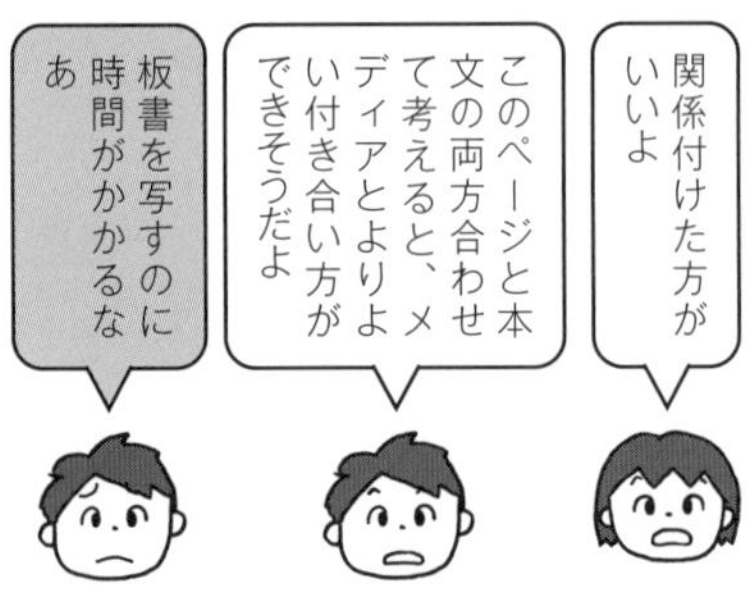

関係付けた方がいいよ
このページと本文の両方合わせて考えると、メディアとよりよい付き合い方ができそうだよ
板書を写すのに時間がかかるなあ

各種メディアとの付き合い方について考える際に、「想像力のスイッチ」が使えるかどうかも考えるように促す。そうすることで、筆者の考えについて自分の考えをもつことができるようにする。

配慮イ

4 学習を振り返り、前時に書いた下村さんの工夫を見直す

前よりメディアのことが分かったね。下村さんの工夫を見直してみよう

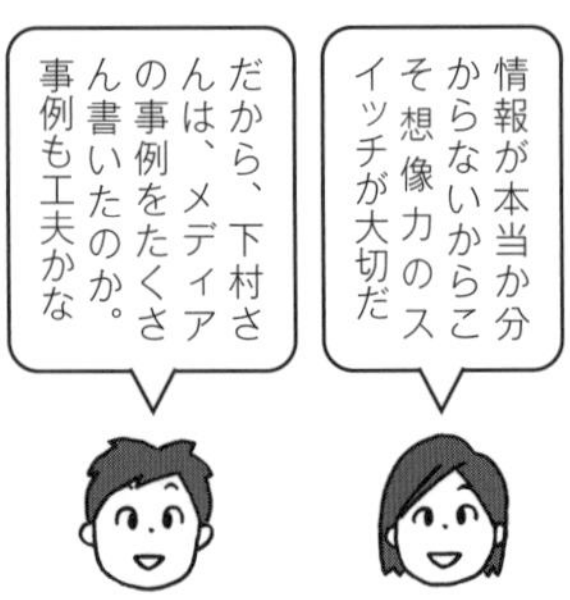

情報が本当か分からないからこそ想像力のスイッチが大切だ
だから、下村さんは、メディアの事例をたくさん書いたのか。事例も工夫かな

前時に書いた下村さんの工夫を見直すために、「想像力のスイッチを入れよう」を再読する時間を設定し、気が付いたことを加えたり、修正したりするよう促す。

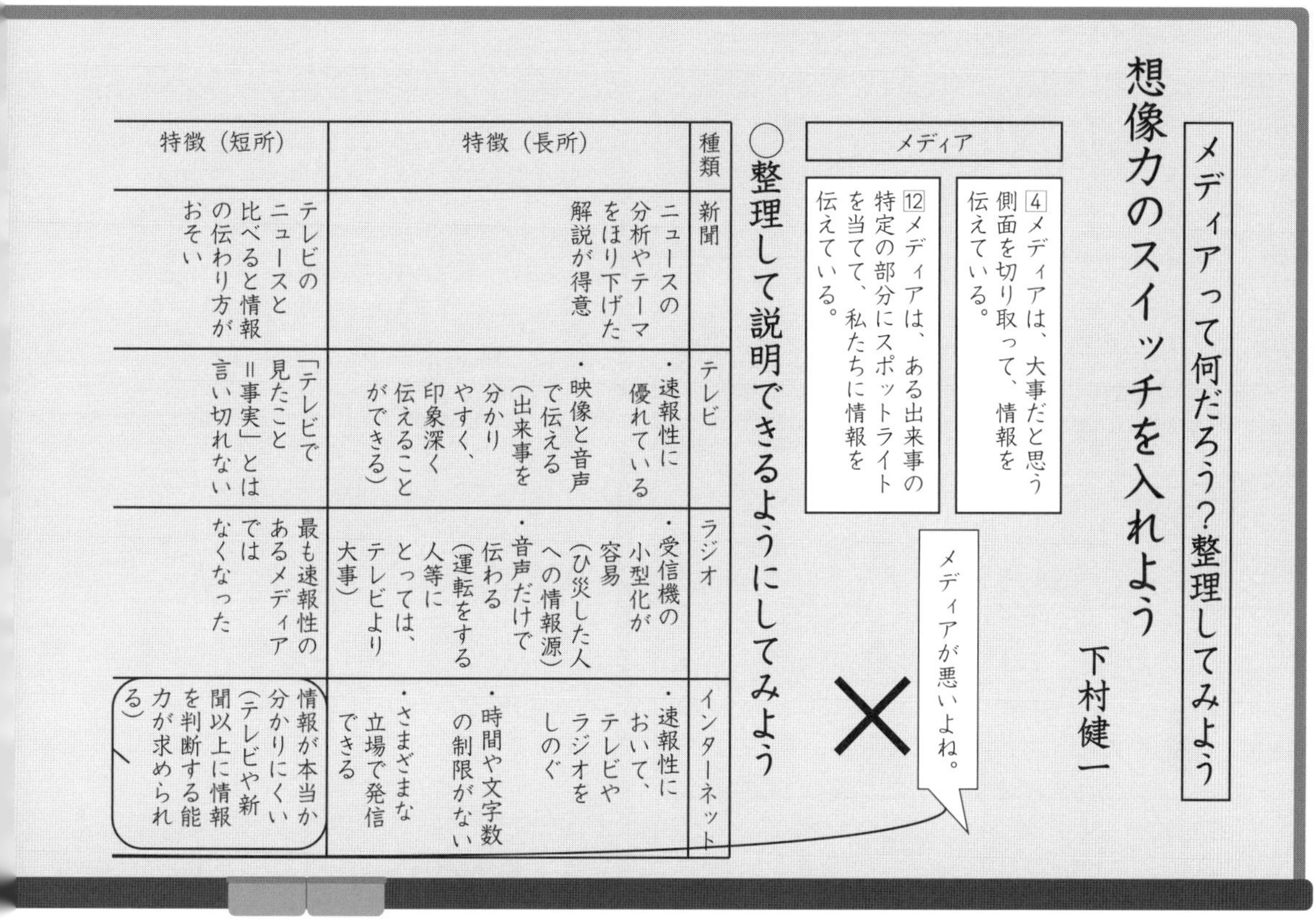

想像力のスイッチを入れよう
下村健一
メディアって何だろう？整理してみよう
メディア
4 メディアは、大事だと思う側面を切り取って、情報を伝えている。
12 メディアは、ある出来事の特定の部分にスポットライトを当てて、私たちに情報を伝えている。
メディアが悪いよね。
×
○整理して説明できるようにしてみよう
種類 | 特徴（長所） | 特徴（短所）
新聞 | ニュースの分析やテーマをほり下げた解説が得意 | テレビのニュースと比べると情報の伝わり方がおそい
テレビ | ・速報性に優れている ・映像と音声で伝える（出来事を分かりやすく、印象深く伝えることができる） | 「テレビで見たこと＝事実」とは言い切れない
ラジオ | ・受信機の小型化が容易（ひ災した人への情報源） ・音声だけで伝わる（運転をする人等にとっては、テレビより大事） | 最も速報性のあるメディアではなくなった
インターネット | ・速報性において、テレビやラジオをしのぐ ・時間や文字数の制限がない ・さまざまな立場で発信できる | 情報が本当か分かりにくい（テレビや新聞以上に情報を判断する能力が求められる）

1 メディアについて知っていることを発表する

本文から想像すると、メディアが悪いよね。メディアについてくわしく説明できるかな

違うよ。悪者ではなくて、気を付ける必要があるってことだよ

でも、「説明できるかな」と言われると難しいなあ

しかけ（仮定する）

メディアについて書かれた文を提示した上で、発問をする。その際、「ニュースを伝えるマスメディア」のページを紹介する。

2 「ニュースを伝えるマスメディア」を「長所・短所分担読み」して、表に整理する

メディアの種類と特徴を知り、情報と上手く付き合えるように、表に整理してみよう

「～得意」ここは、「長所」だね。立って読むよ

分担読みしたことを参考に表にまとめたらいいね

長所と短所どちらか自信がないな

考える音読（分担読み）

クラスを「長所役」「短所役」に分け、それぞれの役に関連する文や部分は、立って音読する「長所・短所分担読み」をするように促す。分担読みに合わせて、板書上に整理していく。 **配慮ア**

本時の展開　第一次　第３時

目標 筆者の説明の工夫について話し合うことを通して、筆者が説明の工夫をしていることに気付き、今後の学習の見通しをもつことができる。

［ 本時展開のポイント ］

前時までに子供が書いた工夫を基に、選択肢にしていることを伝え、子供が自分たちの学習課題として捉えることができるようにする。

［ 個への配慮 ］

㋐活動の意図や見通しを伝える

活動にスムーズに入ることができない場合は、状況を理解し、見通しをもつことができるように、ペアで位置を確認することで工夫の大体を捉えてほしいこと、全部分からなくてもこの後、全体で話すので、少しずつ理解できればよいこと等を伝える。

㋑項目の入ったプリントを用意する

振り返りを書くことが困難な場合は、何について書けばよいか分かるように、「現時点で一番だと思う工夫」「工夫だと思う理由」等の項目を示したプリントを用意して書き込ませるようにする。

今後の学習の計画を立てよう

○一番の工夫は、人によってちがう
・下村さんは、たくさん工夫して書いている
→もっと、くわしく読んでみたい
○工夫がはっきりしていないところもある
・「エ」はよく分からない
→はっきりしたら、筆者紹介カードが書けそう

3 今後の計画について話し合う

ネームプレートが一番多い工夫を筆者紹介カードに書こう。人数が少ない工夫は、次の時間からは学習しなくてもいいよね。

だめだよ。一番じゃないだけで、工夫には変わらないよ

「エ」は、よく分からないけれど、分からないからこそ、学習するといいのではないかな

しかけ（仮定する）

ネームプレートの数が一番多い工夫以外のカードを板書上から外した上で、ゆさぶり発問を行う。そうすることで、今後の学習計画を考えるきっかけとする。

4 学習を振り返り、今後の学習の見通しをもつ

工夫がはっきりしないものは、今後学習していこうね。今日の学習を振り返ろう

はっきりしない工夫を学習して、はっきりしたら、下村さんの紹介カードが作れそう

でも、何を書いたらいいんだろう

「エ」の工夫については、今後、学習して、工夫がはっきりしたら筆者紹介カードを書く（三次）ことを確認した上で、振り返りを書く時間を確保する。　配慮㋑

準備物
・工夫カード（第１次第１、２時に子供が書いた工夫をまとめたもの）
・ネームプレート（全員分）

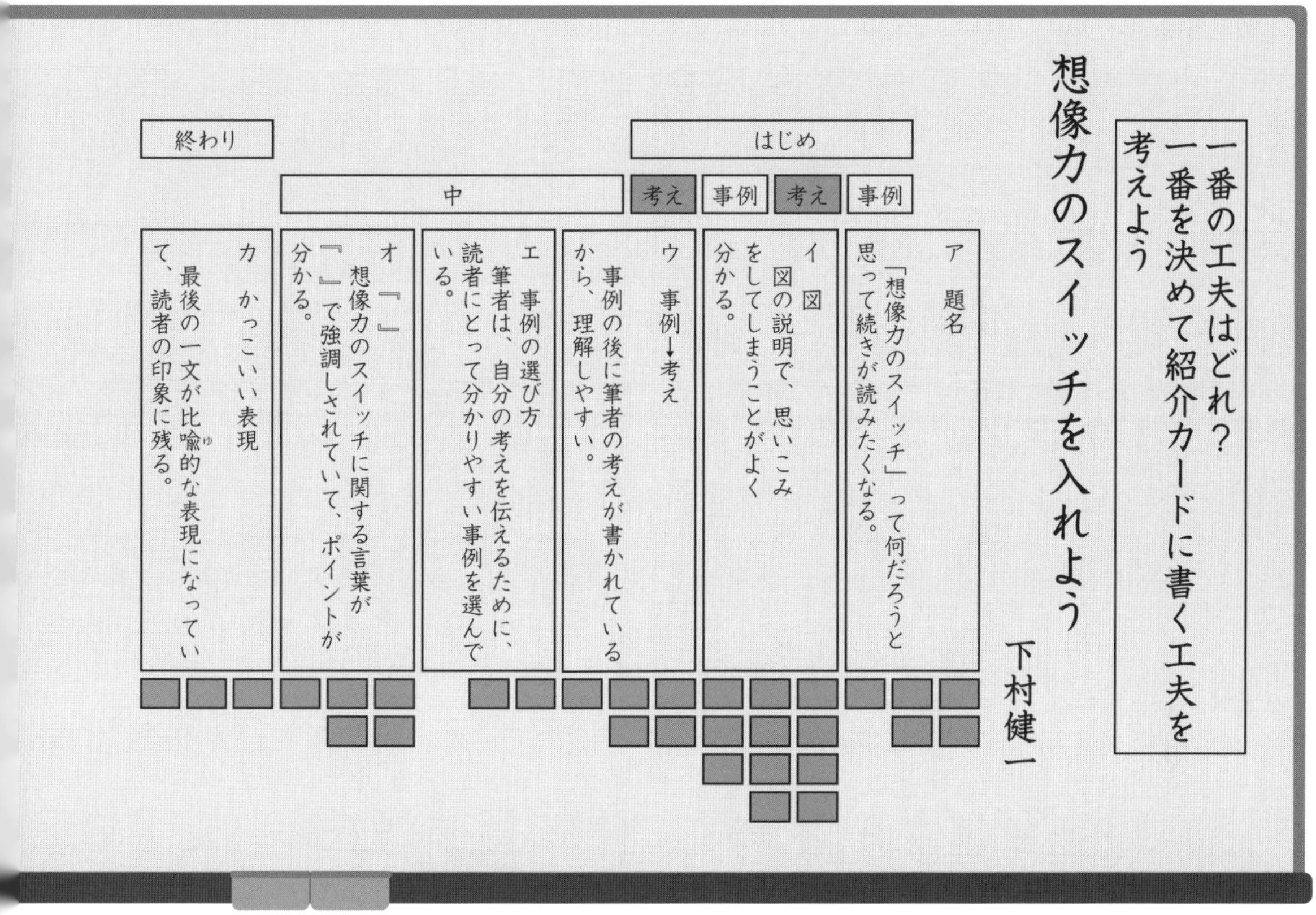

1 クラスの友達が書いた工夫を確認する

前の時間にみんなが書いた工夫をカードにしてみたよ。黒板のどこにはったらいいかな？

板書上の「はじめ」「中」「終わり」のどのあたりに、どの工夫が位置付くかを二人組で考える時間を設けることで、カードに書かれている工夫の大体を捉えることができるようにする。

配慮ア

2 学習課題について話し合う

一番の工夫はどれかな？

「イ」だ。自分も思いこみをしてしまったからね
「ア」だ。筆者の主張につながる工夫だからね

Which型課題
一番の工夫と思うカードの下にネームプレートを貼るように促す。誰にとって、どんなよさがあるのか問うことで、工夫の具体を捉えることができるようにする。

本時の展開　第二次　第1時

目標　学習課題について話し合うことを通して、事例と意見の関係に気付き、学習課題について自分の考えをノートに書くことができる。

[本時展開のポイント]

前時からのつながりを意識できるように、学習課題を提示した上で、リライト文を提示する。

[個への配慮]

ア黒板の図や文を指し示しながら説明するよう促す

音声言語のみの説明では理解が難しい場合は、どこを説明しているのかが分かるように、発言した子供とは別の子供に、再度同じ内容を黒板の図や文を指し示しながら説明するよう促す。

イ項目の入ったプリントを用意する

考えをまとめることが困難な場合は、何について書けばよいか分かるように、「分かったこと」「筆者紹介カードに書けそうな工夫は見つかったか」「それはどんな工夫か」等の項目を示したプリントを用意して書き込ませるようにする。

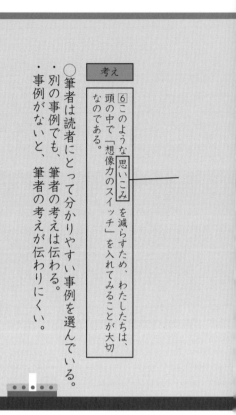

考え

⑥このような思いこみを減らすため、わたしたちは、頭の中で「想像力のスイッチ」を入れてみることが大切なのである。

○筆者は読者にとって分かりやすい事例を選んでいる。
・別の事例でも、筆者の考えは伝わる。
・事例がないと、筆者の考えが伝わりにくい。

3 事例はなくてもよいかについて話し合う

伝えたいのは、考えだと分かったね。事例は、別のものでもよいなら、なくてもよいのでは？

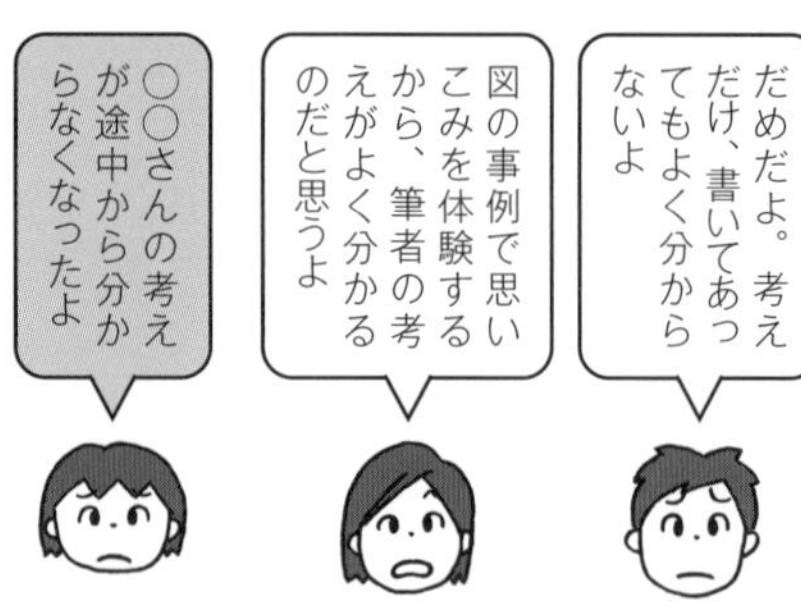

だめだよ。考えだけ、書いてあってもよく分からないよ
図の事例で思いこみを体験するから、筆者の考えがよく分かるのだと思うよ
○○さんの考えが途中から分からなくなったよ

しかけ（仮定する）

発問に合わせて、事例の部分を板書上からはがす。事例と考えの関係について話している子供の考えを取り上げ、再話を促したり、報道の事例でも同じことが言えるか問い返したりする。　配慮ア

4 本時の学習を振り返る

筆者は、考えを伝えるために事例を選んでいると言えそうだね。筆者紹介カードに書けそう？

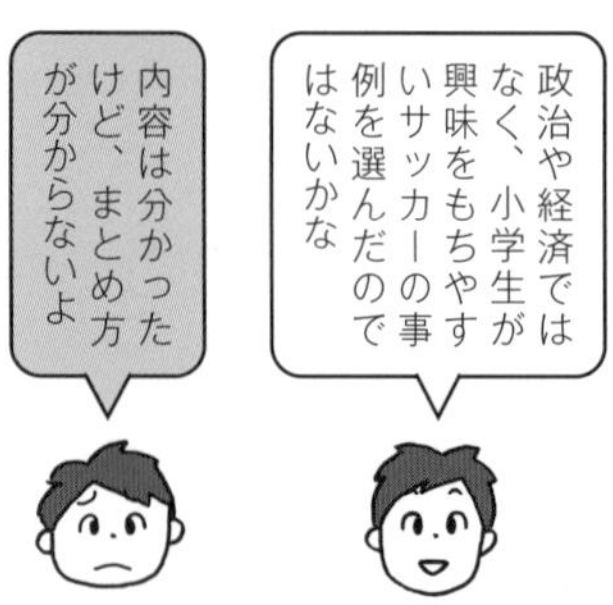

政治や経済ではなく、小学生が興味をもちやすいサッカーの事例を選んだのではないかな
内容は分かったけど、まとめ方が分からないよ

本時の子供の発言をまとめたものを板書して示した上で、本時の学習を振り返るよう促す。その際、下村さんの工夫を見付け、筆者紹介カードに書くという単元のゴールを意識させる。　配慮イ

準備物
・リライト文（事例部分1 2段落）　・本文（拡大提示）　6-04～06
・図（デジタル教科書で印刷可）

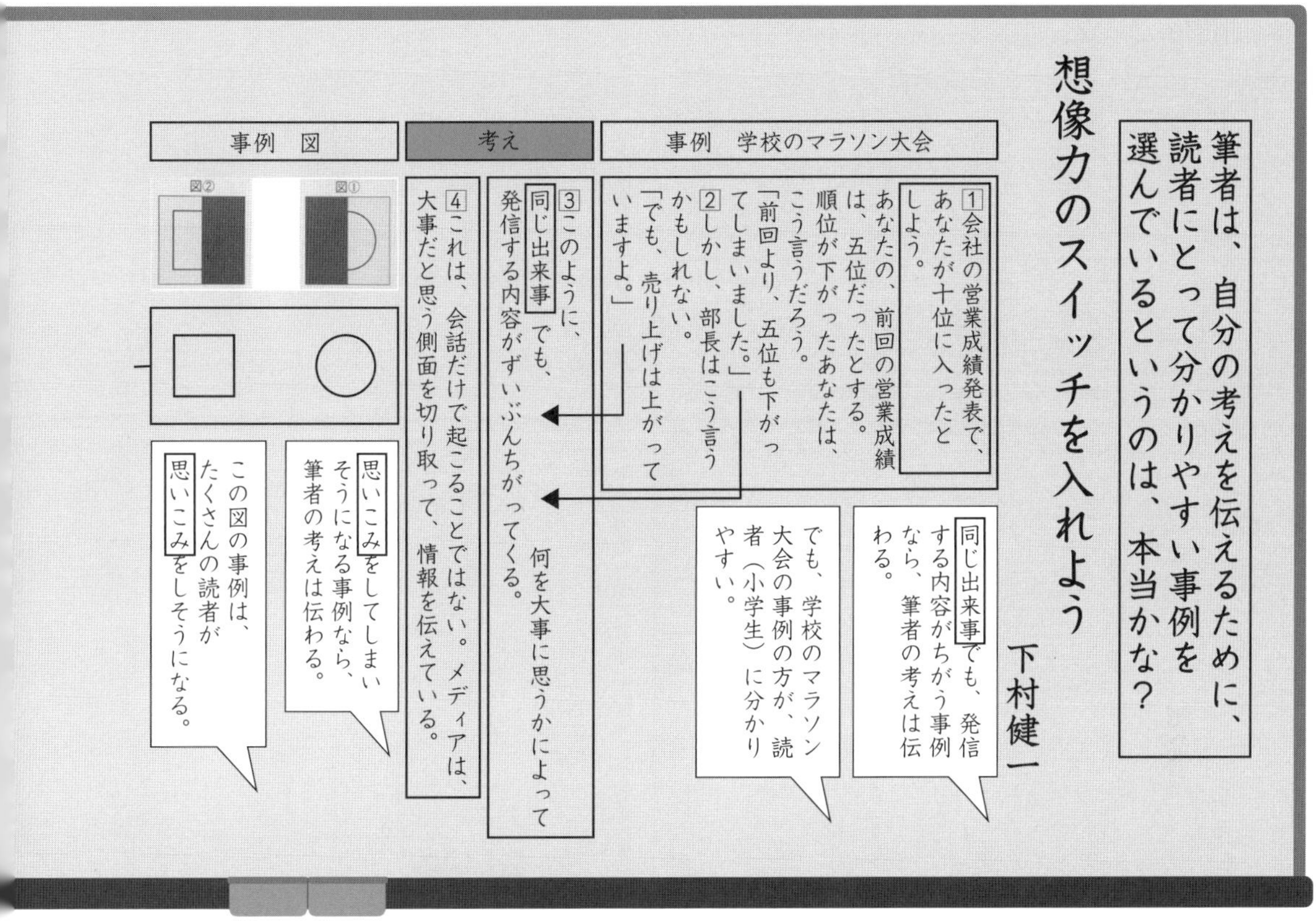

「でも、売り上げは上がっていますよ。」

この図の事例は、たくさんの読者が思いこみをしそうになる。

1

「事例・考え分担読み」をする

先生が事例と考えのある文章を書いてきたのだけど、どこが事例でどこが考えか分かるかな

ここは、「事例」だから、立って音読するぞ
ここは、「考え」だ。あれ？「考え」は本文と同じだ

考える音読（分担読み）

学習課題と「事例」部分をリライトした文章を提示して、発問を行う。クラスの半分を「事例」役、もう半分を「考え」役に分け、自分の担当部分だと思ったら立って音読する「事例・考え」分担読みをするよう促す。

2

学習課題について話し合う

先生の文章と本文とでは、どちらが読者にとって分かりやすい事例なのかな

読者が五年生だとすると、本文の事例の方が分かりやすい

しかけ（仮定する）

本文とリライト文、どちらも「考え」が伝わることを確認した上で、発問を行う。発言を板書上に整理する。

本時の展開 第二次 第2時

目標 学習課題について話し合うことを通して、⑦段落以降の事例と意見の関係に気付き、学習課題についての自分の考えをノートに書くことができる。

[本時展開のポイント]

前時に確認した事例と意見の関係が、報道の事例でも同じように言えるのかを考える時間である。読者の反応を手がかりに考えることができるように、「つぶやき読み」を仕組む。

[個への配慮]

㋐考える手がかりを示したプリントを配る

自信がもてず、スムーズに活動に取り組むことが難しい場合は、例と考えを区別しやすいように、文末を色分けして示したプリントを配る。

㋑教師と一緒に「つぶやき読み」をする

つぶやき読みをすることが難しい場合には、安心して活動に取り組むことができるように、正解は一つではないことを伝えた上で、第一次第1時にしたつぶやきの例を示す。それでも難しい場合は、読者の反応を考えやすいように、モデルつぶやきを複数提示したプリントを配り、センテンスカードに合うものを選択するよう促す。

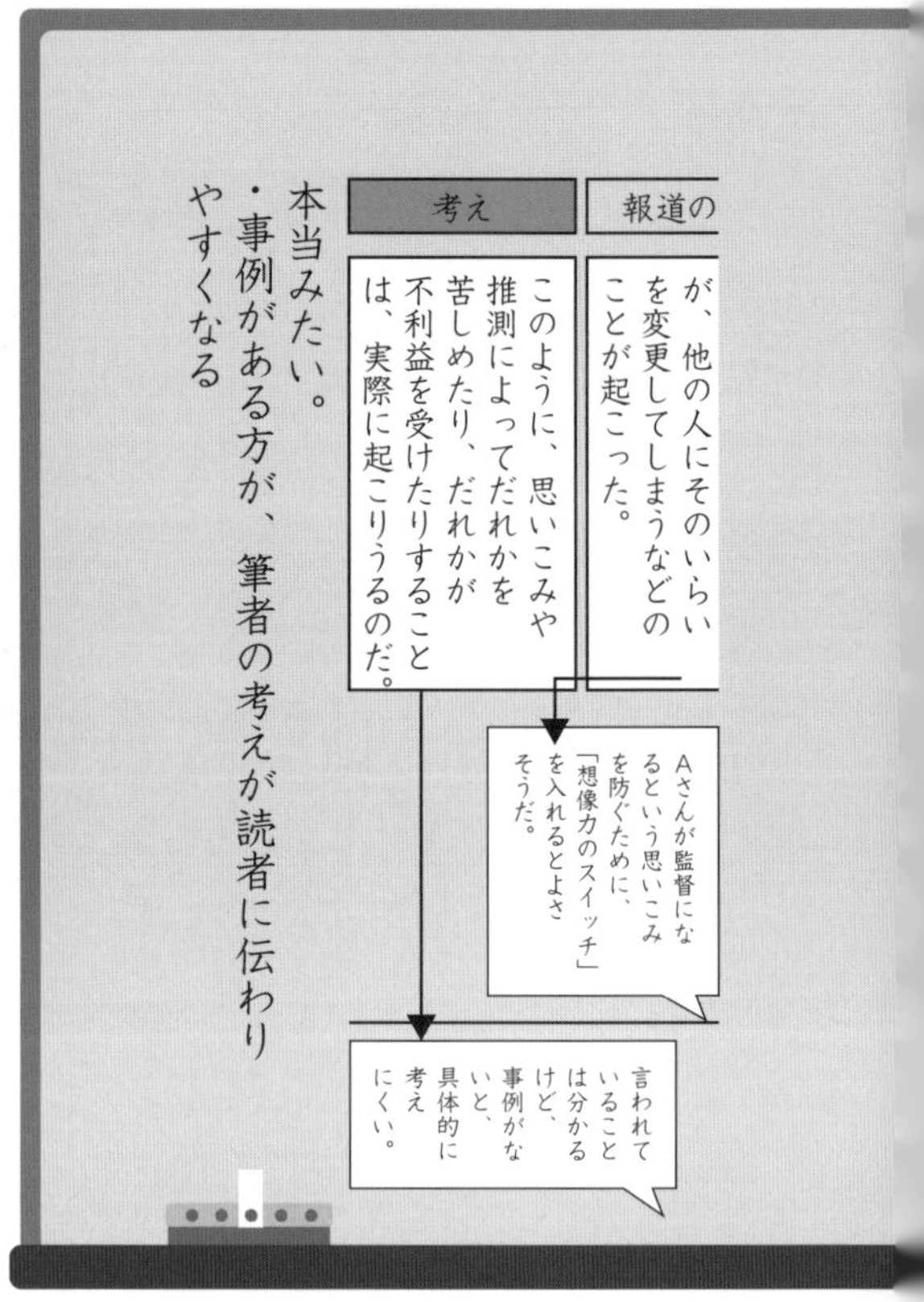

報道の
が、他の人にそのいらいを変更してしまうなどのことが起こった。
考え
このように、思いこみや推測によってだれかを苦しめたり、だれかが不利益を受けたりすることは、実際に起こりうるのだ。
Aさんが監督になるという思いこみを防ぐために、「想像力のスイッチ」を入れるとよさそうだ。
言われていることは分かるけど、事例がないと、具体的に考えにくい。
本当みたい。
・事例がある方が、筆者の考えが読者に伝わりやすくなる

る。

配慮㋑

3 事例はなくてもよいかについて話し合う

報道の事例の場合も、筆者の考えだけだと、伝わりにくいのかな。

しかけ（仮定する）

事例の部分を板書上からはがした上で、発問を行う。筆者の考えのみを読んだ際の「つぶやき読み」をするよう促す。子供のつぶやきを板書し、比較させる。

筆者の考えだけ書いてあってもよく分からないよ

事例があると、読者も「想像力のスイッチ」を入れた状況を具体的に考えることができるよ

4 学習を振り返る

事例があると筆者の考えが具体的に分かるね。筆者紹介カードにどんなことを書きますか。

筆者紹介カードに書くことをまとめておくとよさそうだね

下村さんは、自分の考えを伝えるために……事例がある場合は……事例がない場合は……

本時の子供の発言をまとめたものを板書して示した上で、本時の学習を振り返るよう促す。その際、下村さんの工夫を見付け、筆者紹介カードに書くという単元のゴールを意識させる。

準備物 ・センテンスカード（サッカーの報道に関するもの） 6-07～15

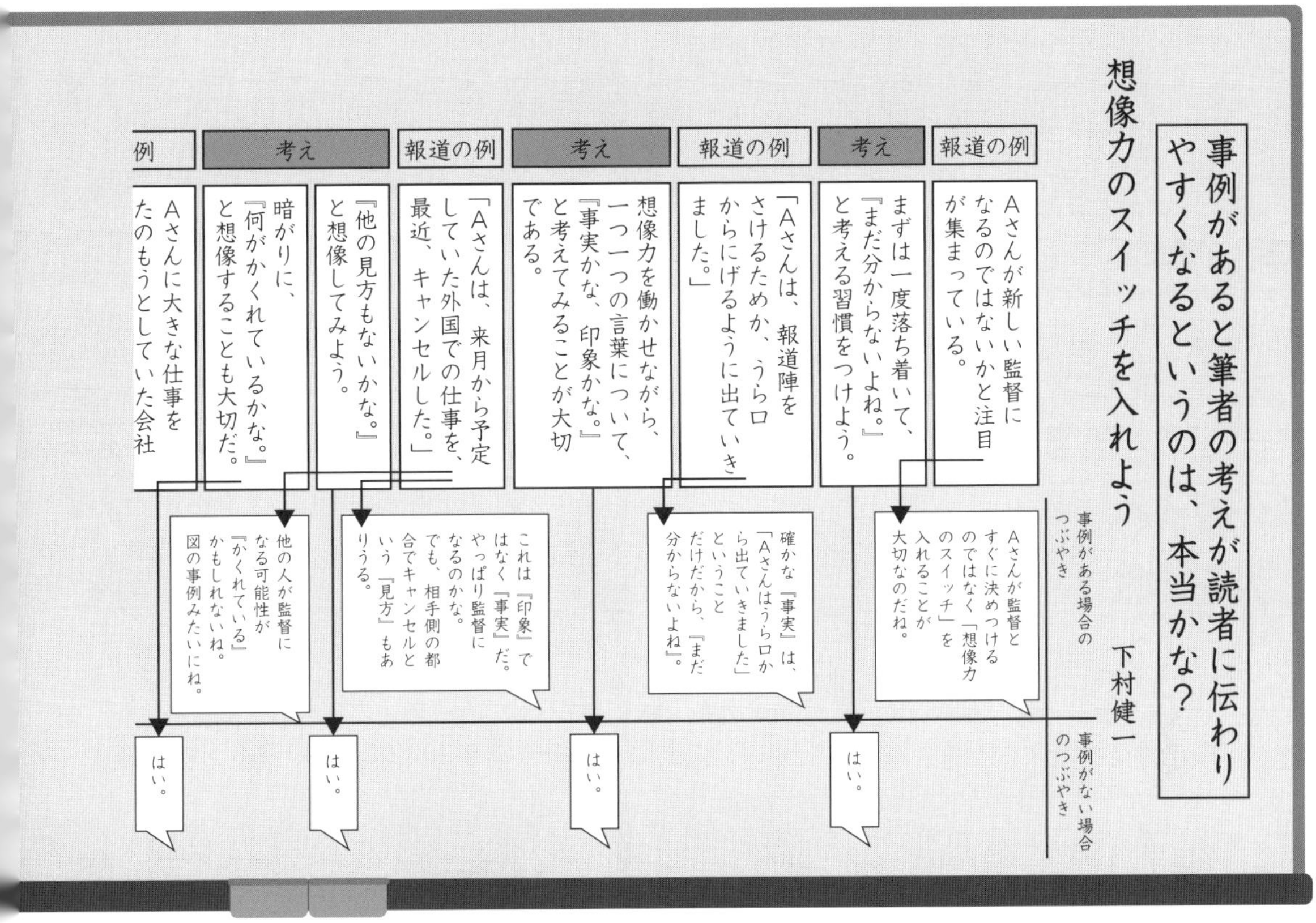

これは『印象』ではなく『事実』だ。やっぱり監督になるのかな。でも、相手側の都合でキャンセルという『見方』もありうる。

1 「報道の例・考え分担読み」をする

昨日の続きを確かめよう。どこが報道の内容でどこが筆者の考えか分かるかな

どっちがどっちが自信がないなあ
「〜ている」ここは、「報道の例」だから立って音読するぞ
「〜のだ」ここは、「考え」だ

考える音読（分担読み）

クラスの半分を「報道の例」役、もう半分を「考え」役に分け、自分の担当部分だと思ったら立って音読する「報道の例・考え分担読み」をするよう促す。分担読みに合わせて、センテンスカードを板書上に位置付けていく。 配慮ア

2 「つぶやき読み」をして、学習課題について考える

事例がある方が、筆者の考えが読者に伝わりやすくなる。報道の事例でも同じことがいえるのか『つぶやき読み』をして確かめよう。

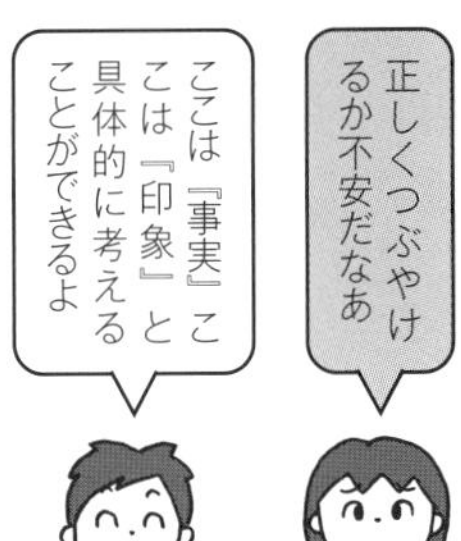

正しくつぶやけるか不安だなあ
ここは『事実』ここは『印象』と具体的に考えることができるよ

考える音読（つぶやき読み）

報道の例と筆者の考えとを関連付けて読んだ際「つぶやき読み」をするように促す。ペアで取り組んだ後、全体で共有す

本時の展開　第二次　第3時

目標 学習課題について話し合うことを通して、⑯段落と報道や図の事例との関係に気付き、学習課題についての自分の考えをノートに書くことができる。

[本時展開のポイント]

第一次第３時に確認した工夫について考える時間である。比喩表現と他の段落とのつながりに焦点化して考えることができるようにリライト文を提示する。

[個への配慮]

ア矢印のみ書き込めばよいワークシートを渡す

板書を見ながら考えることが難しい場合は、つながりに焦点化して考えやすいように、矢印のみ書き込めばよいセンテンスカードと図が印刷されたワークシートを渡す。

イ考える項目を示したプリントを渡す

考えをまとめることが困難な場合は、何について書けばよいか分かるように、「紹介したい工夫を一言でいうと」「本文の言葉を使って詳しく説明すると」などの考える項目を示したプリントを用意して書き込ませるようにする。

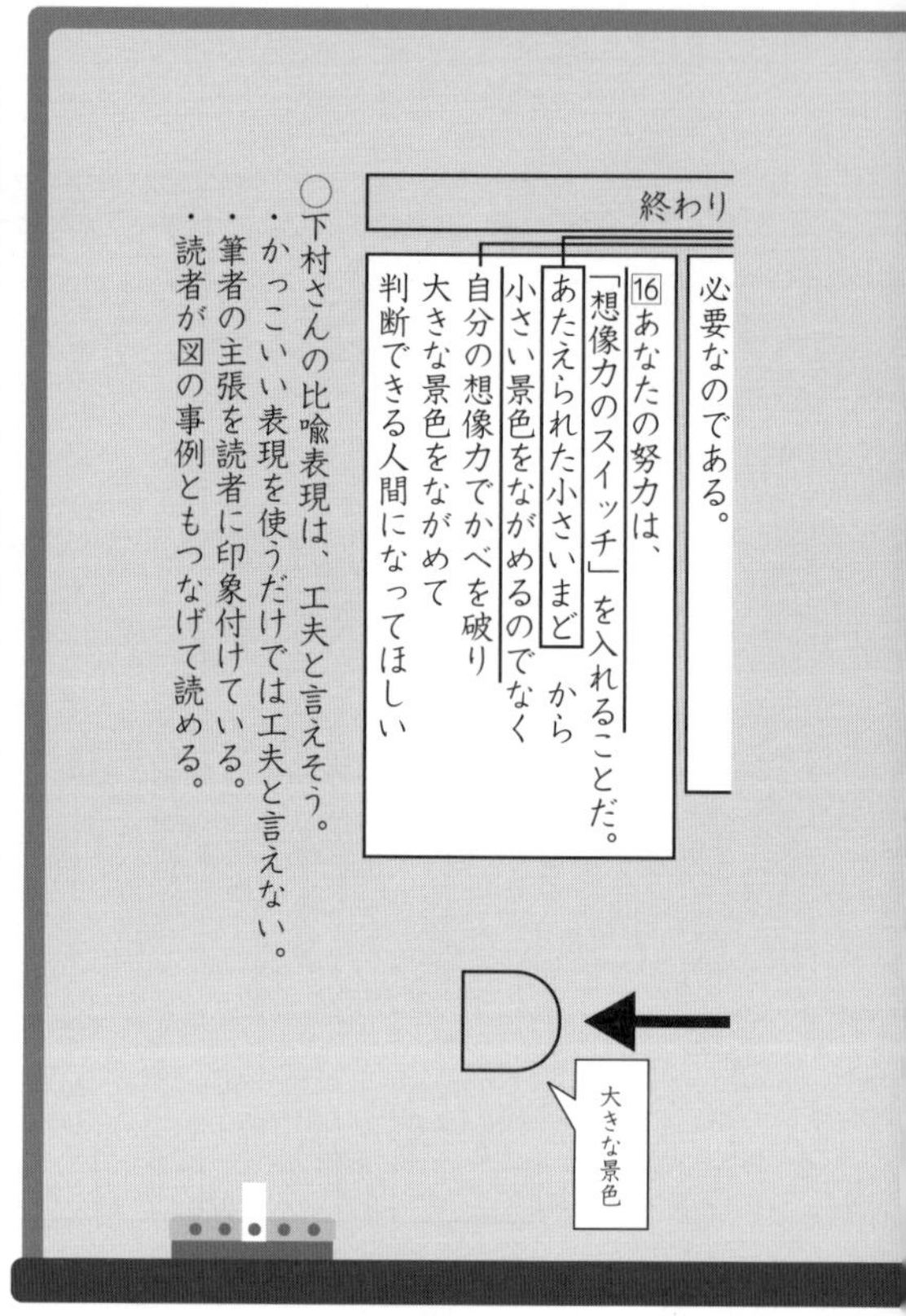

終わり
必要なのである。
⑯あなたの努力は、
「想像力のスイッチ」を入れることだ。
あたえられた小さいまど
から
小さい景色をながめるのでなく
自分の想像力でかべを破り
大きな景色をながめて
判断できる人間になってほしい
○下村さんの比喩表現は、工夫と言えそう。
・かっこいい表現を使うだけでは工夫と言えない。
・筆者の主張を読者に印象付けている。
・読者が図の事例ともつなげて読める。
大きな景色

いく。　配慮ア

3

図の事例はなくてもよいかについて話し合う

筆者が伝えたいのは、メディアが伝えた情報を受け取る際のことだよね。図の事例はなくてもよいのではないかな

「だめだよ。図の事例があるから、思いこみに気付けるよ」

「図の事例があるから、⑯段落の比喩表現がよく分かるよ」

しかけ（仮定する）

図の事例を板書上からはがした上で、発問を行う。センテンスカード以外の本文を根拠に発言した子供がいれば、価値付けたい。

4

学習を振り返る

筆者は、主張を印象付けるように比喩表現を使っていると言えそうだね。紹介できそう？

「筆者は、自分の考えを伝えるために、表現を工夫しているのだね」

「工夫していることは分かったけれど、どんな風に紹介したらよいのかな」

本時の子供の発言をまとめたものを板書した上で、本時の学習を振り返る時間を設定する。その際、下村さんの工夫を見付け、筆者紹介カードに書くという単元のゴールを意識させる。　配慮イ

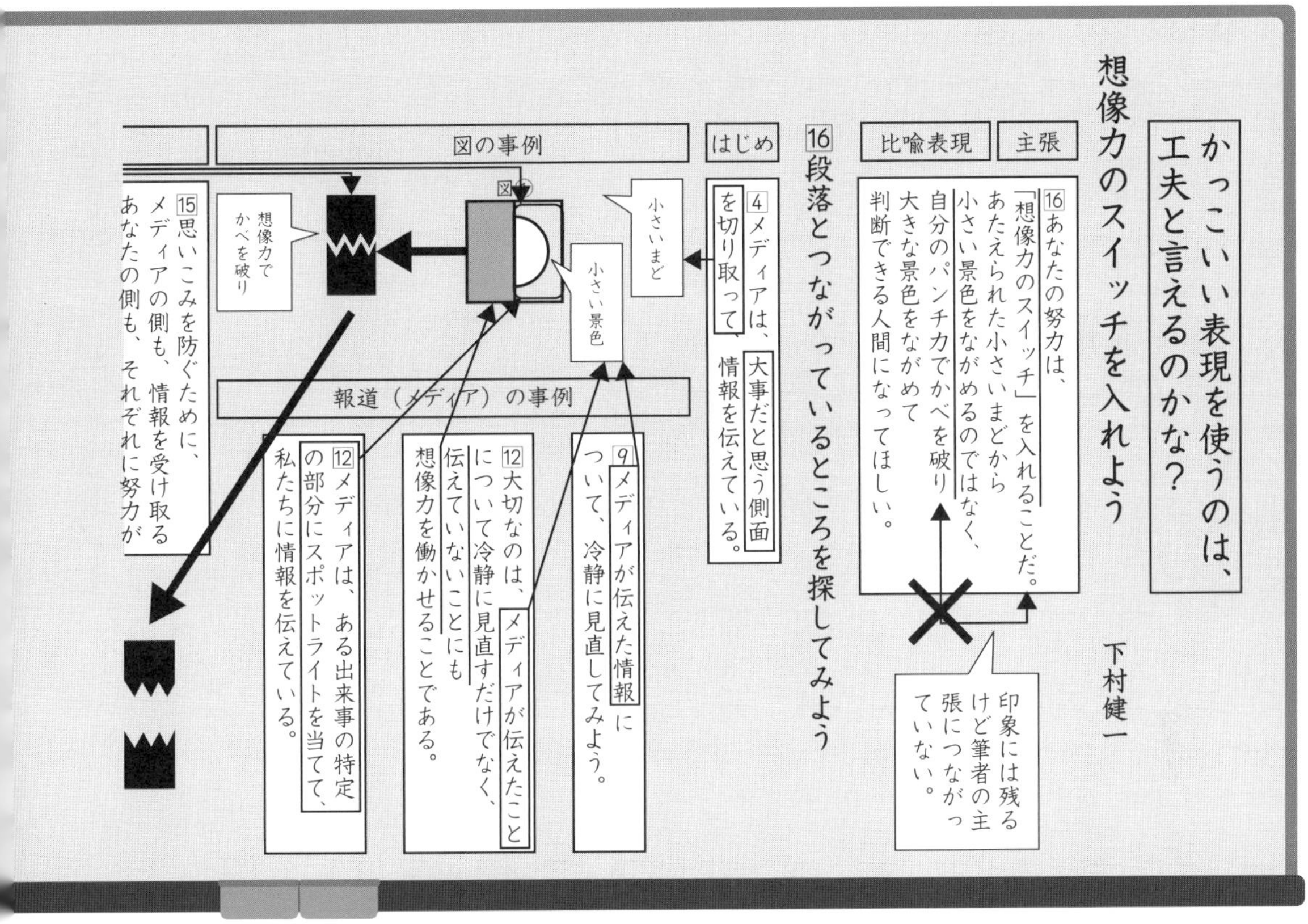

かっこいい表現を使うのは、工夫と言えるのかな？
想像力のスイッチを入れよう
下村健一
主張
比喩表現
16あなたの努力は、「想像力のスイッチ」を入れることだ。あたえられた小さいまどから小さい景色をながめるのではなく、自分のパンチ力でかべを破り、大きな景色をながめて判断できる人間になってほしい。
印象には残るけど筆者の主張につながっていない。
16段落とつながっているところを探してみよう
はじめ
4メディアは、大事だと思う側面を切り取って、情報を伝えている。
図の事例
小さいまど
小さい景色
想像力でかべを破り
報道（メディア）の事例
9メディアが伝えた情報について、冷静に見直してみよう。
12大切なのは、メディアが伝えたことについて冷静に見直すだけでなく、伝えていないことにも想像力を働かせることである。
12メディアは、ある出来事の特定の部分にスポットライトを当てて、私たちに情報を伝えている。
15思いこみを防ぐために、メディアの側も、情報を受け取るあなたの側も、それぞれに努力が

1 リライト文を読む

もっと印象付ける文を考えてきたよ。筆者の考えは伝わるかな

伝わらないよ。パンチ力じゃなくて、想像力だからね

最後の段落まで、パンチ力の説明はなかったよ

しかけ（間違える）

伝わらないと発言した子供に対して、リライト文ではだめな理由を問うことで、主張や他の段落とのつながりを考えるきっかけとする。

2 比喩表現と関係のある部分を探し、学習課題について考える

比喩表現はどことつながっているのかな。『指さし読み』をして確かめよう

「あたえられた小さいまど」は、メディアが伝えた情報のことかな

図で言うと、見えている部分のことだね

黒板を見ながら考えるのは難しいな

考える音読（指さし読み）

メディアのことについて書かれているセンテンスカードと図を提示した上で、発問を行う。⑯段落と対応している図等を指で対応させながら音読する「指さし読み」を仕組む。音読や発言に合わせて、板書上に整理して

✓ 本時の展開　第三次　第1・2時

目標 これまで学習したことを振り返りながら、書くことを整理することを通して、筆者の説明の工夫を捉え直し、筆者紹介カードにまとめることができる。

[本時展開のポイント]

第三次になって、慌てることのないよう、第一次で見通しをもたせ、第二次である程度書いておき、第三次では整理する時間となるように意識して単元を展開しておく。

[個への配慮]

㋐よさの例が書かれたプリントを参考に考えさせる

具体的な考えをもつことが困難な場合は、自分なりの考えをもちやすくするために、先生の考えるよさが書かれたプリントを用意し、その考えに対して賛成か反対か考えさせる。

㋑音声機能付きのタブレットを渡す

書くことに抵抗があり膨大な時間がかかってしまう場合は、書く内容や構成等に焦点化して考えやすいように、音声入力機能のあるタブレットを渡す。

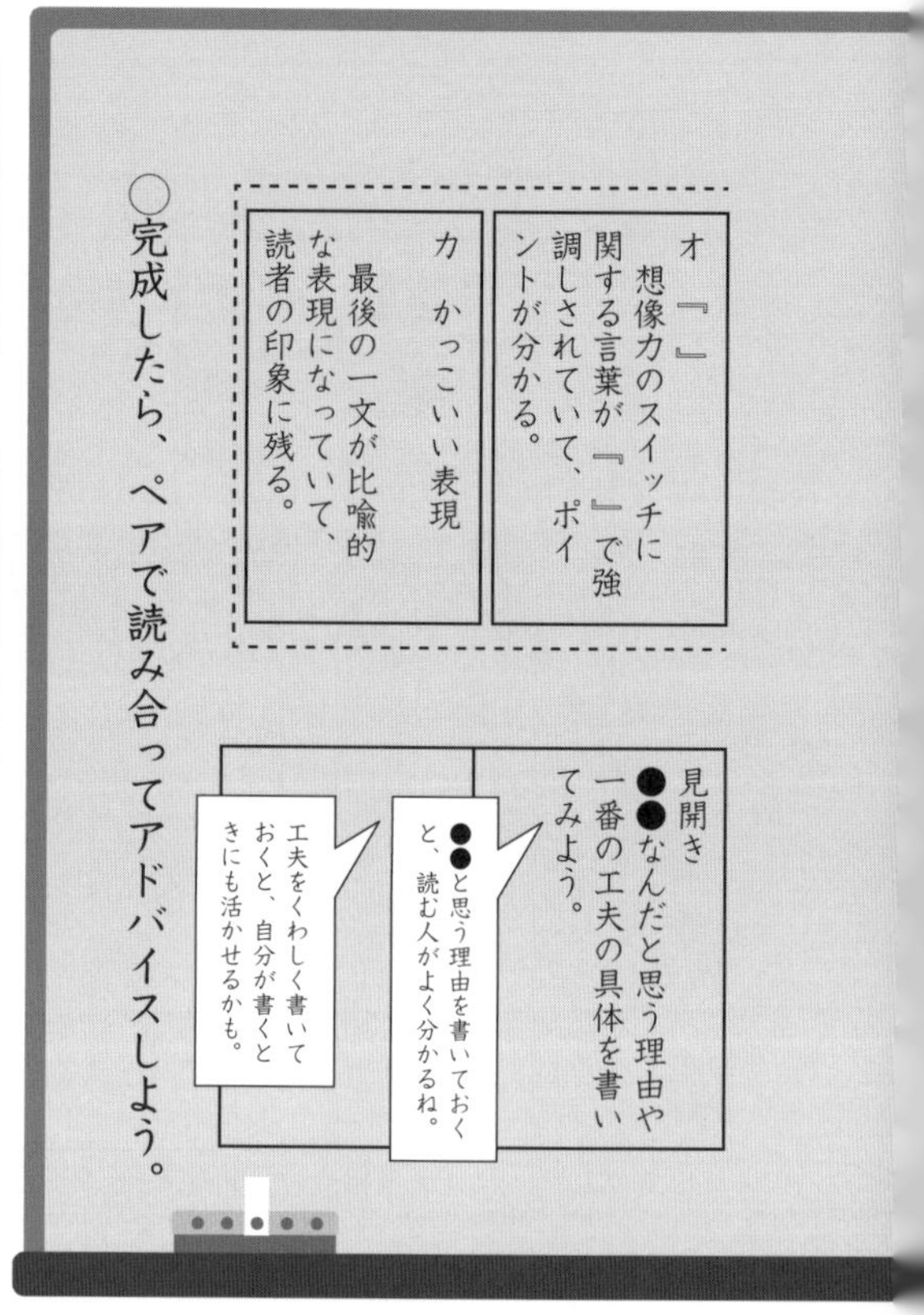

オ『』
想像力のスイッチに関する言葉が『』で強調しされていて、ポイントが分かる。
カ　かっこいい表現
最後の一文が比喩的な表現になっていて、読者の印象に残る。
見開き
●●なんだと思う理由や一番の工夫の具体を書いてみよう。
●●と思う理由を書いておくと、読む人がよく分かるね。
工夫をくわしく書いておくと、自分が書くときにも活かせるかも。
○完成したら、ペアで読み合ってアドバイスしよう。

3 百文字要約で書く

相談しながら書きたい人は教室で、静かな場所で黙々と書きたい人は、図書館で書こう

僕は、もう、書けそうだから、図書館で集中して仕上げるよ

私は、百文字要約がこれでいいか不安だから、相談したいな

百文字要約は、年間を通して取り組んできているので、できそうな子供には自力で挑戦するよう促す。難しい場合は、相談しながら取り組むように促す。

4 完成した筆者紹介カードを「つぶやき読み」して、助言し合う

読む人に伝わる紹介カードになるようにペアでつぶやき読みをして、アドバイスをしよう

分かる。分かる。……あれ？ここは、どういうことだろう？

ここを修正したら、より分かる紹介カードになりそうだね

考える音読（つぶやき読み）

完成した人からペアになって「つぶやき読み」をするように促す。読者に伝わりにくい箇所は、必要に応じて修正するように促す。

準備物
・筆者紹介カードのフォーマット　・５年生で学習した筆者の紹介カード（教師作成）
・工夫カード（第一次で使用したもの）

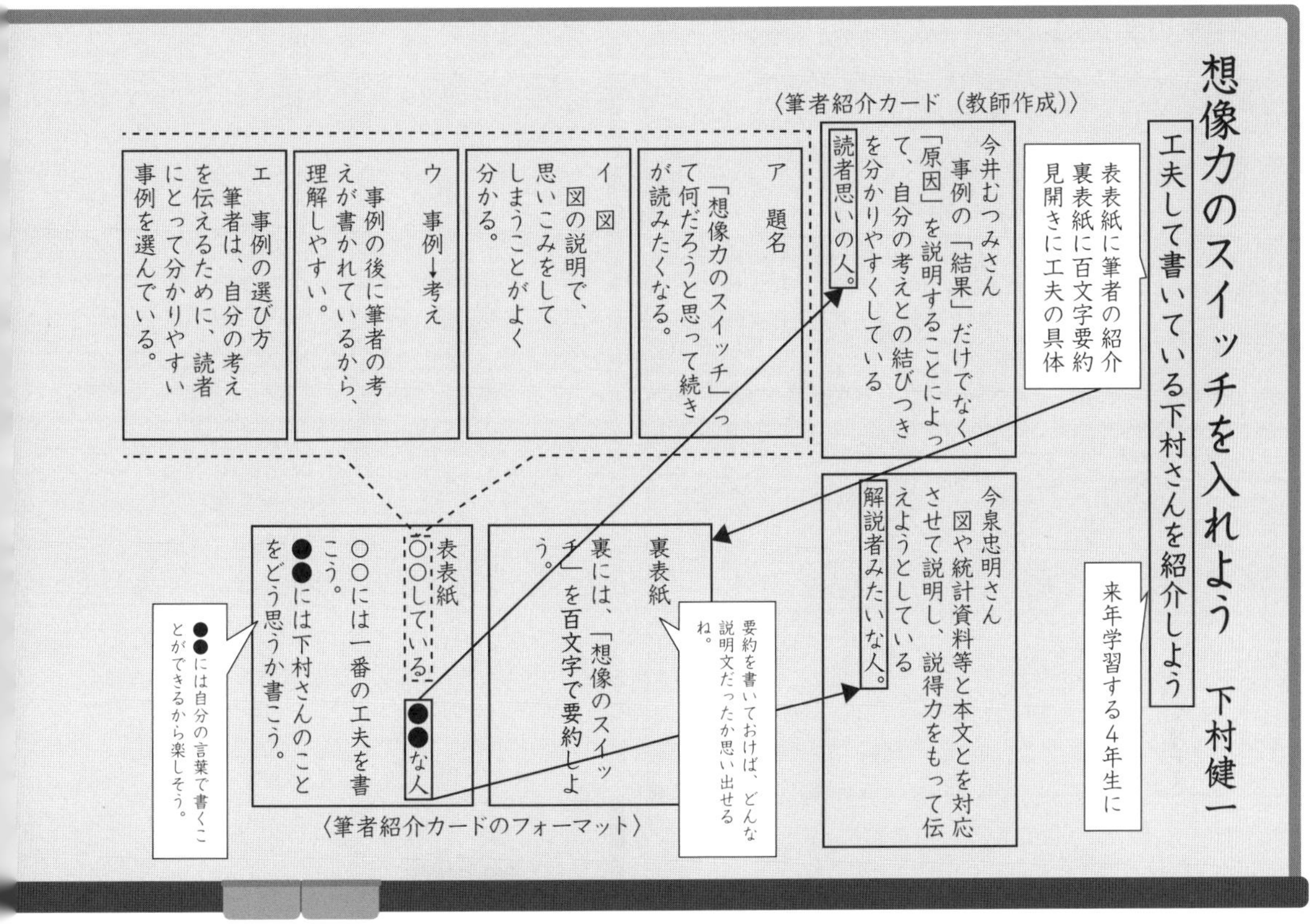

想像力のスイッチを入れよう　下村健一
工夫して書いている下村さんを紹介しよう
表表紙に筆者の紹介
裏表紙に百文字要約
見開きに工夫の具体
来年学習する4年生に
〈筆者紹介カード（教師作成）〉
今井むつみさん　事例の「結果」だけでなく、「原因」を説明することによって、自分の考えとの結びつきを分かりやすくしている　読者思いの人。
今泉忠明さん　図や統計資料等と本文とを対応させて説明し、説得力をもって伝えようとしている　解説者みたいな人。
ア　題名　「想像力のスイッチ」って何だろうと思って続きが読みたくなる。
イ　図　図の説明で、思いこみをしてしまうことがよく分かる。
ウ　事例→考え　事例の後に筆者の考えが書かれているから、理解しやすい。
エ　事例の選び方　筆者は、自分の考えを伝えるために、読者にとって分かりやすい事例を選んでいる。
裏表紙　裏には、「想像力のスイッチ」を百文字で要約しよう。
要約を書いておけば、どんな説明文だったか思い出せるね。
表表紙　〇〇している　●●な人
〇〇には一番の工夫を書こう。●●には下村さんのことをどう思うか書こう。
●●には自分の言葉で書くことができるから楽しそう。
〈筆者紹介カードのフォーマット〉

1 どこに何を何のために書くのかを確認する

どこに何を書くかを分かるようにしてきたよ。百文字要約を書くと、いいことありそう？

あるよ。初めて読む人がどんな説明文なのか大体分かるよ

いいことが分からない　例えば？

しかけ（選択肢をつくる）

フォーマットと五年生で学習した筆者の紹介カードを提示し、参考にしてもよいことを伝える。子供がどこに何を書くのか確認できた上で、発問を行う。**配慮ア**

2 筆者紹介カードを書く

読む人に伝わるように書こう

よし、書くぞ。前の時間までに書いていたことが使えそうだ

「相手のことを考えて例を出す配慮のできる人」と書くよ

書くことは大体決まっているけど、時間内に終わるかなあ

自分がこれまでにまとめた筆者の説明の工夫や友達がこれまでにまとめたノートの記述等を参考にしてよいことを伝える。完成したら、完成した人同士でペアになり「つぶやき読み」をすることを予告しておく。**配慮イ**

本時の展開　第三次　第3時

目標　学習課題について話し合うことを通して、筆者の説明の工夫の活用場面に気付き、ノートに記述することができる。

本時展開のポイント

本単元で学んだことを別の場面で活用することを意識することができるように、単元の学習を振り返るよさを選択肢として示す。

個への配慮

ア選択肢以外の考えも認める

選択肢以外のよさが気になって次の活動にスムーズに取り組むことができない場合は、安心して学習に取り組むことができるように、子供の話をよく聞き、発言の内容を認める。間違えでなければ、必要に応じて板書上に示す。

イ活用場面の例を示したプリントを渡す

活用場面を考えることが困難な場合には、いくつかの例を参考に考えることができるように、適切でないものも含めたいくつかの例の書かれたプリントを渡す。どれがよいか、どこがよいかを一緒に検討する。

○下村さんの工夫は、いろいろな場面で使えそう

○全ての工夫を使えばよいわけではなく、内容や読者に応じて工夫する。

3 本単元で学習した工夫がどんな場面でも使えるか考える

考えたことがないから思い付かないよ

配慮イ

どんなときでも、アから力の工夫を全てすると、よい説明文になるよね。

そうではないよ。時と場合によるよ

下村さんも読者に応じて、分かりやすい事例を選んでいたよね

しかけ（仮定する）

ゆさぶり発問について考えることを通して、説明する内容や読者に応じて、工夫することが大切であることに気付くことができるようにする。

4 本時の振り返りをする

今後、何かを説明するときに役立ちそうなことを書き留めておこう

筆者は、自分の考えを伝えるために、工夫していたね

筆者の説明の工夫を考えるのって楽しいな

どのような場面でどのような工夫を使おうと考えているのかを具体的に記述するよう促す。本単元で学習したこと以外の工夫についても書き留めてよいことを伝える。

準備物
・工夫カード（第一次で使用したもの）、
・吹き出し（A、B、C）

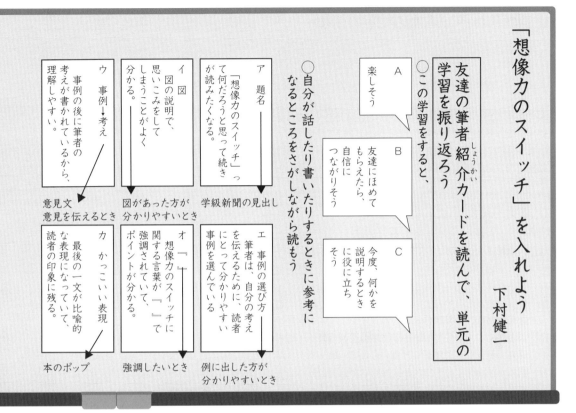

「『想像力のスイッチ』を入れよう―応用編―」
真偽不明の情報への向き合い方を、筆者の下村健一さんが解説
（光村図書 HP より／ 2021 年 3 月現在掲載）

「想像力のスイッチ」を入れよう

下村健一

友達の筆者紹介（しょうかい）カードを読んで、単元の学習を振り返ろう

○この学習をすると、

- A 楽しそう
- B 友達にほめてもらえたら、自信につながりそう
- C 今度、何かを説明するときに役に立ちそう

○自分が話したり書いたりするときに参考になるところをさがしながら読もう

- ア 題名　「想像力のスイッチ」って何だろうと思って続きが読みたくなる。→ 学級新聞の見出し
- エ 事例の選び方　筆者は、自分の考えを伝えるために、読者にとって分かりやすい事例を選んでいる → 例に出した方が分かりやすいとき
- イ 図　図の説明で、思いこみをしてしまうことがよく分かる。→ 図があった方が分かりやすいとき
- オ 『』　想像力のスイッチに関する言葉が『』で強調されていて、ポイントが分かる。→ 強調したいとき
- ウ 事例→考え　事例の後に筆者の考えが書かれているから、理解しやすい。→ 意見文 意見を伝えるとき
- カ かっこいい表現　最後の一文が比喩的な表現になっていて、読者の印象に残る。→ 本のポップ

1 本時の学習をするよさを考える

この学習をするとどんなよさがありそうかな？ A、B、Cのどのよさかな。

Cかな。説明の工夫を考えてきたからね
考えたことがなかったけれど、どれもそうだね
ABC以外にもあるんじゃないかな

しかけ（選択肢をつくる）
子供の反応を踏まえた上で、本単元ではCに焦点化しためあてを提示する。活用できそうなことを探すことを意識して互いの筆者紹介カードを読み合うよう促す。

配慮ア

2 友達の筆者紹介カードを読み合う

自分が何かを説明するときに役立ちそうなことや場面を考えながら読もう

下村さんの題名の工夫は、ポスターの見出しにも使えそう
Aさんは、下村さんみたいに自分の考えを伝えるのに例を挙げていたよ

①今後、役立ちそうな下村さんの説明の工夫や②役立ちそうな場面を見付けた際は、ノートに書き留めるように促す。友達の説明の工夫についても、同様に書き留め、友達に伝えるよう促す。

総　括

5年生にふさわしい思考活動を助ける授業UDの工夫

小貫悟（明星大学）

本書で取り上げた「なまえつけてよ」「たずねびと」「大造じいさんとガン」「見立てる」「言葉の意味が分かること」「固有種が教えてくれること」「想像力のスイッチを入れよう」は5年生の教材らしい、なかなかに歯ごたえのあるものばかりである。

本書でここまでに示された「授業デザイン」について、以下に、授業UDの視点で総括を試みる。

「なまえつけてよ」について

この教材文を収載している教科書では、5年生の最初にこの物語文を置いている。おそらく、子供たちは、学級替えによる新しいクラスメイトとの出会いなど、それぞれの学校生活とシンクロさせながら読むことになるのだろう。そうした気分の中で、行動描写や情景描写に細やかに注意を向けさせながら、この教材に取り組むことには、同級生に馴染もうとしている子供にとっても、学級開きに心を割く学級担任にとっても大いに意義のあることだろう。特に、二人の個性を分析する第二次第1時と、その個性と個性の距離感という視点をもたせる第2時の授業のつながりは重要である。この「関係性」の理解というテーマは、2つの個性を視野に入れながら考える「多重性」「同時処理性」を含む分、複雑で難しい思考作業である。そこで、第二次第1時では「春花」の人物像を分析しながら、いつの間にか「勇太」の人物像との対比ができるようにし、さらに第2時でも、あくまで春花の心情の変化という単一視座に着目させておき、第三次第1時のタイミングで「勇太視点」でのリライト課題によって、二人の変化の理解の統合を達成しやすい工夫にしている。

「たずねびと」について

原爆で多くの人、子どもが亡くなったという事実を知識として知っている子は多い。その事実をさらに「現実に起きたこと」として捉えていく「綾」の心情の変化を追うことができるためには、その心情の移り変わりへの読解力とそれに対する共感の力が必要である。その点を学習するための「『楠木アヤ』への関心レベルは？」「ショックが大きいのは5, 6場面のどっち？」「おばあさんについていいなと思える文は？」「初めと比べて変化を感じるのはどっち？」の各時間の学習課題の設定には、その取り組みやすさが感じられる。そして、その取り組みやすさが、その後の深い思考と共感への意欲を支える。つまり「内側の深さ」に入り込めるために有効な「入口の広さ」が工夫のポイントになっている。

「大造じいさんとガン」

言わずと知れた有名な教材文である。すでに国語教科として研究され尽くされたものと言えるだろう。ここに授業UDとしての視点を組み込んでの授業提案をするとすれば、どこがポイントになるのであろうか。本書をそのような興味で見ていただくのも面白い。国語科における「大造じいさんとガン」の大きな学習テーマは、もちろん、その鮮やかな「情景描写」にある。そして、この「情景描写」の理解につまずく子供は多い。それは、授業者がこの学習ポイントにこだわることで、部分に注目した指導に終始する罠に陥るパターンが生じるからである。本書での提案はそこに切り込んでいる。物語文を「はじめ」「きっかけ」「おわり」の大所（論理）で捉えたり、そこに配置されている情景描写を一覧で捉えたりする授業を行うことで、結果的に、心情の変化をなぞる形で情景描写の意味を理解させる手法を取っている。この三部の構成（「はじめ」と「おわり」の対比関係）と心情変化を下敷きにした情景描写の配置とその理解（情景描写間の意味の比較）により、発達障害の子などが特に困難を感じる比喩表現のバリアを突破しようとする工夫となっている。

「見立てる」「言葉の意味が分かること」について

「言葉の意味が分かること」は、言語の具象性と抽象性という極めて高度な内容を扱う教材文である。その結果、「初め」と「終わり」には言葉の「広がり」と「面」という抽象的な表現を使わざるを得なくなっている。「初め」「中」「終わり」の三部の構成を強く意識し、さらに双括型の意識を最初にもち、「中」にその答えが具象性をもって書かれているという認識で読み進めていかなければならない。つまり、練習教材である「見立てる」との連動は不可欠であり、さらに、一見、同じようなことを言っているような「初め」と「終わり」の違いに気付くことで「中」の重要性を認識する「練習」となるわけである。「見立てる」でこの意識が高まると「言葉の意味が分かること」の理解のハードルはグンと下がる。第二次第2時と第3時において、「初め」と「終わり」での主張を把握感をもって理解するために「中」の分析をしている。注目するべき工夫は、教科書内の挿絵を巧みに使って、「広がり」「はんい」「面」「点」などの概念を感覚的に理解させている部分である。この文章は、内容がそもそも難しいのである。筆者にとってはこの挿絵は不可欠な説明の道具なのである。その挿絵の重要性を「初め」と「終わり」の主張のキーワードと繋げる「中」の分析に使うことで、その内容理解を十分に引き出している。

「固有種が教えてくれること」について

学術論文につながる原石のような価値ある説明文である。明確な主張の下、その点に関する実証的な論理展開をエビデンスをもって行うスキルはこれからの時代に必須のものであろう。そうした点で、本教材を読み解くために必要なのは、全体の流れを汲みつつ、一つ一つの実証的な論について資料に基づいて理解する力である。一つ一つの資料は、世界規模のほ乳類の分布、日本列島の成り立ち、日本列島全体の気温差、絶滅種の写真、天然林面積のグラフ、日本カモシカのほかく数であったりする。これらは本文によって「横につながり」をもつデータ群である。しかし、本文ではそれぞれの資料と対応関係をもつ「縦のつながり」が記述される。そこで第二次第2時では、資料と本文のつながり、つまり「縦のつながり」を意識させ、第3時では「資料を制限するとすれば……」という巧みなシチュエーションを与え、それぞれの資料の意味、価値、全体の中での役割（横のつながり）に注目させる工夫をしている。一つ一つの資料に分断的にコミットしてしまうような子供に、こうした工夫は不可欠である。これらの工夫が功を奏せば、第4時の「100字要約」は、子どもにとっても授業者にとっても、満足な結果となるであろう。

「想像力のスイッチを入れよう」について

米国の小学校の教科書などを観ると「fact」なのか「opinion」なのか、文章内容を厳しく吟味する。この訓練がメディアに流されない批評的思考を生むと考えられているからである。この教材文では、その大切なこと（内容）を伝える論理構造の分析を主なねらいとしている。単元計画として、筆者である「下村さんの工夫」という視点でスタートし、さらに「下村さんの工夫」の形で締めることで、これまでの既習事項として説明文の構造を想起させ、それによって、本教材文において力を入れている「事例」部分に注目するような誘導の形態となっている。「全体を意識させつつ、細部の分析をさせる」という両面をもつ工夫によって、「木を見て森を見ず」に流されやすい子供をサポートする工夫になっている。

■編著者

桂　　聖
一般社団法人 日本授業UD学会　理事長／筑波大学附属小学校　教諭

小貫　悟
明星大学心理学部心理学科　教授

■執筆者　＊執筆順、令和3年２月現在

桂　　聖（前出）　…第１章　国語授業のユニバーサルデザインに関する理論と方法

小貫　悟（前出）　…第2章　授業のユニバーサルデザインを目指す国語授業と個への配慮
—「学びの過程において考えられる困難さに対する指導の工夫」の視点から—
第3章　総括　5年生にふさわしい思考活動を助ける授業UDの工夫

河崎泰士
和歌山県和歌山市立太田小学校
…第3章「なまえつけてよ」の授業デザイン

渡邉博文
神奈川県綾瀬市立綾南小学校
…第3章「たずねびと」の授業デザイン

橋爪秀幸
大阪府豊中市立緑地小学校
…第3章「大造じいさんとガン」の授業デザイン
第3章「見立てる」「言葉の意味が分かること」の授業デザイン

野村真一
関西学院初等部
…第3章「固有種が教えてくれること」の授業デザイン

西村光博
山口県教育庁義務教育課
…第3章「想像力のスイッチを入れよう」の授業デザイン

■編集責任者　＊五十音順

西村　光博（前出）

野村　真一（前出）

『授業 UD を目指す「全時間授業パッケージ」国語　5 年』付録資料について

・本書の付録資料は、以下のリンク先に収録されています。
https://www.toyokan-publishing.jp/book/UD/05/UD05.zip

ID：UD05-user
PASS：aX7Y6ksm
・各フォルダーには、以下のファイルが収録されています。
　① 児童用のワークシート
　② 黒板掲示用の資料
・収録されているファイルは、本文中では ↓ のアイコンで示しています。

【使用上の注意点】
・リンク先にはパソコンからアクセスしてください。スマートフォンではファイルが開けないおそれがあります。
・PDF ファイルを開くためには、Adobe Acrobat もしくは Adobe Reader がパソコンにインストールされている必要があります。
・PDF ファイルを拡大して使用すると、文字やイラスト等が不鮮明になったり、線にゆがみやギザギザが出たりする場合があります。あらかじめご了承ください。

【著作権について】
・収録されているファイルは、著作権法によって守られています。
・著作権法での例外規定を除き、無断で複製することは法律で禁じられています。
・収録されているファイルは、営利目的であるか否かにかかわらず、第三者への譲渡、貸与、販売、頒布、インターネット上での公開等を禁じます。
・ただし、購入者が学校での授業において、必要枚数を児童に配付する場合は、この限りではありません。ご使用の際、クレジットの表示や個別の使用許諾申請、使用料のお支払い等の必要はありません。

【免責事項】
・収録ファイルの使用によって生じた損害、障害、被害、その他いかなる事態についても弊社は一切の責任を負いかねます。

【お問い合わせについて】
・お問い合わせは、次のメールアドレスでのみ受け付けます。 tyk@toyokan.co.jp
・パソコンやアプリケーションソフトの操作方法については、各製造元にお問い合わせください。

授業 UD を目指す
「全時間授業パッケージ」国語　5 年

2021（令和 3 ）年 3 月28日　初版第 1 刷発行
2023（令和 5 ）年 5 月30日　初版第 2 刷発行

編　著　者：桂　　聖・小貫　悟・
　　　　　　一般社団法人 日本授業 UD 学会
発　行　者：錦織圭之介
発　行　所：株式会社　東洋館出版社
　　　　　　〒101-0054
　　　　　　東京都千代田区神田錦町 2 丁目 9 番 1 号
　　　　　　　　　　　コンフォール安田ビル 2 階
　　　　　　代　表　電話 03-6778-4343／FAX 03-5281-8091
　　　　　　営業部　電話 03-6778-7278／FAX 03-5281-8092
　　　　　　振　替　00180-7-96823
　　　　　　U R L　https://www.toyokan.co.jp
装　　　幀：小口翔平＋三沢綾（tobufune）
イラスト：office PANTO
印刷・製本：藤原印刷株式会社

ISBN978-4-491-04338-8　　　　Printed in Japan